스몰 트라우마

TINY
TRAUMAS

삶의 면역을 기르는 자기 돌봄의 심리학

스몰 트라우마

멕 애럴 지음 | 박슬라 옮김 | 김현수 감수

갤리온
GALLEON

너무도 다정하고 상냥하셨던 아빠에게

감수의 글

스몰 트라우마의 독소가 넘쳐나는 사회

스몰 트라우마는 중요하지 않은 트라우마라는 뜻이 아닙니다. 스몰 트라우마의 독소는 영향이 작지 않습니다. 스몰 트라우마는 우리 삶을 무너뜨리는 작은 상처가 반복되는 것을 말합니다. 그 반복이 중단되지 않으면 결국 우리 삶을 송두리째 무너뜨릴 수 있습니다.

애써 괜찮다고 말하며, 대단치 않다 자신을 속이며 상처를 숨기고 있나요? 작은 구멍 하나가 둑 전체를 무너뜨리듯이, 가랑비에 자신도 모르게 온 몸이 젖듯이, 작지만 강한 독소를 지닌 상처가 누적되면 결국 우리는 무너지게 됩니다.

너무 쉽게 말하고, 직설적으로 대하고, 서로 간의 경계를 지키지 못하는 우리 문화는 특히 스몰 트라우마의 독소가 넘쳐나는 사회를 만들고 있습니다. 이 책은 스몰 트라우마에 대한 본격적인 탐구와 해법을 제시합니다. 현대인을 괴롭히는 다양한 주제(우울, 번아웃, 완벽주의, 관계,

섭식, 수면, 스트레스, 생애 전환기 등)의 스몰 트라우마를 살피며, 각 상황에 따른 인식-수용-행동 솔루션을 제시합니다.

"작은 상처가 큰 병을 초래할 수 있다"라는 이 책의 주장은 분명한 진실입니다. 스몰 트라우마라는 새로운 개념을 본격적으로 다룬 첫 번째 책을 여러분에게 추천합니다. 여러분의 삶을 조용히 무너뜨릴지 모르는 독소에 대한 해독제를 처방받고 함께 치유해나가기를 바랍니다.

김현수

명지병원 정신건강의학과 임상교수
안산 정신건강트라우마센터 센터장

뭐가 문제인지 모르겠지만
모든 게 잘못된 것처럼 느껴질 때

별로 중요한 일도 아니다. 큰일도 아니다. 이유가 뭔지 딱히 짚지도 못하겠다. 그런데 왠지…… 이상하게도…… 기분이…… '바닥이다'. 뭘 해도 감흥이 없고, 늘 과소평가받는 느낌이고, 별로 사랑받지도 못하는 것 같다. 하지만 당신에게는 가족과 그럭저럭 괜찮은 직업, 좋은 친구들이 있다. 먹고살기에도 충분하고 머리 위에는 튼튼한 지붕이 있고, 주변 사람들도 착하고 따뜻하다. 매슬로의 5단계 욕구단계설에 비춰 봐도 잘 살고 있는 편이다. 그런데도 왠지…… 행복하지가 않다. 하지만 우리 '사회'에서 모두가 추구하는 목표가 바로 그 '행복' 아닌가? 부모, 교사, 친구, 직장, 실질적으로 우리 주변의 모든 것이 그렇다고 말하지 않나?

아주 끔찍한 일을 겪은 것도 아니다. 그냥 그런 게 있다. 마음속 깊은 곳에는 우울이 쌓여가고 사소하고 까칠한 불안이 넘실댄다. 인스타그램 속 남들의 완벽한 삶을 탐닉하는 사이 조금씩 그리고 자기도 모르게 공허가 자리를 넓혀나간다.

나를 찾아온 내담자의 대다수는 생애 초기에 성적 학대나 신체적 학대를 당했거나, 분쟁 지역에 거주했거나, 어린 시절에 양육자의 죽음을 경험한 것과 같은 심각한 심리적 외상을 겪은 적이 없었다. 그러나 길에는 늘 움푹 파인 구덩이나 툭 튀어나온 턱이 있어 상처를 입는 법이다. 하지만 우리는 이와 같은 '스몰 트라우마'를 무시하라고 배워왔다. 감지하기도 드러내기도 어려운 작은 상처들은 우리의 정서적 내면 깊숙이 쌓여서 신용카드 이자처럼 복리로 적립된다. 그리고 이런 심리적 토사 더미는 결국 우리의 행복과 안녕에 영향을 미친다. 몸과 마음이 (아직) 완전히 지치지는 않았더라도 그 무게가 피로와 불안, 자신감 결핍을 잡아끄는 것을 분명 감지한다. 이를 무시하는 것은 굉장히 위험한 일이다. 뭔가 조치를 취하지 않으면 현대사회 특유의 여러 정신적, 신체적 건강 문제로 이어질 수 있다.

다행히도 대부분의 사람은 반복적으로 극심한 정신적 충격을 받거나, 심리장애를 일으킬 만큼 심각한 학대나 심리적 외상을 경험하지 않는다. 그러나 우리는 언젠가 사랑하는 사람을 잃을 것이고 이혼을 경험하거나 신체적 부상을 입거나 질병을 앓을 수도 있다. 이러한 빅 트라우마는 불안이나 우울증처럼 확실히 진단 내릴 수 있는 정신 건강 문제를 불러오기도 한다. 하지만 내가 날마다 상담실에서 마주하는 문제들을 이런 것만으로는 설명할 수 없다. '이게 다 무슨 소용이지?'라는 무기력하고 침체된 정신 상태를 초래하는 것은 오히려 부모와 자녀 간의 정서적 조율 실패, 교우 관계 문제, 따돌림, 교실에서 겪은 굴욕,

잦은 이동(전학 또는 이직)으로 인한 불안정, 성취 문화, 끊임없는 경제적 고민 등 더 미묘한 경험들이었다.

그러나 늘 찾아오는 우울감, 무기력증, 고기능성 불안장애나 부적응적 완벽주의는 일반의가 진단하거나 치료할 수 있는 범주가 아니다. 의학백과사전에 깔끔하게 정리된 기준에 맞지도 않는다. 주치의가 지난 1년 사이에 삶에 큰 변화를 준 중요한 생애사건이 있느냐고 물으면 '아니요'라고 대답할 가능성이 크다. 그렇게 '별로 심각하지는 않지만 언젠가는 완전히 에너지를 고갈시킬' 안개 속에서 방황하기 십상이다. 스몰 트라우마의 위력을 인식하지 못해서다.

내가 이 트라우마를 스몰 트라우마라고 부르는 이유는 세상 사람들에게 매우 보편적인 경험이므로 평범하고 일상적인 언어로 사용되고 논의되어야 하기 때문이다. 우리의 삶을 소중하게 만드는 것은 작고 일상적인 일이다. 그와 동시에 우리의 활력과 열정, 잠재력을 고갈시키는 것 역시 작고 일상적인 일이다. 자신의 스몰 트라우마를 인식하고 이해하면 강력한 심리적 면역력을 구축할 수 있고, 미래의 빅 트라우마가 끼칠 파괴적인 영향력을 줄일 수 있다.

이 책에는 내가 20년이 넘는 연구와 임상 경험을 거쳐 발견한 사실들이 담겨 있다. 내가 상담실에서 만난 이들은 모두 어떤 형태로든 스몰 트라우마를 보유하고 있었고, 그 사례 또한 헤아릴 수 없을 만큼 다양했다. 그러나 스몰 트라우마가 빚어낸 결과는 결국 깊은 바닥에서 떠올라 인지할 수 있는 형태로 드러난다. 나는 그간 발견한 스몰 트라우마의 주요 주제를 이 책에서 공유하려고 한다. 여기서 '주제(theme)'라는 용어를 사용하는 이유는 스몰 트라우마가 그 자체로 의학적 상태는 아니지만 일정한 패턴으로 사람들에게 영향을 미치기 때문이다. 어쩌면 당신에게도 이 주제들이 익숙하게 느껴질지 모르겠다. 어쩌면 당신은 지금까지 세상에 이런 고통을 겪는 건 나 혼자뿐이라고 생각해왔을지도 모른다. 하지만 이러한 주제와 만성적인 불쾌감, 각 장에서 징후와 증상이라고 부르는 모든 것이 실은 대단히 흔하다는 사실을 알아두기 바란다. 의학적 정의가 없기에 얼마나 많은 이가 그런 기분을 느끼는지 정확한 수치나 비율을 측정할 수는 없지만, 내 경험과 관찰로 미루어 이것만은 분명히 말할 수 있다. 당신이 경험하지 않았다면 당신과 가까운 누군가는 반드시 최소한 하나쯤은 경험했을 것이다.

이 책에서는 앞으로 미약한 수준의 공황과 만성적 울적함을 비롯해 불면증과 체중 증가, 만성 피로와 같은 건강 문제에 이르기까지 스몰 트라우마의 발현에 대해 설명하고 이러한 문제를 해결할 수 있는 실질적이고 실용적인 방법들을 소개할 예정이다. 당신은 다시 삶을 통제할 수 있게 될 것이다. 더 이상은 스몰 트라우마의 노예가 될 필요가 없다.

심리치료 서비스를 받기가 어렵다면 독서 치료 서비스도 괜찮은 대안이다. 연구에 따르면, 지금 이 책을 읽는 것도 증상을 완화하는 데 도움이 된다. 우리네 삶은 복잡한 문제로 넘쳐나니 가능한 한 쉽고 간단하게 가보자. 그러기 위해 내가 고안한 솔루션 중심의 3단계 기법을 소개한다.

AAA 접근법

- **1단계 – 인식(Awareness)**: 당신이 지닌 독특한 스몰 트라우마를 발견하고, 그것이 삶에 어떤 영향을 끼치며 삶을 어떻게 통제하고 있는지 파악한다.

- **2단계─수용(Acceptance)**: 이 솔루션에서 가장 어려운 부분으로, 많은 사람이 슬쩍 넘어가려는 단계다. 그러나 수용 단계를 거치지 않으면 스몰 트라우마는 지금의 삶에 계속해서 과도한 영향을 끼치게 될 것이다.
- **3단계─행동(Action)**: 수용만으로는 충분하지 않다. 원하는 삶을 만들어나가려면 능동적으로 행동해야 한다.

적어도 처음에는 각 단계를 순차적으로 실행하는 것이 중요하다. 곧바로 행동 단계로 돌진하는 바람에 엄청난 좌절을 경험하는 내담자를 자주 목격했다. 그렇게 하면 상처를 입었을 때 환부를 깨끗이 씻지도 않고 바로 반창고를 붙이는 것이나 다름없다. 상처 안쪽에 흙과 오물이 남아 감염이 발생하고, 결국 처음 상처가 났을 때보다도 더 심각한 상태가 된다. 마찬가지로 스몰 트라우마를 먼저 인식하지 않고 삶에서 일어난 일들을 무작정 수용하면 행동으로 인한 이점이 단기적인 효과를 낳는 데 그친다. 반면에 일부 사람들, 특히 다양한 심리 및 자기계발 기법에 익숙한 사람들은 인식은 충분하나 수용 단계를 거치지 않고 곧장 행동 단계로 향하는 경향이 있다. 단순히 개인적으로 저지르는 실수라기보다는 사회적 분위기의 영향이 클 것이다. 빠르게 변화하고 즉각적인 보상에 익숙한 사회에 사는 우리는 2분짜리 틱톡 영상 같은 솔루션을 원하게 된다. 충분히 이해는 가지만, 순서를 착실히 밟아보자. 모든 기법이 그렇듯 일단 과정 자체에 익숙해지면 넘어가기가 점점 더 수월해지고, 그러다 보면 언젠가는 완전히 숙달하게 된다.

본격적인 여정을 시작하기 전에 마지막으로 한마디만 덧붙이겠다. 내가 제일 자주 듣는 질문이 있다. 바로 "얼마나 걸릴까요?"다. 내가 해줄 수 있는 가장 정확한 대답은 "사람마다 다르다"다. 신체적 상처가 치유되는 데 시간이 걸리는 것처럼 정서적 및 심리적 상처가 회복되는 데도 충분한 시간과 공간이 필요하다. 상처가 깊을수록, 스몰 트라우마가 많고 상태가 극심할수록 더 많은 노력이 필요하다. 게다가 쉽지도 않다. 하지만 그럼에도 충분히 노력할 가치가 있다. 당신은 '소중하니까'.

그러다 보면 다소 가혹한 현실을 마주하게 될지 모른다. 하지만 스몰 트라우마가 당신의 잘못이 아니라 해도 이 문제를 해결할 수 있는 사람은 당신뿐이다. 그리고 당신은 이미 이토록 광범위한 어려움을 극복하기 위한 중요한 첫걸음을 내디뎠고, 나는 이 여정에 끝까지 당신과 함께할 것이다.

그렇다면 우선 스몰 트라우마란 무엇이며 왜 중요한지 먼저 알아보고 나서, AAA 접근법을 실천하기에 앞서 필요한 준비 단계로 넘어가 보자. 바로 '인식 수준을 높이는 것'이다.

차례

TINY TRAUMAS

1장

스몰 트라우마란 무엇인가

스몰 트라우마는 삶의 다양한 영역에서 발생할 수 있으며 정서적 건강을 서서히 갉아먹는다. 그러나 이런 작은 정신적 상처들이 우리에게 어떤 영향을 끼치고 해결되지 못해 누적된 스몰 트라우마가 우리의 삶을 어떤 상태에 이르게 하는지 이해하고 나면, 이를 활용한 AAA 접근법을 통해 정신적으로 굳건한 면역체계를 구축할 수 있다. 정서적 힘을 키우는 훈련은 회복탄력성을 강화함으로써 누구나 경험하는 주요 생애사건과 같은 더 큰 문제에 맞닥뜨렸을 때 보다 건강하게 대처할 수 있게 돕는다.

이 장에서 살펴볼 내용

- 트라우마가 신체 및 정신 건강에 미치는 영향
- '빅' 트라우마와 '스몰' 트라우마의 차이점
- 스몰 트라우마의 다양한 원인
- 심리적 면역체계
- 스몰 트라우마를 심리적 항체로 활용하는 법

이 책의 첫 번째 장에서는 빅 트라우마와 스몰 트라우마의 차이점에 대해 알아본다. 용어의 정의를 파악하는 것이 중요한 까닭은 어째서 그토록 많은 이가 늘 울적한 기분으로 살아가는지 그 이유를 밝히는 시작점이기 때문이다. 그다음에 스몰 트라우마의 여러 원인을 살펴보고 이러한 정서적 위협이 어떤 맥락에서 발생하는지 실제 사례를 제시할 것이다. 스몰 트라우마는 겉으로 잘 드러나지 않는데 그렇기에 더 심각한 악영향을 끼칠 수 있다.

삶을 뒤흔드는 사건이 아니더라도

비교적 최근까지 심리학은 삶에서 발생하는 부정적인 사건에 주로 초점을 맞춰왔다. 부정적 사건이 급성 심리장애를 유발하고 이에 따라 사람들이 전문적인 도움을 구한다는 것은 합리적인 이론으로 보였다. 여기에는 주요 우울증, 범불안장애, 외상 후 스트레스 장애 등 "정신장애 진단 및 통계편람(Diagnostic and Statistical Manual of Mental Disorders, DSM)이라고 부르는 정신 건강 분야의 경전에 기재된 치료법 없는(그리고 때로는 안타깝게도 생명까지 위협하는) 수많은 정신 건강 상태가 포함된다. 빅 트라우마는 이 분류 체계가 여러 차례의 개정을 거치는 동안에도 지속적으로 여러 정신장애에서 나타나는 두드러진 특징 중 하나로 꼽혔다.

빅 트라우마는 종종 정신적·신체적인 건강 문제로 이어지는 끔찍한 상황이다. 분쟁 지역에서 지낸 경험, 어린 시절의 성적·신체적·정서적 학대, 강간이나 성추행, 화재와 지진, 토네이도와 허리케인 같은 자연재해, 무장 강도나 테러 등의 폭력 행위로 입은 피해 등은 모두 빅 트라우마에 속한다.

가장 최신 버전인 정신장애 진단 및 통계편람 제5판(DSM-5)에는 개별 진단이 가능한 157가지 정신 및 행동 장애가 수록되어 있는데, 이는 1952년 처음 출간되었을 때에 비해 50퍼센트 이상 증가한 수치다. 현대의 인간들이 옛날보다 더 많은 정신장애에 시달린다는 뜻일까? 어느 정도는 그렇겠지만, 그보다는 인간의 경험과 고통을 인식하고 정의하는 능력이 발전하고 있다는 의미일 것이다. 이제 우리는 일상적이고 흔한 사건들마저도 기능이나 정서의 문제로 이어질 수 있다는 사실을 안다.

다행히도 빅 트라우마에 해당하는 심각한 사건을 경험하는 사람은 드물다. 그러나 우리 모두는 언젠가 사랑하는 사람을 잃을 수 있고 상당수는 이혼을 하게 될지도 모른다. 심지어는 출산과 결혼, 크리스마스와 같은 즐거운 일에서까지도 극도의 스트레스를 받을 수 있다. 정신과 의사 토머스 홈즈(Thomas Holmes)와 리처드 라히(Richard Rahe)는 이런 사건들을 '주요 생애사건'이라고 칭했다. 두 의사는 환자들의 스트레스 경험과 차후 질병 사이의 연관성을 조사하기 위해 5,000건 이상의 의료 기록을 검토했는데, 가장 충격적인 사건(배우자의 사망)부터 크게 중요하진 않아도 스트레스를 주는 사건(경미한 법 위반)에 이르기까지 목록을 작성해 각각의 사건에 점수, 즉 '생활변화단위(LCU)'를 부여했다. 그 결과 건강 문제에 대한 가장 중요한 지표는 사건의 심각도와 빈도—1년 동안 얼마나 많은 사건이 동시에 발생했는지—인 것으로 나타났다. 두 정신과 의사는 환자의 생활변화단위를 합산해 총점이 300점 이상이면 환자의 건강이 상당히 위험하고, 150~299점은 질병 발생 가능성이 중간 수준이며, 연간 총점이 150점 이하일 경우에는 건강이 악화될 위험이 적다는 사실을 발견했다.[1]

즉, 우리가 살면서 경험하는 일부 사건이 특히 짧은 시간 내에 몰아칠 경우 신체 및 정신 건강이 취약해질 수 있다는 얘기다. 그러나 이게 전부는 아니다. 많은 후속 연구가 이 이론을 뒷받침하긴 했으나, 그중 일부는 생애사건의 규모가 임계값에 도달하지 않은 사람들도 문제를 겪는다는 사실을 발견했다. 어째서 어떤 사람은 정신적 고통을 겪고, 어떤 사람은 겪지 않는 것일까? 나는 이 차이가 스몰 트라우마에서 비롯된다고 생각한다.

스몰 트라우마를 이해하기 위한 여정

원래 나는 학계에 기반을 둔 만성질환연구팀(Chronic Illness Research Team)이라는 연구 그룹에서 모든 종류의 질병과 그러한 질병이 환자에게 어떤 영향을 미치는지 연구했다. 사실 책을 집필하게 된 계기도 우리 학과목인 '신체 질병의 심리학'에 참여한 학생들이 장기적인 건강 문제를 겪거나 상당한 우울감 또는 불안감을 느끼는 경우가 많았기 때문이다.

그래서 나는 동료들과 함께 먼지투성이 과학 저널이 아니라 주류 대중을 위한 책을 쓰기 시작했고, 얼마 안 가 연구자들이 말하는 중요한 빅 트라우마와 생애사건으로는 우리가 연구하고 분석하는 많은 증상을 설명할 수 없다는 사실을 깨닫기 시작했다. 그러다 '스몰 트라우마'라는 단어를 처음 접한 것은 지금은 안구운동 민감소실 및 재처리요법(Eye Movement Desensitization & Reprocessing, EMDR)의 창시자로 유명한 심리학자 프랜신 샤피로(Francine Shapiro) 박사의 연구였다. 샤피로 박사는 트라우마의 개념을 정서적 방치나 무관심, 사회적 망신, 가족 관계처럼 대부분의 사람이 자주 겪는 경험까지 확대했으나 이는 빅 트라우마나 주요 생애사건의 심각성 기준을 충족시키지 못했다. 하지만 샤피로 박사는 연구 및 임상 경험을 통해 이런 작은 위협들이 장기적으로 정서적 및 신체적인 어려움을 초래할 수 있다고 여겼다.(때로는 이런 유형의 트라우마를 '리틀 트라우마'라고도 하는데, 이 책에서는 '스몰 트라우마'라는 용어를 사용할 것이다.) 그러나 학술 데이터베이스를 아무리 뒤져 봐도 논문과 임상보고서, 더 나아가 주류 출간물에서조차 '스몰 트라우마'라는 말을 찾아보기가 힘들었다. 다른 많은 중요한 주제처럼 스몰 트라우마는 무시되거나, 얼버무려지거나, 덮였다. 적어도 지금까지는 그랬다.

그러다 과민성 대장증후군(IBS) 환자의 빅 트라우마와 스몰 트라우마를 분석한 한 논문을 발견했고, 이번에도 똑같은 결론으로 끝날 거라고 예상했다. 심각한 트라우마가 증상을 더 많이 초래한다, 환자의 삶에 더 중요한 영향을 끼친다 등등의 결론 말이다. 그러나 놀랍게도 실상은 반대였다. IBS를 유발하는 것은 이제껏 심리학자들이 건강을 악화시킨다고 배웠던 빅 트라우마나 주요 생애사건이 아니라 오히려 사소한 트라우마였다.[2] 차갑고 냉담한 부모 밑에서 자란 사람들이 학대나 방치를 경험한 이들보다 대장이 과민할 확률이 더 높았던 것이다. 너무도 흥미로운 사실이었다. 머릿속에서 불꽃이 터지는 것 같았다. 스몰 트라우마는 실제로 중요할 뿐만 아니라…… 이 환자들에게는 심지어 빅 트라우마보다도 훨씬 더 중요했다!

유레카의 순간을 경험한 뒤 나는 스몰 트라우마와, 이것이 당시의 내 학생들과 나중에 내담자들에게서 발견된 그리고 발견될 문제를 어떻게 설명할 수 있는지에 매달리기 시작했다. DSM-5에 157개의 진단 분류 기준이 제시되어 있다 한들 우리가 모든 것을 알고 있다고는 할 수 없다. 내가 상담실에서 만나는 사람 대부분은 특정 장애의 진단 기준에 정확히 들어맞는 경우가 드물다. 그렇다고 도움이 필요 없다거나 도움을 받을 자격이 없다는 뜻일까? 천만의 말씀! 다른 모든 분야가 그렇듯 심리학 연구도 언제나 가장 명백하고 심각한 사례부터 시작한다. 그러고 나서 한참이 지난 뒤에야 비로소 두드러지지는 않아도 그 가치

1장 스몰 트라우마란 무엇인가

만큼은 조금도 덜하지 않은 주제로 넘어가는 것이다. 이 경우에는 정서적 고통과 불균형이다.

별로 중요하지도 않은 사건이 어떻게 삶에 그토록 큰 영향을 끼치는지 설명할 때 내가 좋아하는 비유가 있다.

우리의 인생이 보트라고 하자. 당신은 벌써 수년째 이 보트를 타고 항해 중이다. 시간이 지날수록 보트는 암초에 부딪치고 심한 폭풍에 마모되며, 물고기들이 선체 바닥을 갉아 먹기도 한다. 보트가 망가지고 있다는 것을 알고 수리할 도구도 갖추고 있다면 이런 작은 손상은 사실 큰 문제가 아니다. 하지만 항해란 손이 많이 가는 일이다. 특히 풍랑에 이리저리 흔들리다 보면 때로는 물이 새는 것을 눈치채지 못한다. 문제가 생겼다는 것을 알아차릴 즈음이면—이유도 없이 배의 속도가 줄었다거나—대개 이미 곤경에 처해 있다.

간단히 말하자면 이게 바로 스몰 트라우마다. 이 비유를 생각하며 나는 사람들이 특히 고통스러워하는 것처럼 보이는 경험들을 수집하기 시작했다. 그 자체로는 큰일이 아니더라도 다른 스몰 트라우마나 사회적 압박과 결합되면 문제가 되는 경험들 말이다. 이 장에서 제시하는 사례들은 완전한 목록은 아니지만 상담실에서 가장 흔하게 접하는 스몰 트라우마 유형이다.

스몰 트라우마는 주요 생애사건과 마찬가지로 삶의 일정 단계에서 발생하며 처음 심리적 충격을 받은 뒤로 경미한 수준의 트라우마가 오랜 기간에 걸쳐 강화될 때 생성된다. 이러한 강화 작용은 결국 특정한 패턴을 형성하는데 정신 건강 패턴일 수도 있고 혹은 그 결과로 인한 행동 패턴일 수도 있다. 도입부에서 언급한 스몰 트라우마 주제는 바로 이와 같은 패턴들로, 앞으로 살펴볼 것이다. 하지만 지금은 일단 꽤 잘 알려진 몇몇 스몰 트라우마에 대해 간단히 알아보자. 당신에게도 친숙하게 느껴지는 것일 수 있다.

어린 시절의 스몰 트라우마

트라우마 연구의 대부분은 어린 시절의 경험에 초점을 맞춘다. 유년기는 신경망이 형성되는 시기이기 때문에 당시에 경험한 사건들이 특히 큰 영향을 끼칠 수 있다. 어린 시절을 상처 없이 보낸 사람은 아무도 없을 것이고, 그래서도 안 된다. 그런 경험이야말로 지금의 우리를 빚고 형성하는 것들이기 때문이다.

많은 사람이 오래전에 있었던 일들로 새겨진 지워지지 않는 상흔을 지니고 있다. 당신 또는 당신이 사랑하는 사람에게 익숙할 어린 시절의 스몰 트라우마를 몇 가지 소개한다.

부모의 굴레

우리가 주 양육자(일반적으로는 엄마와 아빠지만 양부모나 이모, 삼촌 등 어릴 적 우리를 돌보고 보살폈던 사람이라면 누구나 해당한다)와 형성하는 유대감은 이른바 '애착 유형'으로 이어진다. 1950년대 후반부터 1960년대와 1970년대에 이르기까지 존 볼비(John Bowlby)와 메리 에인스워스(Mary Ainsworth) 같은 유명 심리학자들은 아동이 양육 환경에 대한 반응으로 행동 및 기질적으로 명백한 패턴을 형성한다고 주장하며 이를 네 가지 유형으로 분류했다.[3] 자세한 내용은 사랑을 다룬 8장에서 살펴보겠지만, 애착 유형은 많은 실험을 통해 연구되었으며 그 결과 영아 또는 유아에게 양육자가 어떻게 반응하느냐가 아동의 안정감 발달에 영향을 끼친다는 사실이 밝혀졌다. 아이에게 일관되고 즉각적으로 반응하는 가정에서 안정 애착이 발달된다면 회피 애착은 부모가 다소 냉담하거나 무관심한 경우에 형성된다. 이것이 중요한 이유는 애착 유형이 성인이 된 이후의 인간관계에도 영향을 끼치기 때문이다. 이는 때로는 좋게, 때로는 나쁘게 작용할 수 있다. 안정 애착(나머지 두 가지 애착 유형은 양가적 애착과 혼란형 애착이다)을 제외한 다른 애착 유형은 많은 경우 불쾌한 감정을 느끼게 하는 상황으로 이어지기 때문이다.

이는 스몰 트라우마가 세대를 거쳐 대물림되는 방법이기도 하다. 어쩌면 양육자들도 우리가 탐구하지 못한 수많은 스몰 트라우마를 지니고 있을지 모른다. 아이들이 때때로 외로움을 느낄 수밖에 없는 현실적인 문제가 있었을 수도 있다. 예를 들어, 우리 중 상당수가 학교가 끝나면 빈집으로 돌아와 부모님이 하루 종일 직장에서 일하고 퇴근할 때까지 모든 것을 알아서 해결해야 하는 '열쇠 아동'들이었다. 여기에는 빅 트라우마가 없다. 그저 요즘에는 생활비가 너무 많이 들어서 많은 부모와 양육자가 공과금을 내고 비바람을 막아줄 지붕 밑에서 살기 위해 하루 종일 일을 해야 한다. 실제로 우리 사회의 많은 이가 이런 식으로 스몰 트라우마를 쌓는다.

'요즘 세대는 너무 나약해서' 그렇다는 비난이 쏟아지기 전에, 심각한 심리적 고통의 원인이 오직 여기에만 있는 것은 아니라는 말을 하고 싶다. 다만 이런 패턴 중 일부가 성인이 된 후의 인간관계에 나타날 수 있다는 얘기다. 흔히 생각하는 로맨틱한 관계뿐만 아니라 우정이나 일반적인 대인 관계에서도 그렇다. 이렇게 초기에 프로그램이 어떻게 짜였는지 이해하면 인생에서 자꾸 문제를 일으키는 스크립트를 수정할 수 있게 된다.

주 양육자와 자녀의 성격이 현저하게 다를 수도 있다. 어떤 이들은 부모를 외계인처럼 느끼기도 하고, 어떤 이들은 자신과 전혀 다른 자녀를 키우기도 한다. 아빠가 온갖 축구 경기와 보이스카우트 모임에 아들을 끌고 다녀도, 막상 아이는 이불 밑에서 몰래 손전등을 켜놓고 자기만의 이야기를 지어내는 것을 더 좋아할지 모른다. 그런 아버지더러 형편없다고 말할 사람은 없을 테고, 실제로 많은 사람이 아이를 안전지대에서 끌어내는 게 더 유익하다고 조언할 것이다. 그렇지만 연구에 따르면 이런 어울리지 않는 조합은 우리의 애착감에 흠집을 낼 수 있다.[4] 중요한 것은 내가 무조건적으로 사랑받고 받아들여진다고 느껴야 한다는 점이다.

다시 말해 어린 시절은 수없이 미묘한 방식으로 우리를 형성한다. 양육자가 무심했다거나 가혹했다거나 양육 방식이 '나빴기' 때문이 아니라 개인의 독특한 기질이나 성격과 맞지 않았을 뿐일 수도 있다. 하지만 바로 그렇기 때문에 스몰 트라우마를 이해해야 한다. 딱히 부당하거나 잘못된 일이 없었더라도 우리는 경험과 맥락, 인간관계의 영향을 받는다. 이 사실을 인식하지 못하면(이것이 AAA 접근법의 첫 번째 단계다) 우리는 기분이 좋지도 나쁘지도 않은, 왠지 마음 둘 곳 없이 방황하며 시간만 낭비하는 것 같은 '괜찮지 않은' 상태에 머물게 된다.

학창 시절의 상처

좋든 싫든 학창 시절은 발달단계에서 중추적인 시기다. 당신은 어쩌면 학교에서 페리스 뷸러(1980년대의 유명 청춘 영화 〈페리스의 해방〉의 주인공. ─ 옮긴이)였을 수도 있다. 행정 직원 그레이스는 교장 선생님이자 페리스의 숙적인 에드 루니에게 페리스에 대해 이렇게 말한다. "아, 그애는 인기인이에요. 스포츠맨, 자동차광, 범생이, 헤픈 애, 갱단, 찌질이, 촌뜨기, 머저리 할 것 없이 전부 걔를 좋아하죠. 의리 있다고 생각하거든요." 아니면 당신이 바로 그 스포츠맨, 자동차광, 범생이였을 수도 있고. 학교는 이 세상의 축소판이고, 그 속에서 우리는 특정한 범주로 구분되고 분류된다. 또래 집단이 그렇게 할 뿐만 아니라 본인 스스로 정체성을 키우기 때문이다.[5]

스몰 트라우마는 괴롭힘 같은 심각한 폭력보다도 더 미묘한 상호작용에서 비롯된다. 학교에서 경험하는 노골적인 괴롭힘이나 따돌림은 어린 시절에 겪는 주요한 빅 트라우마로, 많은 아이가 이를 힘겹게 견뎌내곤 한다. 그러나 보다 덜 노골적인 무시나 네모난 구멍에 혼자 둥근 막대가 되어 꽂혀 있는 듯한 이질감, 운동장에서 당한 굴욕, 시험 스트레스, 의미 있는 학습보다 학급 내 계급을 중시하는 환경에서 성공하기 위한 압력 등도 많은 아이에게 스몰 트라우마가 될 수 있다.

몇 년 전 사회적으로 크게 성공했다는 평가를 받는 인물과 상담을 한 적이 있다. 그는 연봉이 높고 결혼 생활이 순조로우며, 똑똑하고 활달한 두 자녀를 둔 최고경영자였다. 모(라고 부르자)는 항상 파티의 주인공이었고 좋은 친구가 많으며 행복한 가정을 꾸렸고 빠른 자동차를

　　　　　　　　　　　　　　　스몰 트라우마

소유한, 완벽하고 만족스러워 보이는 삶을 영위하고 있었다. 문제가 있다면 꾸준히, 그리고 심각할 정도로 살이 찌고 있다는 것이었다. 모는 이렇게 해명했다. 고객과의 점심 식사가 많고 최고의 음식과 와인을 구입할 능력이 있는 데다 사랑하는 사람들에게 그런 걸 대접할 재력이 있으니 그런 거라고 말이다. 그러나 그 설명만으로는 본인 자신도, 나도 설득할 수 없었기에 나는 모에게 물었다.

"당신에게 꽤 중요한 영향을 미쳤거나 당신을 변하게 했지만, 굳이 언급할 만큼 중요하거나 심각하지는 않다고 생각하는 경험이나 사건이 있나요?"

나는 상담을 시작할 때 모든 내담자에게 이렇게 묻는데 그러면 거의 언제나 트라우마라 할 만한 것이 드러난다. 긍정적인 기억을 떠올리는 사람도 있지만, 부정적 사건은 긍정적 사건보다 마음속 깊이 훨씬 더 끈질기게 남아 있는 경우가 많다. 그래서 '대개' 여기서 듣는 이야기는 어떤 형태로든 스몰 트라우마와 관련이 있다.

다음은 모의 이야기다.

"아홉 살 때 동생 반이 주의력결핍과잉행동증(ADHD) 진단을 받았습니다. 그땐 요즘하고 많이 달랐어요. 당시만 해도 ADHD는 쉽게 말할 수 있는 증상이 아니었어요. 지금처럼 다른 아이들의 부모는 물론 학교나 동네에서도 이해하거나 받아주지 않았습니다. 사람들은 동생이 못되고 버릇없는 애라고 생각했고, 일부러 남들 관심을 끌려고 그런다고 수군댔어요.
나는 학창 시절 대부분을 반을 보살피고 주변에 혹시 반을 괴롭히는 사람은 없나 경계하며 보냈습니다. 선생님들도 포함해서요. 주먹질을 하고 다녔다는 소리가 아닙니다. 우스갯소리를 해서 남들이 그 애를 건드리지 못하게 했어요. 반에 꼭 하나씩 있는 소위 까불쟁이, 어릿광대 있잖습니까. 다른 애들과 선생님들을 웃게 할수록 그들이 반에게 신경을 안 쓰게 할 수 있었으니까요. 어쩌면 그래서 지금도 모든 걸 웃음으로 넘기는지도 모르겠네요. (웃음) 사실 지금 이런 말을 하면서도 영 찝찝합니다. 내가 뚱뚱해진 건 반 잘못이 아니니까요. 반은 아무 잘못도 없어요. 정말이에요."

우리는 이 대답에서 아주 중요한 것을 발견할 수 있다. 또한 모의 민감한 부분을 건드렸다는 사실을 알 수 있다. 이것은 우리의 경험이 어떤 방식으로 조합되어, 그 결과로 도움이 되지 않거나 때로는 순전히 해롭기만 한 감정과 행동(모의 경우에는 과식)으로 이어질 수 있는지 배우는 시작점이다. 당시에 모는 고혈압을 앓았고 병원에서 당뇨병 전단계라는 경고를 받았다. 그는 기름진 음식과 단 음료를 무분별하게 먹고 마시는 것을 멈추기 위해 뭔가 조치를 취해야 한다는 사실을 알고 있었다.

스몰 트라우마는 누적된다

다음 상담 시간에 찾아온 모는 평소처럼 유쾌한 모습이 아니었다. 그는 의자에 앉더니 어깨를 구부정하게 움츠리고 바닥을 멍하니 응시했다. 모는 어떻게 그런 간단한 질문 하나가 무수한 깨달음을 촉발할 수 있는지 믿을 수 없고 이제는 감당하기 힘든 지경에 이르렀다고 말했다. 모는 동생의 상태와 관련한 문제들이 현재의 자신에게 영향을 주고 있다는 사실을 받아들이기 힘들다고 했다. 그래서 우리는 모의 스몰 트라우마 미로를 뒤져보고 흩어져 있는 점들을 어떻게 연결할 수 있을지 살펴보기 시작했다.

앞서 나는 인식과 수용, 행동이라는 AAA 접근법에 대해 이야기했다. 모는 인식을 하자마자 곧장 수용으로 나아가려 했고, 이는 참기 힘든 감정적 고통을 야기했다. 우리는 먼저 첫 번째 인식 단계를 보다 깊이 파헤쳐 수용에 필요한 토대를 쌓아야 했다.

모는 동생 반의 ADHD와 자신의 체중 사이에 직접적인 상관관계가 있다는 사실 자체를 이해할 수 없었기 때문이다. 나는 그 생각이 지나치게 극단적이고 환원주의적이라는 데 동의했다. 우리가 여기서 먼저 해야 할 일은 스몰 트라우마의 기본 원칙 중 하나를 배우는 것이었다. 바로 이런 종류의 트라우마는 '누적'된다는 사실이다.

이것이 바로 빅 트라우마와 스몰 트라우마의 커다란 차이점이다. 빅 트라우마는 일반적으로 뚜렷이 구분되고 쉽게 식별되는 사건(또는 학대처럼 일련의 사건)이며, 몸과 마음에 유해한 영향을 끼친다는 데 누구나 즉시 동의할 수 있다. 그러나 스몰 트라우마는 그보다 훨씬 작은 사건들의 조합이고 특정한 맥락 속에 흩어져 있으며, 시간이 지남에 따라 더해져 쌓인다.

모가 말했듯이 그들 형제가 요즘 시대에 학창 시절을 보냈다면 두 사람 다 매우 다른 경험을 했을 것이다. ADHD 같은 장애에 대한 지식은 끊임없이 변화해왔고 오늘날 우리는 그런 장애를 지닌 개인과 가족들을 이해하고 지지한다. 그러나 40년 전에는 상황이 완전히 달랐기

1장 스몰 트라우마란 무엇인가

때문에 이런 역사적 맥락에서 스몰 트라우마를 받아들이는 것이 매우 중요하다. 이런 인식을 통해 모는 그의 스몰 트라우마가 사랑하는 동생의 잘못임을 암시한다는 생각에서 벗어날 수 있었다. 스몰 트라우마의 상황적 맥락을 인식하고 나면 AAA 접근법의 두 번째 A, 즉 수용 단계를 준비할 수 있게 된다.

스몰 트라우마를 탐색하는 수사에 착수하면 종종 수문이 열린 것처럼 갑자기 중요한 연결 고리가 봇물처럼 쏟아질 때가 있다! 모는 자신의 감정과 두려움을 파묻기 위해 쉬는 시간과 점심시간, 방과 후에 폭식을 하곤 했다는 사실에서 스몰 트라우마와의 연관성을 찾기 시작했다. 음식은 그의 가족에게 큰 의미를 지녔고 애정과 편안함을 연상하게 했지만, 그러한 연합작용만이 그의 과식 행동을 유발한 것은 아니었다. 모는 몸무게가 불어날수록 웃기는 꼬마라는 페르소나를 발전시켰고 그것은 그의 초능력과도 같았다. 모뿐만 아니라 그의 가족 전체를 주변의 상처 주는 말과 행동으로부터 보호해주었기 때문이다.

모두가 모를 좋아하는 것 같았고, 학교를 졸업하고 첫 직장에서 영업 사원이 되었을 때에는 잠재 고객에게 비싼 식사를 대접하는 것만으로도 항상 계약을 따낼 수 있었다. 유머감각과 음식은 이제 괴롭힘을 막는 완충벽을 넘어 사회적 성공과 재정적 성공을 불러왔다. 처음에는 스몰 트라우마였던 것이 이제는 삶 전체에 속속들이 배어든 패턴이 되어, 의사가 식습관과 생활 방식을 바꿔야 한다고 아무리 충고해도 없애는 게 불가능하다고 여겨졌다.

스몰 트라우마를 이해하는 것이 중요하면서도 종종 간과되는 이유가 여기에 있다. 처음에 모는 동생 반과 반의 장애가 어떤 영향을 끼쳤는지 언급할 때 느낀 수치심 때문에 의식적으로 이런 사건들에 대해 인식하는 것을 거부했다. 동생이 자신보다 훨씬 어렵고 힘든 경험을 했다고 생각해 자신의 감정을 무시한 것이다. 이런 전형적인 행동은 스몰 트라우마의 뚜렷한 특징이며, 자신이 배려나 연민을 받을 가치가 없다고 느끼게 한다. 이러한 심리 상태는 또한 AAA 접근법의 인식 단계에서 수용 단계로 발전하지 못하도록 가로막는데, 그 특성상 스몰 트라우마는 빅 트라우마만큼 '심각하게 느껴지지 않기' 때문이다.

하나의 빅 트라우마 사건만을 손가락질하며 심각한 트라우마 또는 주요 생애사건만이 중요하다고 믿는다면 훨씬 쉽고 간단한 문제일 것이다. 하지만 그건 사실이 아니다. 모가 내 상담실에 찾아온 것은 비단 학교에서 겪은 경험 때문만은 아니었다. 그는 우리 모두가 그렇듯 복잡한 존재다. 그가 학창 시절에 겪은 일은 분명 중요했고, 오랫동안 영향을 끼쳤다. 동생을 사랑하고 보호하고 싶은 마음에 놀림이나 괴롭힘에 극도로 민감해졌고 그 때문에 반에서 광대 역할을 맡는 편이 쉽고 간단하다고 여겼다. 이 사례는 하나의 특정 사건에서 시작해 되짚어 올라가는 방식이 왜 유용한지 알려준다. 하지만 더 많은 스몰 트라우마를 찾는 것도 그만큼 유용하다.

인간관계의 스몰 트라우마

1차 양육자와의 유대가 스몰 트라우마와 관련해 우리를 변화시키는 유일하게 핵심적인 관계는 아니다. 플라토닉한 사이나 로맨틱한 관계처럼 다른 인간관계도 우리의 정신에 상처와 흉터를 남긴다. 왜냐하면…… 누구도 첫사랑을 잊을 수는 없으니까. 안 그런가? 미리 알려주자면 이 책은 진부한 이야기로 가득하다. 일부러 그런 게 아니라 진부한 이야기가 진부한 데는 다 이유가 있기 때문이다. 그런 이야기들은 보편적 현상에 대한 공통적인 이해를 공유하고, 이해하기 쉬우며 알아보기도 쉽다. 스몰 트라우마가 미래의 인간관계와 성공에 어떤 영향을 미치는지는 8장에서 살펴보도록 하고 지금은 일단 인간관계에서의 스몰 트라우마에 대해 개괄적으로 알아보도록 하자.

놓친 사랑

우리가 사람을 사랑하는 방식, 즉 앞에서 말한 애착 유형은 어린 시절에 발달하지만 부모나 양육자와의 관계만이 전부는 아니다. 그러한 관계는 성인이 된 후 종종 다른 인간관계에도 영향을 끼치는데 그렇다고 완전히 고정되어 있는 것도 아니다. 운 좋게 양육자와 안정적이고 굳건한 유대 관계를 형성하더라도 다른 인간관계에서 겪은 어려움이 스몰 트라우마를 유발하고 우리 내면의 나침반을 왜곡시킬 수 있다.

지금까지도 못 잊고 있는 사람이 있는가? 소셜 미디어를 몰래 훔쳐보는 정도는 아닐지라도 가끔 과거의 꿈에 못 미치는 삶을 살고 있다는 느낌이 들 때면 그 사람이 떠오른다든가? 이미 오래전에 끝난 사이도 스몰 트라우마가 될 수 있다. 친밀한 관계는 스스로를 활짝 열어 취약해지게 하기 때문이다. 어쩌면 이 장을 읽기 시작했을 때부터 머릿속에 뭔가 떠올랐을지도 모르겠다. 말해두지만, 그 관계가 어떤 이유로 끝났든 거기서 깨달은 게 있을 것이다. 하지만 분석하는 과정이 고통스러울 수 있으니 인내심을 갖고 나 자신에게 상냥하게 굴도록 하자.

모와의 또 다른 상담 시간에 그는 성인이 되고 나서 가장 어려웠던 일이 연애였다고 말했다. 지금은 행복한 결혼 생활을 하고 있지만 아직까지 그의 마음을 고통스럽게 찔러대는 스몰 트라우마가 있었다.

"20대 초반에 대학에서 세라를 만났습니다. 같은 친구 무리라서 늘 같이 몰려다녔는데 그러다가 '같이'하게 됐죠. 무슨 뜻인지 알죠? 그래서 난 당연히 우리가 사귀고 있다고 생각했어요. 그러던 어느 날 맥주 몇 잔을 마시고는 세라한테 우리 부모님을 뵈러 가자고 했는데, 그때 세라가 지은 표정은 평생 잊지 못할 겁니다. 기겁을 하더라고요. 그러더니 폭소를 터트리며 말했어요. '너 여자들끼리 남자애들 순위를 매겼을 때 네가 제일 꼴찌였다는 거 알지?' 그 뒤로 데이트를 안 했습니다. 아주 오랫동안요."

모는 세라가 그를 거절한 이유가 몸무게가 많이 나가고 집단 내에서 익살꾼 역할을 맡고 있었기 때문이라고 확신했다. 악순환이라는 게 으레 그렇듯 감정적 고통은 과식을 한층 더 부추겼다. 이 사건은 세라와의 관계에 영향을 끼쳤을 뿐만 아니라 시간이 지나며 서서히 친구 집단에서도 멀어지게 했다.

이것이 바로 스몰 트라우마의 특징이다. 마음속 깊이 새겨져 아물지 않는 작은 상처가 10년 전에 잠깐 스쳐 지나간 짧은 불장난 때문일 수도 있는 것이다. '덜 중요한' 스몰 트라우마 같은 건 없다. 요는 그 사건이 '당신'에게 어떤 영향을 끼쳤고 그에 대한 당신의 감정이 아직도 유효한지다. 아니, 여기서 중요한 것은 당신의 감정뿐이다. 당신은 당신이고, 당신이 지금껏 달고 살아온 상흔들은 당신의 미래에 영향을 끼치며(적어도 어느 정도는) 일시적 또는 지속적인 감정 상태를 조종한다.

고무적인 점은 모가 자신의 스몰 트라우마를 들여다봄으로써 스몰 트라우마에 대한 인식을 높인 것은 물론 이런 연쇄적인 사건과 감정, 행동 때문에 '위안받기 위한 먹기'에 매달렸다는 사실을 수용하기 시작했다는 것이다. 스몰 트라우마를 이루는 점들을 연결하는 것은 그에게 성가시고 골치 아픈 문젯거리가 아니라 스스로 주도적인 심리 훈련을 할 수 있는 계기가 되었다. 모가 어떻게 세 번째인 행동 단계로 나아갈 수 있었는지는 7장에서 더 자세히 설명하기로 하자. 이 책의 나머지 장은 이런 스몰 트라우마 주제와 과거, 현재, 미래를 통제하고 단순히 살아남는 것을 넘어 번영하는 삶을 살기 위한 행동에 관한 것이니까.

깨진 우정

우리는 짝사랑이나 로맨틱한 관계가 끝날 때 경험하는 고통과 상처에 관해 주로 말하지만 우정이나 지인, 동료와의 관계도 스몰 트라우마에서 상당한 지분을 차지한다. 특히 여성 간의 우정은 개인의 정서적 건강에 긍정적이든 부정적이든 매우 큰 영향을 끼친다. 이는 생존 반응에 기반한 남성과 여성의 진화적 차이 때문이기도 하다.

'투쟁 또는 도피' 스트레스 반응에 대해 들어본 적이 있을 것이다. 우리 조상들은 포식자와 마주쳤을 때 목숨을 구하기 위해 온 힘을 다해 싸우거나 바람 같은 속도로 도망쳐야 했다. 이를 위해 우리의 몸은 생존 확률을 높이는 복잡한 생리적 과정을 거친다. 심장이 빠르게 뛰면서 근육에 더 많은 혈액을 공급하고 에너지 수준을 급속히 높이기 위해 포도당을 방출한다. 동공은 위험을 더 잘 포착하기 위해 확장된다. 하지만 이것이 스트레스 반응의 유일한 형태는 아니다.

의학 및 심리학 분야의 초창기 연구들은 거의 대부분 남성을 대상으로 이뤄졌다. 인간의 스트레스 대처법에 관한 연구도 예외는 아니었다. 그러나 이후 많은 연구가 다른 집단에도 이 중요한 과정을 적용하려고 시도했고, 그 결과 여성들도 격렬한 투쟁-도피 반응을 보이긴 하지만 동시에 보다 덜 공격적인 '보살핌과 어울림(tend and befriend)' 패턴을 따른다는 사실을 발견했다.

우리 조상들을 생각해보면 여성은 아이들을 돌보고 안전을 확보하기 위해 사회적 유대를 키우는 등 전통적인 역할을 수행해왔다. 만일 여성이 집단에서 사회적 위치가 높은 여성을 공격하면, 문제가 발생할 수 있고 최악의 경우에는 집단에서 완전히 배제될 수도 있었다. 원시시대에 공동체에서 추방당하는 것은 여성 자신과 여성의 직계가족에게 재앙이나 다름없었을 것이다. 따라서 일반적으로 여성은 대체로 직접적인 대립을 피하고, 배우자나 가족 간의 불화에 남성보다 더 큰 영향을 받는 것처럼 보인다. 끊임없이 숨은 의도를 짐작하고 주변인의 기대에 부응하고 사회질서를 유지하기 위해 조심스럽게 행동(예를 들어, 평화로운 분위기 지키기)하다 보면 여성들은 문화적으로 바람직하지 못한 감정을 숨기고 극단적인 경우에는 진정한 자아를 억압하게 된다. 물론 남성들도 그러지 않는 건 아니지만, 복잡한 그룹 역학에서 살아남기 위한 수단으로 여성의 뇌와 신경계에 장착되어 있는 '보살핌과 어울림' 패턴 때문에 이러한 사회 행동 반응은 여성들 사이에서 나타날 가능성이 훨씬 높다. 반면에 남성은 언쟁을 벌이거나 주먹다짐을 하고, 그러고도 아무 일도 없었던 것처럼 행동할 수 있다!

물론 이건 아주 단순화한 결론이고 인간 행동의 복잡성을 무시하려는 의도도 아니다. 하지만 이를 기점으로 삼으면 몇몇 복잡한 현상이 꽤 이치에 맞아 들어가기 시작한다. 이렇게 스몰 트라우마 위에 층위를 쌓아 보다 섬세한 그림을 구성하다 보면 왜 우리가 이렇게 행동하고 저런 기분을 느끼는지 이해할 수 있다.

여성과 남성 모두 뼛속부터 사회적 존재이고, 집단에 소속되고 주변인들에게 받아들여지는 것은 물과 공기, 음식과 안전만큼이나 생존에 필수적이다. 절대 과장이 아니다. 성인이 되어 앞가림을 할 수 있게 된 다음에도 우리의 정체성과 안정감은 다른 사람들과의 상호작용에 기반한다.

아무도 없는 숲에서 나무가 쓰러지면 듣는 사람이 없는데 소리가 난다고 할 수 있는지 묻는 사고실험이 있다. 나는 이렇게 묻고 싶다. 타인과의 관계 속에서 자신을 볼 수 없다면 당신은 누구인가?

일터에서의 스몰 트라우마

당신에게 직업이란 단순히 일인가, 성공을 위한 커리어인가, 아니면 소명인가? 그저 먹고살기 위한 수단이라고 생각하는 사람은 신경 써서 경력을 쌓는 것이라거나 중요한 소명이라고 답한 사람보다 일에서 느끼는 만족감과 행복이 덜할 수 있다. 직업을 단순히 해야 하는 일로만 여기고 있다면 근무시간의 대부분을 해변에서 조개 목걸이를 팔거나 베스트셀러 책을 쓰거나 복권에 당첨돼 직장을 때려치우는 공상을 하며 보낼 가능성이 크다. 이런 경우라면 스몰 트라우마가 지금도 당신을 날마다, 조금씩, 끈질기게, 갉아먹고 있을지 모른다.

현실과 이상의 괴리

사람은 어떻게든 먹고살아야 하므로, 성공을 꿈꾸는 커리어와 급여를 받는 직업의 차이는 대체로 내가 직접 선택한 길을 걷고 스스로를 위해 일하고 있는지에 달려 있다. 직업의 경우에는 자신의 목표와 야망을 원하는 대로 주도하기가 어렵다. 소명은 거기에 더해 하는 일과 신념과 정체성이 일치하는 경우를 가리키는데 전통적으로 의사나 성직자, 도움이 필요한 이들을 돕는 직업 등이 여기에 해당한다. 하지만 불행히도 현대사회에서는 그런 역할들조차 단조롭고 고된 일로 추락해버렸다. 의사들마저 만성불안에 시달리고 있으니 말이다.

"의사는 곧 내 삶이에요. 내가 평생 꿈꾸던 일이었으니까요. 하지만 이제 나는 매일 아침 벌벌 떨면서 잠에서 깨요. 그나마 잠을 조금이라도 잤다면 말이죠. 이것도 문제예요. 업무량은 비현실적인 수준으로 많고 진료 예약을 잡으려고 몇 주일이나 기다려야 했던 환자들은 늘 화가 나 있어요. 대기실 안내문에는 의사에게 한 가지 건강 문제만 상담할 수 있다고 적혀 있지만 일부 환자들은 너무 오래 기다린 탓에 온갖 문제를 하소연하지 않고서는 배기질 못하죠. 진료가 끝난 뒤에는 제대로 된 시간도 예산도 없이 끝없이 쌓여만 가는 서류 작업과 회의가 기다리고 있고요. 끊임없이 익사하는 기분이에요. 더 이상은 내가 의사처럼 느껴지지도 않아요."

의사인 아니타는 과도한 업무와 건강 악화에만 시달리는 게 아니었다. 관료주의에서 발생하는 스몰 트라우마 때문에도 고통을 겪고 있었다. 그리고 그 결과 커리어나 소명이어야 하는 것이 불만족스러운 직업으로 변모하고 말았다. 나는 학계와 언론, 법학, 공학을 비롯해 다른 많은 분야에서 이와 비슷한 과정을 목도했다. 영혼을 파괴하는 이런 변화는 기존에는 주로 '억지로 하는 일'에서만 나타나던, 일터에서의 스몰 트라우마라는 거대한 파도를 일으켰다. 이제 대부분의 업무는 컨베이어 벨트식이고, 변호사들은 업무 시간을 분 단위로 기록하며, 교사들은 산더미같이 쌓인 서류 작업에 짓눌리고, 간호사들은 자신의 고용을 정당화하기 위해 체크박스를 채워야 한다. 한도 끝도 없이 계속 나열할 수 있지만, 이 정도면 파도가 보일 만큼 접근했으리라. 어쩌면 불편할 정도로 가까이 말이다.

언젠가 들킬 거야

그렇다면 운 좋게 일에서 보람을 느끼는 사람들은 어떨까? 그들도 만족스러운 삶을 살고 있을까? 음, 글쎄. 커리어에는 더 많은 훈련과 승진, 더 높은 직급과 사회적 지위, 그리고 대개 더 많은 돈을 위한 발

스몰 트라우마

전 기회가 수반되기 때문에 경력 사다리라는 미끌미끌한 기둥이 특정한 스몰 트라우마 반응을 유발하게 된다. 바로 가면증후군(Imposter Syndrome)이다.

끝없는 평가(비판)와 치열한 경쟁, 그리고 집단에서의 서열 관계가 겹치고 쌓이면 사람들은 무엇을 해도 자신이 부족하다고 느끼고 언젠가는 남들도 자신의 부족함을 눈치챌 것이라는 조마조마한 불안감에 시달리게 된다. 당신이 보기에 특정 분야에서 최고의 능력을 지닌 데다 언제나 자신감 넘치고 일을 완벽하게 해내는 듯 보이는 이들도 실은 머릿속으로 항상 스스로를 의심하고 있다. 그들이 겉으로 실수 하나 없이 완벽해 보이는 이유는 연기를 하고 있다는 사실을 누군가에게 들킬까 두려워하고 있어서다. 어쩌면 당신도 그런 사람 중 한 명일지 모른다.

비밀을 하나 알려주자면 실은 우리 중 많은 사람이 그렇게 느끼고 있다. 스몰 트라우마는 대개 그 사실을 깨닫지 못하는 데서 온다. 대부분이 이에 대해 이야기하는 것을 두려워하기 때문이다. 가면증후군과 스몰 트라우마 문제는 상당히 만연해 있어 나는 이 주제에 아예 6장을 통째로 할애했다. 설사 당신이 가면증후군과는 거리가 멀다 해도 주변 사람 중 누군가는 반드시 가면증후군에 시달리고 있다. 그리고 그 사람은 언젠가 '들킬지도' 모른다고 두려워하고 있으리라.

사회에서의 스몰 트라우마

이는 스몰 트라우마의 더욱 거시적이고 광범위한 원인 중 일부로 이어진다. 현대사회는 여러 가지 면에서 훌륭하고 뛰어나다. 솔직히 말해 신체나 심리적 건강 면에서 수백 년 전으로 돌아가고 싶은 사람은 아무도 없을 것이다. 하지만 현대사회에도 스몰 트라우마의 원인이 될 만한 요인은 많다.

우리는 지금 글로벌 경제 시대에 살고 있고 덕분에 많은 사람의 삶의 질이 향상되었다. 다만 단점이 있다면 이 지구상에 수백만 명이 아니라 수십억 명이 살고 있다는 현실을 깨닫게 되었다는 것이다. 이제 우리는 그들 모두와 나 자신을 비교할 수 있게 되었다. 정말 감당이 안 될 정도로 힘들고 벅찬 일이다. 안 그런가? 그래서 나는 이 시점에서 이 책에 수록된 솔루션 중심 도구를 사용하면 스몰 트라우마의 모든 원인을 관리하고 통제할 수 있다는 사실을 다시 한번 강조하고 싶다.

끝없는 노력의 쳇바퀴

돈을 조금만 더 벌면, 승진만 한다면, 완벽한 반려자를 찾을 수만 있다면, 아이만 생기면…… '그러면 나도 행복해질 거야'. 살면서 이런 생각을 얼마나 자주 해봤는가?

나는 이것을 노력(발버둥)의 쳇바퀴라고 부른다. 우리가 이 모든 성취와 삶의 이정표를 달성하기 위해 '노력'하며 지난날을 돌이켜볼 여유조차 없이 등골 빠져라 일하고 있을 때, 실제로 우리가 하는 일은 햄

스터처럼 '발버둥 치며' 쳇바퀴를 돌리고 있는 것뿐이다. '언젠가'가 아니라 '지금'에 초점을 맞추고 모두가 동시에 멈추지 않는 한, 바퀴는 영원히 멈추지 않을 것이며 우리의 기력을 완전히 소진시켜 지쳐 나가떨어지게 할 것이다.

인생의 목표가 중요하지 않다고 말하는 게 아니다. 조금만 더 열심히 일한다면, 조금만 더 돈을 번다면, 사랑에 빠진다면 모든 것을 손에 넣을 수 있고, 그러면 행복해질 거라는 생각이 잘못됐다는 얘기다. 현대의 소비주의 사회는 우리의 무의식에 대고 그런 약속들을 끊임없이 속삭인다. 우리의 가치가 주로 부와 소유물, 지위로 결정되는 현대사회의 파괴적 본질을 지적하는 사람은 내가 처음도 아니고 마지막도 아닐 것이다. 그러나 이런 문화 자체를 바꿀 수는 없을지라도 우리는 이런 문화가 우리의 사고방식과 자기신뢰, 그리고 스몰 트라우마를 촉발하는 방식에 어떤 영향을 미치는지 알아두어야만 한다.

디지털 스몰 트라우마

오늘날 우리는 물리적 세계에만 사는 게 아니다. 우리가 살고 있는 또 다른 세계인 디지털 공간에서도 스몰 트라우마가 발생할 수 있다. 이 세계는 비교적 새롭고, 그렇기 때문에 과거의 무법천지였던 서부 개척 시대와도 비슷하다. 주변 사람들에게 하는 행동이 어느 정도까지 용납 가능한지, 그렇지 못한지에 대해 아직까지도 완전한 규칙과 합의가 이뤄지지 않았다. 범람하는 허위정보와 개인정보 보안 문제, 온라인 괴롭힘과 악플, 스토킹, 리벤지 포르노와 캔슬 컬처(자신과 생각이 다른 사람을 공개적으로 모욕하고 배척하는 현상. 특히 유명이나 공적 지위에 있는 인사가 논쟁이 될 만한 행동이나 발언을 했을 때 SNS 등에서 팔로우를 취소하고 거부하는 행동 방식을 말한다.—옮긴이)에 이르기까지 우리는 스몰 트라우마를 경험할 수 있는 완전히 새로운 세상을 발명하고 말았다. 물론 이 첨단기술에서 얻을 수 있는 이점도 무수히 많다. 다만 나는 지금 우리가 가상 세계에서 겪을 수 있는 해악 중 일부분만을 겨우 이해하기 시작했을 뿐이라고 주장하고 싶다. 나아가 우리가 하는 모든 일이—누구나 저지르는 멍청한 짓을 포함해—온라인 공간에 업로드되어 영원토록 삭제되지 않고 떠돌아다닐지 모른다는 사실은 실존적 불안감을 품게 만든다. "내가 10대 때는 소셜 미디어가 없어서 얼마나 다행인지!"라는 말을 얼마나 자주 들었는지 모른다. 하지만 문제는 바로 그 세상에서 젊은이들이 그들만의 방식을 배우고 있다는 사실이다.

'완벽한' 타인들

내가 '이상할 정도로 완벽한 치아'라고 부르는 현상은 신세대든 구세대든 자신이 너무도 부족하고 때로는 중요한 존재가 아니라고까지 느끼게 한다. 그렇다. 바로 소셜 미디어 얘기다. 다만 SNS 플랫폼 그 자체가 아니라 그것을 끊임없는 비교 수단으로 삼는 우리 인류의 이상한 방식에 대해 이야기하는 것이다. 연구 조사에 따르면 우리는 사진이 수정됐거나 필터를 이용했거나 보정한 것이라는 사실을 알고 있을 때조차도 그 '완벽한' 이미지가 원래 그런 것이라고 믿는 것처럼 자아존중감에 큰 타격을 받는다. 이런 경향에 대해서는 6장에서 더 깊이 파고

스몰 트라우마

들겠지만 여기서는 서로 알지도 못하고 평생 만나지도 않을 수많은 사람과 자신을 비교할 수 있는 글로벌 세계에 사는 것이 우리의 정신 건강에 커다란 영향을 끼친다고 언급하는 것만으로도 충분할 것이다.

외로움 전염병

역사상 사람들이 이렇게 긴밀하게 연결된 동시에 이처럼 깊은 외로움을 느끼는 시대는 없었다. 코로나19 팬데믹 전에도 외로움과 사회적 고립감이 증가하고 있긴 했으나 이 전 세계적인 유행병은 많은 이의 정신 건강을 벼랑 끝으로 내몰았다. 앞에서도 언급했지만 여기서 다시 한번 강조한다. 우리 인간은 사회적인 존재다. 재택근무와 끝없는 영상통화, 온라인 쇼핑 같은 첨단 기술로 바이러스 대유행병을 이겨낼 수 있다는 건 멋지지만 신체적 접촉의 부족은 많은 사람에게 스몰 트라우마를 불러일으켰다.

만성적 외로움은 매일 담배 15개비를 피우는 것만큼이나 건강에 해롭다. 코로나19가 발발하기 전만 해도 이는 주로 고령층을 중심으로 제기되는 주제였으나 2020년 이전에도 많은 청년이 외로움과 관련된 문제에 시달리고 있다는 사실이 보고된 바 있다. 여기서 명심할 점은 외로움이 사회적 고립의 원인이 아니라 증상이라는 것이다. 코로나바이러스로 인한 사회적 격리 덕분에 전보다 익숙해지긴 했지만, 그 전부터 우리는 많은 사람이 포옹이나 격려의 토닥임은 고사하고 다른 사람의 얼굴조차 보지 않고 며칠씩 홀로 지내는 세상을 만들어왔다.

1950~1960년대로 거슬러 올라가보자. 미국의 심리학자 해리 할로

(Harry Harlow)는 붉은털원숭이 새끼들을 어미와 분리하기로 했다. 사진을 보면 정말 가슴이 아픈데, 어쨌든 이 연구는 안전감의 중요성을 이해하기 위한 것이었다. 할로는 새끼 원숭이들의 우리에 철사로 만들었지만 젖을 줄 수 있는 '대리모'와 젖은 없지만 부드러운 천으로 덮인 대리모를 넣어두었다. 가엾은 새끼 원숭이들이 어느 쪽에 더 끌렸을 것 같은가? 당시 과학자들은 새끼 포유류가 먹이를 제공하는 양육자에게 일차적으로 애착을 발달시킨다고 믿었지만, 놀랍게도 실험 결과는 후자였다. 할로와 동료 연구진은 영유아가 생존을 위해 생물학적으로 '접촉 위안'을 필요로 한다는 사실을 발견했다. 원숭이도 인간도 편안함과 안정감을 느끼려면 만지고 매달릴 수 있는 존재가 있어야 한다. 줌 통화로는 결코 정서적 결핍을 충족시킬 수 없는 이유다.

대리 트라우마와 영구위기

다른 사람이 빅 트라우마 또는 주요 생애사건을 경험하는 것을 목격했을 때 발생하는 스몰 트라우마도 있다. 이를 흔히 대리 트라우마 또는 대리외상증후군이라고 부른다. 우리는 수천 킬로미터 떨어진 곳에서도 다른 사람의 고통을 감정적으로 받아들일 수 있다. 특히 코로나19 팬데믹처럼 장기간에 걸쳐 오래 지속된 사건의 경우에는 더욱 그렇다. 중독이라도 된 것처럼 뉴스 헤드라인을 읽어대는 둠스크롤링(doomscrolling, 암울함을 뜻하는 doom과 스크롤을 뜻하는 scrolling의 합성어로 스마트폰으로 암울한 뉴스를 강박적으로 확인하는 행위.—옮긴이)도 미디어가 연중무휴로 뉴스를 쏟아내는 요즘 같은 세상에서는 대리 트라우마

스몰 트라우마

로 작용할 수 있다.

또 우리는 지금 끝이 보이지 않는 정치적·문화적·사회경제적 혼란이 계속되는 영구위기(permacrisis, '영구적'을 뜻하는 permanent와 위기를 뜻하는 crisis의 합성어.—옮긴이) 시대에 와 있다. 이것이 사실이든 그저 우리가 세상을 그렇게 인식할 따름이든, 많은 사람이 우리가 일종의 집단 트라우마로 이어질 영구위기에 처해 있다고 느끼고 있으므로 이는 학문적으로 연구할 가치가 있다. 전 세계에서 일어나는 사건들을 쉽게 접할 수 있는 탓에 많은 사람이 지구의 미래에 대해 심각하게 걱정하고 있다는 보고가(이른바 환경불안증) 늘어나는 것도 별로 놀랄 일이 아니다. 절망적이고 디스토피아적인 미래를 상상하다 보면 동기부여에 영향을 줄 수 있고, 이는 환경과 관련된 행동뿐만 아니라 삶의 모든 영역에 악영향을 주는 환경우울증으로 이어질 수 있다.[6]

스몰 트라우마와 심리적 면역체계

당신을 괴롭힌 스몰 트라우마가 어떻게 재구성되는지 내가 '심리적 면역체계'라고 부르는 것을 신체적 면역체계에 비교해 설명해보겠다. 사람의 신체적 면역체계는 태어날 때부터 있는 선천성 면역과 성장하면서 후천적으로 획득하는 적응성 면역으로 구성되어 있다. 선천성 면역은 유전자에 암호화되어 담겨 있지만 자연계의 병원체에 반응하기 때문에 환경에 맞춰 미세하게 조율되어야 한다. 아이들을 바깥에서 놀게 하고, 타인과 교류해 감기에 걸리고 벌레에 물리게 하는 것도 바로 이

1장 스몰 트라우마란 무엇인가

런 이유에서다. 병원체는 면역 반응을 촉발시켜 향후 더 큰 위험을 물리칠 항체를 만들어낸다. 간단히 말해 우리의 면역체계는 외부 공격에 대처하며 적응해나간다. 모든 해로운 것을 피하기만 한다면 이렇게 강하고 튼튼하게 성장하지 못할 것이다.

심리적 면역체계도 똑같은 방식으로 작용한다. 우리 모두는 태어날 때부터 스트레스 반응이라는 고정된 형태의 생존 본능을 지니고 있다. 하지만 이는 상당히 조잡한 도구라 우리는 자라면서 다양한 대응기제를 습득해 삶의 시련과 고난을 극복해나가야 한다. 그러나 이는 심리적 면역체계가 위협에 맞서 싸우는 경험을 할 때에만 가능한 일이다. 어렸을 적에 "안 돼!"라는 말을 들었을 때처럼 말이다. 어린아이들은 극심한 괴로움을 느끼고 울음을 터트리거나 떼를 쓸 테지만, 안정적이고 애정 넘치는 환경에서 이러한 경험은 심리적 면역체계를 강화한다. 이 같은 경험을 반복하면 나중에는 안정적인 심리적 경계를 형성하고 존중하며, 공격받는다는 느낌이 들지 않게 된다. '감정 항체'가 발달하기 때문이다. 위의 사례에서 아이는 원하는 것을 즉시 얻지 못하는데, 이때 마음의 안전망을 형성하는 심리적 병원체는 안전하고 안심할 수 있는 환경에 수용되어 있고, 바로 그것이 해로운 스몰 트라우마와 평생 우리를 도와줄 수 있는 스몰 트라우마의 차이를 만든다. 누구나 살다 보면 마주치는 주요 생애사건을 어떤 이들은 유독 잘 헤쳐나가는 것처럼 보이는 이유도 여기에 있다.

살면서 상처받지 않는 사람은 없지만 간혹 어떤 폭풍도 이겨낼 것 같은 사람이 있다. 잡지 속 여러 기사와 자서전, TV에 나오는 감동적인 이야기에는 말로 표현조차 할 수 없는 트라우마를 지니고도 어떻게든 무너지지 않고 빠져나온 주인공으로 가득하다. 이런 지극히 개인적인 이야기들을 들여다보면 크고 심각한 트라우마를 경험한 사람들만 단단하고 냉철한 관점으로 다시 일어나는 게 아니라, 평생에 걸쳐 작지만 그렇다고 결코 덜 중요하지는 않은 수많은 심리적 상처와 타박상을 입은 이들도 그렇다는 것을 알 수 있다. 이들에게 스몰 트라우마 경험은 주요 생애사건으로부터 자신을 보호하는 감정적 항체로 작용했던 것이다.

'백신'이 될 수 있을까?

홍역, 볼거리, 풍진 같은 심각한 바이러스와 병원체의 침투를 막기 위해, 우리는 아이들에게 바이러스 감염을 모방한 백신을 접종한다. 신체에 소량의 병원체를 투여하면 면역체계가 반응을 일으켜 항체를 만들어내는데, 말하자면 일종의 면역 근육을 형성하는 것이다. 항체는 우리 몸 안에 주둔하며 침략자를 물리치는 전략을 개발하고 기억하는 작은 군대다. 언젠가 같은 위협에 직면하게 될 때 그것을 물리칠 방법을 알고 있다.

마찬가지로 우리가 살면서 경험하는 '약간'의 고난이나 도전도 감정적 백신으로 작용해 미래에 더 중요한 사건을 해결하는 데 도움이 될 중요한 대응 전략을 제공한다. 이것이 스몰 트라우마 분석이 중요한 이유다. 일반 백신이 완전한 감염을 일으키기보다 소량의 바이러스를 모방하는 데 그치는 것처럼, 감정 백신도 아주 작거나 중간 정도의 규모일 때 적절하기 때문이다.

우리는 종종 우리의 잘못이나 상대방의 거절을 '실패'로 인식하고 자책하지만, 이렇게 작고 괴로운 경험이 심리적 면역력을 키우는 데 필요한 자양분이라고 이해하면 자신에 대한 부정적 감정을 버릴 수 있다. 부정적 사건을 감정 백신으로 활용해서 힘든 경험을 통해 긍정적 깨달음을 얻고 감정 항체를 자극하는 것이다.

어떤 이들은 이렇게 괴로운 일을 겪고 회복하는 것을 '제자리로 돌아온다'고 하고 '회복탄력성'이라고도 부른다. 그러나 회복탄력성은 아무 일도 없었다는 듯이 제자리로 돌아오는 게 아니다. 강하고 탄력성 있는 심리적 면역체계를 구축하는 것, 즉 앞으로 살면서 직면할 어려움에 대처하기 위한 맞춤형 대응 기술을 개발하는 것이라 할 수 있다. 누구나 살다 보면 언젠가는 힘들고 고통스러운 일에 맞닥뜨리게 된다. 사랑하는 사람을 잃거나 누군가와 관계가 틀어지거나 직장에서 해고될 수도 있다. 이런 폭풍우를 헤쳐나가고 싶다면 먼저 자신의 스몰 트라우마를 파악해보자. 그러면 그 계기와 촉발 요인을 경계함으로써 위협을 감정적 항체로 바꿀 수 있다.

수용은 체념이 아니다

수용과 체념의 차이를 이해하면 큰 도움이 된다. 많은 사람이 AAA의 두 번째 단계인 '수용'을 수동적인 희생자의 마음가짐, 또는 삶의 어려움 앞에서 포기하는 것으로 받아들인다. 그것은 수용이 아니다. 수용이란 살면서 마주치는 모든 우여곡절과 좋고 나쁜 것을 기꺼이 경험하는 것이다. 또한, 험난한 길에 적응해 산꼭대기에 도달하면 진정한 기쁨을 느낄 수 있으리라 확신하며 이 여정을 열린 마음으로 받아들이는 사고방식이다. 그러므로 수용은 절대로 체념과 같지 않다. 이 둘의 차이점을 살펴보자.

체념	수용
심리적 경직	심리적 유연
무력감, 억압감	자율적으로 행동할 수 있는 자신감
자기비판, 자책	깊은 자기연민
결핍의 사고방식	풍요의 사고방식
포기/단념	긍정적으로 행동하기 위한 심리적 재조정
어려움 견디기	어려움에서 배우기
버티기	자기 향상
변화를 회피	변화에 개방적
저항	인정
판단 중심	가치 중심

삶의 다양한 경험을 수용하면, 스몰 트라우마를 능동적으로 활용해 미래의 우리를 보호해줄 강력하고 튼튼한 심리적 면역체계를 구축할 수 있다.

이 책에서 우리는 완벽주의와 습관적 미루기, '하나뿐인 진정한 사랑' 찾기의 어려움, 스스로에 대한 좌절감, 불면증, 감정적 먹기와 우울감 등을 다룬다. 모두 살면서 꽤 보편적으로 마주치는 장애물로, 이것이 중요한 이유는 우리의 스몰 트라우마와 그것이 끼친 영향을 이해해야만 페이지를 넘기고 우리만의 이야기를 써 내려갈 수 있기 때문이다. 즉, AAA 접근법을 사용해 인식에서 행동으로 나아가려면 진정한 수용의 과정을 거쳐야만 한다(이게 바로 마법의 소스다!).

어쨌든 스몰 트라우마 문제를 해결할 수 있을지는 우리 자신에게 달려 있다. 이 장에서 제시된 사례들은 누군가를 비난하거나 피해자로 몰고 가려는 것이 아니다. 그보다는 단 한 번만이라도 우리의 감정과 인지적 동인을 인식할 수 있다면 믿음과 사고 패턴, 행동에 진정한 변화를 일으킬 수 있음을 보여주기 위한 것이다. 장담컨대 그렇게만 된다면 깊은 불안감과 자기회의, 우울감에 더 이상 좌우되지 않는 삶을 누릴 수 있다.

한 내담자가 이렇게 말한 적이 있다. "우울하긴 해요. 하지만 우울증이 있는 건 아니에요." 그게 바로 스몰 트라우마다. 그러나 삶의 즐거움을 고갈시키는 이러한 내적 고난이 이미 널리 퍼져 있음에도 적절한 도움을 얻기란 너무나 어렵다. 스몰 트라우마를 극복하려고 노력하고, 강력한 심리적 면역체계를 갖춰 반대쪽 출구로 빠져나올 수 있을지 여부는 결국 우리 자신에게 달려 있다.

시작을 위한 핵심 질문

자, 그럼 이제 편안히 앉아서(지금 편안한가? 아니라면 자세를 바꾸든 따뜻한 양말을 신든 뭐든 좋으니 편안하고 안정된 기분을 느낄 수 있게 해라), 스몰 트라우마의 핵심 질문을 던져보자.

스몰 트라우마

'당신에게 꽤 중요한 영향을 미쳤거나 당신을 변하게 했지만, 굳이 언급할 만큼 중요하거나 심각하지는 않다고 생각하는 경험이나 사건이 있는가?'

성급하게 대답할 필요는 없다. 마음을 고요히 가라앉히고 대답이 저절로 떠오를 때까지 기다려라.

무엇이 떠올랐는가? 이 책을 읽는 동안 계속 머릿속 한편에 의식적으로 그 일을 간직해두길 바란다. 그러면 여러 기억이 뭉쳐 있는 짙은 안개 속에서 그게 왜 중요한지 드러나기 시작할 테니까.

생각나는 것을 종이에 기록해두는 것도 큰 도움이 된다. 감정 표현 글쓰기와 일기가 치료의 한 형태가 될 수 있다는 사실은 이미 다양한 연구 조사를 통해 입증된 바 있기에, 매 장이 끝날 때마다 나는 글쓰기를 장려할 것이다. 이 여정에 동행할 스몰 트라우마 일기장이나 다이어리를 구입하는 것도 좋다. 심리치료를 하기 전에는 어떤 감정을 느꼈고 어떤 생각을 했는지 되돌아보는 것도 도움이 된다. 스몰 트라우마 질문에 대해 그냥 생각만 해보고 싶다면 그것도 좋다. 천천히 해도 된다.

다만 여기서 명심해야 할 게 한 가지 있다. 이 책의 어떤 부분이 당신을 불안하게 한다면 시간을 들여 조용히 그 느낌을 곱씹어보자. 이건 아주 중요하다. 정말로 중요하다. 그 느낌이야말로 당신에게 방향을 제시해줄 내면의 인도자이기 때문이다. 우리 모두는 만성적인 '바쁨'이나 산만함, 또는 다른 사람의 필요에 집중하는 행위 등 갖가지 소음 탓에 이런 메시지를 무시하거나 흘려버리는 경향이 있는데, 이는 위험을 무릅쓰는 행동이다. 목적지를 찾아가면서 내비게이션을 무시하는 것처럼 어리석은 일이 어디 있단 말인가. 이 여정에서도 마찬가지다. 그러니 내면에서 들려오는 작은 안내자의 목소리에 귀를 기울이고 그에 따라라. 특히 '경로를 다시 계산 중'이라고 말하고 있다면 더욱 그래야 할 것이다. 그러니 출발하기 전에 알아두길. 원한다면 언제든 잠시 멈춰 마음을 가라앉힐 수 있고, 몸과 마음이 도망치라고 비명을 지른다면 언제든 숨쉬기운동을 한 뒤 다시 운전석에 앉을 수 있다.

일단 자리에 편안히 앉고 나면 이 책에서 제시하는 가장 흔한 스몰 트라우마 주제를 이해하고 당신이 왜 진정으로 행복한 삶을 살지 못하고 있는지 그 핵심 이유를 파악할 수 있다. 이 책에서는 전반적으로 인식, 수용, 행동이라는 솔루션 중심 AAA 접근법을 사용할 것이며, 책장을 덮을 즈음이면 단순히 수다를 떨 때 써먹을 거리 이상의 효과를 얻을 수 있을 것이다. 당신의 삶과 관점이 진정으로 변화할 것이다.

◆ 불편한 감정을 가라앉히는 숨쉬기운동 ◆

내가 좋아하는 가장 간단하면서도 강력한 연습활동 중 하나를 소개한다. 우리는 나이가 들면서 가슴으로 숨을 쉬는 스트레스 호흡을 하는 경향이 있다. 한 손은 윗가슴에, 한 손은 배에 얹어 자신이 어떤 식으로 숨을 쉬는지 확인해보라. 어느 쪽 손이 움직이는가? 가슴에 올린 손이 위아래로 들썩인다면 그건 당신의 몸이 스트레스를 받고 있다는 뜻이다. 하긴 스몰 트라우마에 대해 탐구하고 있으니 별로 놀라운 일은 아니다. 이를 해결하는 방법은 횡경막 호흡을 통해 부교감신경계를 활성화하는 것이다.

- 먼저 횡경막의 위치를 찾는다. 배 위에 올려놓은 손의 새끼손가락이 배꼽 바로 위에 오도록 위치를 조절한다. 그러면 손바닥 바로 아래 횡경막 근육이 위치하게 된다.
- 반대쪽 손을 가슴에 얹는다.
- 천천히 꾸준한 속도로 코로 숨을 들이마시며 셋까지 센다. 꼬리뼈 아래까지 깊숙이 숨을 들이켠다.
- 그런 다음, 마음속으로 '진정해'라고 반복하면서 천천히 네 번까지 숨을 내쉰다.
- 숨을 들이마실 때마다 들숨으로 배가 확장되는 것을 느낀다.
- 숨을 내쉴 때 배가 움푹 꺼지는 것을 느낀다.
- 이때 가슴에 있는 손이 들썩이면 안 된다.

아기가 숨 쉬는 모습을 관찰해보라. 갓난아기들은 자연스럽게 횡경막을 움직여 숨을 쉰다. 통통한 배가 볼록 튀어나왔다가 다시 쏙 꺼지는 걸 보는 건 참으로 즐거운 일이다. 아기들은 우리에게 정말 많은 것을 가르쳐준다!

TINY TRAUMAS

2장

행복해야 한다는 강박

언제나 끊임없이 행복하길 바라는 것은 초콜릿으로 주전자를 만드는 것처럼 헛된 일이다. 그러나 돌고 도는 쾌락의 쳇바퀴에 의존하지 않고도 분명 깊은 안녕감을 키울 수 있다. 삶의 중요한 영역들을 서로 균형 있게 유지한다면 쾌락주의적인 행복에 의존할 필요가 없다. 자기만족감이라는 확고한 토대를 마련하면 감정적으로 지속가능한 삶을 구축할 수 있다.

이 장에서 살펴볼 내용

- 행복의 정의
- 의료 가스라이팅
- 해로운 긍정성
- 쾌락의 쳇바퀴
- 빅 7을 이해하고 지속적인 만족감 유지하기

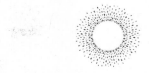

친구, 지인, 소셜 미디어의 팔로워를 둘러보면 다들 인생에서 최고의 시간을 보내고 있는 것만 같다. 디지털 세계 곳곳에 포진한 근심 걱정 하나 없이 활짝 웃는 얼굴들을 보면 '행복'이 뭔지 찾아낸 것처럼 보인다. 그런 이유로 당신에게도 묻고 싶다. 당신은 행복한가? 아주 간단한 질문이지만 이 질문의 대답에 도달하는 과정은 전혀 간단하지가 않다. 당연하지만 당신의 고유한 스몰 트라우마 구성과 큰 연관성이 있기 때문이다. 우리가 아는 동화와는 정반대되는 현실을 풀어내는 이야기 하나로 이 장을 시작해보자.

애나는 똑똑했고 상냥했으며, 모두가 그를 볼 때마다 속으로 저도 모르게 미소를 짓곤 했다. 애나는 명랑하고 다정하고 모두에게 친절했다. 장밋빛 뺨에서 빛나는 긍정적인 자세 덕분에 사람들의 마음을 저절로 끄는 사람이었다.

남에 대해 나쁜 말 한번 해본 적 없었고 그래서 늘 행복해 보였다.

하지만 지금 애나는 여기, 내 상담실에 있는 약간 딱딱한 의자에 앉아 있다. 인간으로서 가능한 가장 교양 있고 우아한 모습으로 말이다. 애나는 360도 마케팅 및 홍보 회사에서 "세상에서 가장 멋진 사람들"과 함께 일하는 "환상적이고, 훌륭하고, 끝내주는" 직업을 갖고 있다고 말했다. 학창 시절부터 가깝게 지내던 친한 친구들이 있고 지원을 아끼지 않는 좋은 가족이 있다. 적어도 매달 한 번은 고향에 있는 부모님을 방문했고 도시에 살면서 매주 집에 전화를 걸었다. 그리고 늘 주변 사람들로부터 사랑받는다고 느꼈다.

하지만 내가 애나에게 "지금 행복한가요?"라고 악의 없는 질문을 던졌을 때, 애나의 눈빛에 그늘이 지더니 흐릿한 주근깨가 흩어진 피부 위로 고통이 발진처럼 퍼져나가기 시작했다.

애나는 한참 동안 시선을 낮추고 두 손을 쥐어짜다가 마침내 조용히 대답했다. "모르겠어요." 그러곤 '행복해야 하고' 행복하고 싶지만 행복한 것처럼 느껴지지 않는다고 덧붙였다. 그래서 나를 찾아온 것이다. 마음속 깊이 행복하지 않다는 느낌이 들어 괴로워하고 있었고, 자신이 왜 그런지 이해할 수 없었기 때문이다.

겉으로 보기에 애나의 사례는 꽤 복잡해 보인다. 그의 인생에는 눈에 띄는 빅 트라우마가 없고, 스몰 트라우마를 뒤져보기 시작했을 때도 애나는 그런 것은 없다고 주장했다. 그림처럼 완벽한 어린 시절을 보냈고 딱히 바라는 것도 없으며 부모님을 원망하거나 탓할 이유도 없다고 했다. 하지만 바로 거기에 애나의 스몰 트라우마에 대한 단서가 있었다.

스몰 트라우마

◆ 행복론 ◆

행복은 심리 이론 및 연구에 비교적 최근에 추가된 분야다. 그러나 철학 분야의 거장들은 이미 오래전부터 이 감정을 탐구해 다양한 형태의 기분 좋음을 분석해왔다.

철학에서 '쾌락주의(hedonism)'는 행복과 즐거움을 추구하며 가능한 한 많은 시간을 행복하고 기쁘고 근심 없이 보내는 것을 인생의 주요 목표로 삼는다. 한편 '행복주의(eudamonism)'는 이와는 대조적으로 야망을 성취하고 고유한 잠재력을 최대로 개발하는 자아실현에 초점을 맞춘다. 즉, 쾌락주의가 '순간'의 즐거움과 같은 긍정적 감정에 기반을 둔다면 행복주의는 의미와 목적의식을 추구하는 데 더 중점을 두는 것이다.

한쪽이 다른 한쪽보다 더 낫다고 주장하는 사람은 어디에나 있지만 나를 포함한 대부분의 긍정심리학자는 진실로 번영하는 인생을 누리려면 두 가지 모두 필요하다는 데 의견을 모으고 있다.

AAA 1단계: 인식

다음으로 나는 애나에게 행복이 뭐라고 생각하는지 물었다. 그는 이렇게 대답했다. "진짜로 행복하다면 그걸 모를 수가 없잖아요." 목소리가 약간 떨리는 걸로 보아 그 말은 대답이라기보다는 질문에 가까웠다. 그래서 애나의 AAA 여정은 행복의 개념을 탐구하는 것부터 시작했다.

도대체 행복이 뭐지?

심리학에서는 아주 오랫동안 행복에 대해 연구하지 않았다. 앞에서 말한, 심각하지는 않지만 정신 건강을 갉아먹는 작은 요인들이 오랫동안 간과되었듯이 긍정적인 감정과 상태는 초창기 심리학 연구 및 전문 임상 분야에서 큰 관심을 받지 못했다. 심리학자인 마틴 셀리그만(Martin Seligman) 박사가 1990년대 말에 긍정심리학을 창시했을 때에야 우리는 행복과 같은 개념을 이해하려고 애쓰기 시작했다. 셀리그만 박사도 초기에는 우울증의 특성인 학습된 무력감을 연구했기에 방향을 선회해 심리학 분야에서 이른바 '긍정 운동'이라는 새로운 물결의 선두 주자가 되었다는 이야기를 들었을 때 꽤 놀랐던 기억이 난다.

하지만 생각해보면 완벽하게 이해할 수 있는 일이다. 셀리그만 박사는 그의 연구가 초기에 '진짜 나쁜 것'에 초점을 맞춘 덕분에[7] 정신 건강이라는 퍼즐의 잃어버린 조각, 즉 긍정심리를 연구할 수 있는 완벽한 조건을 갖출 수 있었다고 말했다. 미국 심리학회(American Psychological Association) 회장으로 취임하는 연설에서는 심리학이 삶을 향상시키는 원래의 목적에서 너무 멀리 벗어나 '좋은 것'에도 똑같이 초점을 맞추기보다 '나쁜 것'에만 집중하게 되었다고 했다.

애나가 혼란스러운 상태에 처하게 된 이유 중 하나도 거기에 있었다. 애나는 자신이 도움을 받을 자격이 없다고 느꼈다. 셀리그만의 표현을 빌리자면 그는 진짜 나쁜 것을 경험한 적이 없기 때문이다. 심리 장애를 앓고 있는 것 같지는 않았는데(나도 전적으로 동의하는 바다), 아무리 온라인을 검색하고 의료 서비스나 자선단체의 정보를 찾아봐도 정

스몰 트라우마

신 건강적으로 심각한 문제나 증상밖에는 나와 있지 않았다. 셀리그만이 강조한 것처럼 학계가 정신질환을 '치료'하는 데만 집중한 나머지 삶의 경험에서 비롯된 은근하고 미묘한 증상에 대해서는 아무 논의도 이뤄지지 않았던 것이다. 비교적 최근까지도 우리는 행복에 대해 연구 자체를 하지 않았다.

◆ 행복이란 그냥 기분 아닌가? ◆

초기 긍정심리학 연구자들은 행복을 '주관적 안녕감'이라고 불렀다. 이는 단순히 즐거운 감정(예를 들어 기쁨, 평온함, 자부심, 경외감, 사랑 등 흔히 총칭해 '긍정 정서'라고 부르는 것)의 존재와 빈도, 강도에 비해 불쾌한 감정이나 '부정 정서(예를 들어 슬픔, 분노, 좌절, 질투 등)'가 상대적으로 약하고 전반적으로 삶에 만족감을 느끼는 상태를 의미한다. 그러나 삶에 대한 만족감은 단순한 기분이나 느낌이 아니다. 그것은 자기 삶에 얼마나 만족하고 있는지에 대한 정신적 판단이며, 다른 모든 판단이나 인식과 마찬가지로 현재의 상황과 환경, 과거의 경험 등에 영향을 받을 수 있다. 또한 긍정 정서와 부정 정서 모두 배고픔이나 갈증, 숙면 여부와 같은 생리적 특성과 행동적 특성을 비롯해 다양한 요인의 영향을 받는다.

긍정심리학의 영역이 확장되면서 점점 더 많은 연구가 사람을 행복하게 만드는 것은 무엇인지 정확히 이해하려 노력하고 있다. 행복이 단순한 기분 그 이상이라는 사실은 분명하다. 따라서 이제는 왜 어떤 사람은 행복을 느끼는데 어떤 사람은 그러지 못하는지, 그리고 행복이 왜 그렇게 중요한지에 초점을 맞추고 있다.

대체로 행복의 결정 요인은 일곱 가지라고 말한다. 가족 및 친밀한 인간관계(행복에서 가장 중요한 요소로 간주된다), 경제적 상황, 일(자존감과 자긍심에 기여하기 때문에 경제적 상황과는 별개의 요소다), 소속감과 친구, 건강, 개인적 자유 및 개인적 가치다.[8] 그러나 핵심은 이 일곱 가지 요인이 단순히 당신의 삶에 존재하느냐가 아니라 이를 개인적으로 얼마나 중요하게 여기느냐에 있다. 행복을 개념화하는 것은 무엇이 행복에 기여하고 더욱 행복해지려면 무엇을 해야 하는지 보여주기 때문에 때로는 매우 유용하다.

그러니 현재의 삶에서 혼란이나 불만을 해소할 수 있도록 간단한 연습활동으로 시작해보자. 지금껏 무지개 끝에 있는 행복의 금 항아리를 찾고 있었다면 당신도 한번 해보기 바란다.

연습활동: 생애 평가 ◇◇◇◇◇◇◇◇◇◇◇◇◇◇◇◇◇◇◇◇◇◇◇◇◇◇◇◇◇◇◇◇

다음은 당신이 현재 만족하고 있거나 그렇지 않을 삶의 여러 영역이다. 각 영역마다 10점 만점으로 점수를 매겨라. 각별히 성취감을 느끼는 항목에는 높은 점수를 부여하고, 부족하다고 느끼는 영역일수록 0에 가까운 점수를 준다. 정답도 없고 옳고 그름도 없으니 각 영역에 대해 어떻게 느끼고 있는지 시간을 들여 곰곰이 생각해보기 바란다.

· 중요한 사람/파트너

· 개인적 가치

· 여가 및 취미

· 개인의 자유

· 직업과 경력

· 수입 또는 재정적 안정

· 건강

· 친구 및 가족

이제 점수를 확인해본다. 유난히 눈에 띄는 항목이 있는가? 점수가 뜻밖이라 놀라운 항목은?

가장 점수가 높은 항목 2개와 낮은 항목 2개를 확인하고 왜 이런 점수를 줬는지 자문해본다. 몇 분 정도 시간을 넉넉히 들여도 좋다. 서두를 필요가 없으니 솔직하게 대답하자.

◇◇

애나의 경우 점수가 가장 높은 항목은 친구 및 가족과 개인적 가치였다. 그가 이 두 가지에 높은 점수를 준 이유는 첫 번째 상담 시간에 말한 내용과 일치했다. 이는 매우 중요한 정보다. 하지만 그보다 더 의미심장한 사실은 애나가 건강과 개인의 자유에 가장 낮은 점수를 매겼다는 점이다. 특히 후자의 경우에는 인정하기를 꺼리고 거의 수치스러워하는 것 같았다.

애나는 이 새로운 깨달음에 동요하고 있었다. 왜 하필 건강 문제에 불만족을 느끼는지 함께 탐구하기 시작하자 그가 가진 스몰 트라우마가 형태를 드러내기 시작했다.

왜 나는 행복할 수 없지?—해로운 긍정성

애나와 대화를 이어나가면서 나는 그가 일과 가족에 전적으로 전념하고 있다는 사실을 알게 되었다. 그 둘이야말로 애나의 개인적 가치의 핵심이었다. 하지만 애나는 삶의 균형을 맞추는 것을 점점 더 힘들어하고 있었다. 그의 스몰 트라우마를 더 깊이 파고들기 위해 생애평가 연습을 하자 경험 하나가 현저하게 두드러졌다.

어렸을 적 애나는 오랫동안 건강이 좋지 않았다. 찾아간 병원마다 혈액검사와 갖가지 검사를 했지만 모두 음성으로 밝혀지자 속았다는 기분마저 들었다. 정말 아픈 게 맞는지 의심스러웠고 결국에는 자신이 느끼는 통증조차 전부 상상에 불과한 게 아닐까 하는 생각이 들었다(아래 이어지는 의료 가스라이팅에 대한 상자 참조). 애나는 꽤 오랫동안 학교에 출석하지 못했고, 학업뿐만 아니라 인생에서 뒤처졌다는 느낌을 받았다. 나이가 들면서 나아지긴 했지만 객관적으로 동등한 위치에 있을 때조차도 결코 다른 사람들을 따라잡을 수 없을 것만 같았다. 기차나 버스를 놓쳐서 "멈춰! 돌아와! 나 타야 한단 말이야!" 하고 절박하게 외치며 필사적으로 쫓아가지만 실은 뼛속 깊이 기회를 영영 놓쳐버렸다는 것을 알고 있는 그런 꿈을 꿔본 적이 있는가? 애나는 자신이 무엇을 하든, 얼마나 많은 상을 타고 승진을 하든, 삶에서 아무리 중요한 이정표를 달성하든 꿈속에서 버스를 놓칠 때와 똑같은 울렁거림을 느꼈다(여기에 대해서는 10장에서 더 자세히 이야기하겠다). 애나의 부모님은 딸을 걱정했으나 늘 격려를 아끼지 않았고 괜찮다고 다독였다. 그저 딸이 행복하기를 바랐다.

10대 후반에 건강이 회복되기 시작하자 애나는 마침내 애정 가득하고 인내심 강하고 헌신적인 부모님의 기대에 부응할 수 있도록 최선을 다할 수 있었다. 몸이 아프기 전처럼 행복하고 명랑한 소녀가 되기로 한 것이다. 문제는 아무도 우리에게 행복해지는 법을 가르쳐주지 않는다는 데 있었다. 학교에서도 가르쳐주지 않고 행복 수업이라는 것도 존재하지 않는데 왜 세상은 모두가 행복해지는 법을 저절로 알고 있을 거라고 지레짐작하는 걸까. 그래서 어린 애나는 창의적인 직업을 갖겠다는 10대 시절의 꿈을 되살리는 것이 행복을 성취하는 가장 좋은 방법이라고 생각했다.

애나가 매달 사랑하는 부모님을 방문할 때마다 마음 한구석이 어두웠던 것도 이 때문이었다. 자신이 행복하지 않다는 것 자체가 부모님을 실망시키고 있다고, 지금 멋진 삶을 누리고 있다고 이야기할 때마다 부모님께 거짓말을 하고 있다고 느꼈기 때문이다. 부모님이 애나에게 바란 유일한 한 가지가 행복해지는 것이었는데, 애나는 도저히 그렇게 할 수가 없었다. 애나는 아파서 침대에 누워 있던 시절에 꿈꾸던 모든 것을 이룩한 듯했지만 실제로는 부족하다고 느꼈고, 나아가 이제는 건강마저 위험에 빠뜨리고 있음을 알고 있었다. 결코 얻지 못할 행복을 추구한답시고 중요한 삶의 영역 몇 가지를 소홀히 하자 그 결과 건강이 악화되어 인생에서 가장 힘들었던 시기로 돌아가고 있었다. 몸도 안 좋았고 해답도 찾을 수가 없었다.

마음속 깊은 곳에서 애나는 행복 면에서나 건강 면에서나 가장 우울했던 시기에 자신을 격려하고 북돋워줬던 사람들을 실망시키고 있다고 느꼈다. 인식 단계에서 건강 문제와 관련한 애나의 경험을 살펴보는 것은 매우 중요했다. 특히 의료 진단을 받을 때 겪은 어려움이 그의 '영원히 행복할 수 없는' 스몰 트라우마 주제의 일부로 작용했기 때문이다.

◆ 스몰 트라우마 집중 탐구: 의료 가스라이팅 ◆

'가스라이팅'이란 당신이 스스로의 자기신뢰와 경험, 심지어 현실에 대한 인식 능력까지 의심할 정도로 주변에서 당신을 깎아내리는 것이다. 가스라이팅은 흔히 친밀한 관계에서 발생하며 일종의 강압적 통제다. 최악의 경우에는 심리적 학대로 이어질 수 있다.

건강관리와 같은 상황에서도 보다 미묘한 형태의 가스라이팅이 발생할 수 있다. 가령, 의사가 환자가 자신의 증세에 대해 설명하는 내용을 무시하고 의학적 징후와 증상을 '심리적인' 것으로 치부할 수 있다. 이 또한 일종의 가스라이팅인데, 특히 여성에게 훨씬 빈번하게 발생한다. 여성에게만 또는 여성에게 주로 영향을 미치는 많은 질환이 오랫동안 인정받지 못하거나, 진단을 받기 위해 고군분투해야 하는 이유도 이 때문이다. 이를테면 여성이 자궁내막증 진단을 받기까지는 평균 4년에서 11년이 걸리며, 그사이에 심신을 약화시키는 통증과 다른 증상이 겹쳐 재생산 문제는 물론 여성 본인과 가족의 삶이 큰 피해를 입을 수 있다.[9]

여성과 남성이 같은 증상을 보일 때에도 여성의 발언은 성 편견 때문에 신뢰도가 떨어지며 치료를 받기까지 더 오래 기다려야 하는 경향이 있다.[10] 이와 같이 의료 가스라이팅은 사람들이 침묵 속에 고통받고 치료 가능한 상태임에도 필요한 도움을 얻지 못하게 하기에 매우 교활하고 사악하다.

여기서 우리는 스몰 트라우마가 어떻게 시간이 지남에 따라 점진적으로 강화되는지, 또 삶에 대한 불만족 또는 불행의 감정을 정확히 파악하기가 왜 그렇게 어려운지 이해하기 시작했다. 애나의 의료 가스라이팅 경험은 자신의 몸에 대해 알고 있다는 자신감을 약화시키고 나아가 삶의 다른 영역에 대한 자신감까지 손상시켰다. 스몰 트라우마를 지닌 사람이 보통 그렇듯이, 그는 그 경험이 딱히 주의를 기울여야 할 만큼 심각한 게 아니라고, 몸이 아픈 것은 자기 잘못이라고 여겼다. 애나는 반짝반짝하고 끝내주고 창의적인 직업을 통해 행복한 척함으로써 이런 수치심을 숨기려 했지만 그러한 노력이 해로운 긍정성을 불러일으켜 이를 지속할 수가 없었다.

◆ 스몰 트라우마 집중 탐구: 해로운 긍정성 ◆

해로운 긍정성이란 상황이 어찌됐든 긍정적이고 낙관적인 사고방식을 가져야 한다는 믿음이다. 흔히 듣는 "긍정적으로 생각해!", "고개를 똑바로 들어!", "밝은 면을 봐!" 같은 말을 예로 들 수 있겠다. 행복감이나 낙관주의 같은 긍정적 상태가 건강에 이로운 것은 사실이나 힘들고 괴로운 경험을 공유하는 데 부끄러움을 느끼거나 남을 타박하는 것은 정신 건강에 해롭다.

2장 행복해야 한다는 강박

그러나 사람들이 의도적이나 악의적으로 해로운 긍정성을 발휘하는 것은 아니다. 그보다는 어려움을 겪는 주변인을 위로하고 격려하는 방법을 잘 알지 못하는 데 이유가 있다. 우리는 사랑하는 이들에게 내일이 되면 더 나아질 거라고 토닥이면 도움이 된다고 생각하지만, 실은 그러한 말들은 고립감이 들고 이해받지 못한다는 느낌을 받게 한다. 힘든 감정을 꾹 참고 견디는 태도가 필요하긴 하지만 아끼는 사람이 감정적 고통을 겪고 있는 것을 보는 것 역시 힘들긴 마찬가지다.

그러나 슬픔과 고통을 떨쳐내는 것만이 해답은 아니다. 해로운 긍정성은 자신의 생생한 경험을 처리하지 못하게 하고 따라서 감정을 억압하게 하므로 해로운 영향을 끼친다. 다소 당황스럽고 때로는 이유도 모르게 짜증이 치솟기도 한다. 최악의 경우에는 수치심 때문에 경험과 감정을 솔직하게 털어놓기 두려워하거나 털어놓지 못하게 된다. 이는 불안감과 고립감을 동반할 수 있으며, 그 자체로 스몰 트라우마의 한 형태가 될 수 있다.

그러니 다음에 누군가 괴로운 경험이나 감정을 털어놓는다면 "내일이 되면 다 괜찮아질 거야"라고 말하는 대신 조용히 귀를 기울여라. 그저 잠자코 들어라. 상대방의 기분을 나아지게 한답시고 조언을 하거나 해줄 말을 억지로 생각해낼 필요는 없다. 그냥 귀 기울여 들어주는 것이 최고다. 경청하는 기술을 잊어버려 연습이 필요할 수도 있다. 친한 친구나 사랑하는 사람이 진지하게 마음을 열고 터놓는데 뭐라고 대답할지 머릿속으로 미리 생각하며 앞서나가고 있을 수도 있다. 그런 경우에는 생각을 뒷전으로 밀어내고 사랑하는 이와의 대화에만 집중해라. 아무리 의도가 좋아도 긍정적 사고방식이 무조건 중요하다는 잘못된 통념보다는 큰 도움이 될 것이다.

스몰 트라우마

AAA 2단계: 수용

스몰 트라우마와, 우리가 왜 삶의 특정 영역을 희생하면서까지 다른 것들에 우선순위를 두는지를 점으로 연결할 수 있게 되면 조금이나마 걱정을 덜고 훨씬 차분해질 수 있다. 우리의 감정 세계를 더 잘 이해하게 되면 항상 행복 가면을 쓸 필요가 없다. 이제는 AAA 접근법의 다음 단계인 수용으로 이동해 새로 발견한 인식을 더욱 강화할 차례다.

연습활동: 인생 그래프 ◇◇

내가 AAA 접근법에서 가장 중요하게 여기는 것 중 하나가 단순한 시각적 기법이다. 이 기법을 사용하면 놀랍도록 간단한 방식으로 삶의 서로 반대편에 있는 것들이 조화를 이루게 할 수 있다. 바로 상호작용 그래프를 그리는 것이다. 생애평가 연습활동에서 가장 높은 점수와 가장 낮은 점수를 기록한 영역(애나의 경우에는 일과 건강)을 골라 현 상태를 X축과 Y축에서 만나는 점으로 표시한다. 애나의 경우 일의 중요성은 높고 건강은 낮기 때문에 그래프에서 삼각형으로 표시된 부분에 위치한다.

직접 그래프를 그려 일과 건강, 또는 업무량 간의 관계를 표시해보자. 이 책에 적힌 다른 모든 연습활동처럼 솔직하게 대답하는 것이 가장 중요하다. 업무량이 최고로 늘어났을 때 건강이 나빠졌다는 사실을 솔직하게 털어놓은 애나처럼 말이다. 다음으로 두 축이 만나는 점을 조금씩 이동시키며 두 가지 삶의 영역의 관계가 어떻게 변화하는지 살펴본다. 그래프의 십자 표시에서 볼 수 있듯이 업무량이 줄면 애나의 건강도 나아진다.

마지막으로 애나는 업무량이 지금보다 훨씬 적었던 예전의 경험을 떠올렸는데, 그의 건강이 최고조를 달리던 시기였다(그래프에서 별 표시). 한 영역의 변화가 다른 삶의 영역에 어떤 영향을 끼치는지 알고 싶다면 직접 몇 개의 점을 찍어보자. 애나는 업무량과 건강 사이에 명확한 선형(직선) 상관관계가 있음을 발견했지만 어떤 사람들은 U자형 곡선을 그리게 될 수도 있다. 수용 단계를 향한 여정을 진행하는 동안 본인의 그래프가 이 예시와 다르게 보이더라도 걱정할 필요는 없다.

이제 애나는 몇 가지 냉혹한 진실을 인정하기 시작했다. (1)꿈의 직장에만 집중하는 행동이 건강을 위험에 빠트리고 있고, (2)행복해진다는 목표 자체가 실은 생각했던 것만큼 좋은 것은 아니라는 사실이다.

당신의 인생 그래프는 어떤가? 한 분야가 지나치게 튀어 전반적인 삶의 질을 훼손하고 있지는 않은가? 내담자 중 한 명인 클레오는 이 연습활동이 상당히 어렵다고 생각했다. 그는 시간과 에너지, 자원의 대부분을 가족을

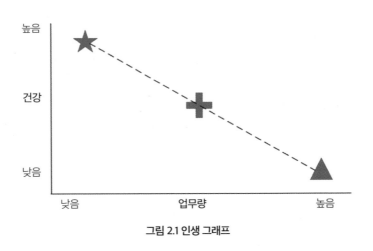

그림 2.1 인생 그래프

스몰 트라우마

위해 쓰고 있었고 자녀들이 자라 더는 예전만큼 그를 필요로 하지 않는 지금, 많은 삶의 영역이 불충분하다는 사실을 깨달았다. 온 세상을 다 준다고 해도 양육 방식을 바꿀 생각은 없지만 분주한 육아 때문에 자기 삶을 잃었다는 사실을 받아들이는 게 쉽지만은 않았다. 이 연습활동은 감정적이고 심리적이라 약간 부담스러울 수 있다. 그럴 때는 1장에서 배운 숨쉬기운동을 해보기 바란다.

◇◇

"행복하기만을 바랄 뿐이야"라는 말의 불행

"난 네가 행복하기만을 바랄 뿐이야"는 아주 자주 들을 수 있는 말이다. 무해할 뿐만 아니라 따뜻하고 다정하고 상대방을 격려해준다. 그러나 이 말은 현대사회에서 가장 해로운 감성 중 하나다. 어떤 사람은 충격에 입을 떡 벌릴지도 모르겠지만, 다른 사람이나 자신이 행복하기만을 바라는 것은 근본적으로 문제가 있다. 마치 아이들에게 "네가 매우 아름답고 화려한 나비를 잡아 병 속에 넣어 영원히 간직했으면 좋겠어"라고 말하는 것과 비슷하기 때문이다.

나비는 실제로 존재하고(무슨 희귀종이 아니라 날개 달린 평범한 곤충 말이다) 그것을 잡아서 병에 담아 보관하는 것도 분명 가능한 일이지만, 그 나비는 오래 살지 못할 것이다. 그리고 사랑하는 이들이 당신에게 세상에서 제일 좋은 일은 나비를 손에 넣는 것이라고 거듭 강조한다면 당신은 나비를 갖고 있지 않을 가능성이 크다.

따라서 항상 행복해지려고 노력하는 것도 일종의 스몰 트라우마가 될 수 있다. 일평생 행복을 못 느끼고 끊임없이 행복을 추구하게 될 가능성이 크기 때문이다. 부모님이 당신에게 바라는 유일한 일이 당신이 결코 실현할 수 없는 것이라면 당신은 완전한 실패자가 틀림없다. 그렇지 않은가?

물론 전혀 그렇지 않다. 그러므로 행복이 정확히 어떤 방식으로 작용하는지 아는 것이 중요하다.

쾌락 적응

나비를 잡으려는 노력에 관한 이론이 쾌락 적응[11] 또는 이른바 쾌락의 쳇바퀴다. 어떤 이들은 무지개를 좇는 노력이라고도 부르지만 그건 올바른 비유가 아니다. 행복을 경험하는 것, 즉 나비를 잡는 것은 가능하지만 무지개는 아무리 열심히 좇아봤자 그 환상을 손에 넣을 수 없기 때문이다. 행복은 환상이 아니다. 진짜로 실재하는 경험이다. 그러나 쾌락 적응 이론에 따르면 우리는 높은 강도의 쾌락을 짧게 느낀 뒤 다시금 기본적인 행복 수준으로 돌아가게 되어 있다. 게다가 쾌락의 근원이 똑같이 반복되는 경우에는 점점 익숙해져 시간이 지날수록 느낄 수 있는 행복의 강도가 옅어진다.

믿을 수 없을 만큼 운 좋은 사건, 그리고 반대로 삶을 제약하는 부정적 사건을 겪은 뒤 사람들의 행복 수준이 어떻게 변화하는지를 다룬 놀라운 연구가 몇 가지 있다. 복권에 당첨되고 1년이 지난 뒤 당첨자들은 평균적으로 횡재를 하기 전보다 아주 조금 더 행복할 뿐이라고 답했다. 심지어 전보다 더 불행해졌으며 복권에 당첨되지 않았다면 더 좋았을 것이라는 응답도 있었다. 반면에 인생을 송두리째 바꾼 불행한 사고 때문에 하반신이 마비되거나 사지마비를 겪은 이들은 행복 수준을 그들보다 아주 조금 낮게 보고했을 뿐이다.[12]

이러한 사실은 행복이 지니고 있는 또 다른 비밀을 알려준다. 우리는 바람직하거나 원치 않는 사건, 삶의 변화가 주는 느낌을 과대평가하는 경향이 있다. 이것을 영향력 편향이라고 한다. 우리가 하늘을 둥둥 떠다니는 것처럼 행복한 기분이 들 거라 믿는 것들은 기대만큼 많이 또 오랫동안 행복을 가져다주지 못한다. 마찬가지로 우리가 두려워하는 많은 상황이 상상만큼 끔찍하거나 충격적이지 않을 수도 있다. 여기 당신에게 말해주고 싶은 또 하나의 비밀이 있다.

'항상 행복할 수는 없다.'

자, 이 문장을 마음속 깊이 들이마셔라. 우리 인간은 본질적으로 항상 행복할 수가 없는 존재다.

하지만 우리는 반드시 행복해야 한다. 안 그런가? 행복할 게 아니면 도대체 왜 사는 걸까? 재미없는 대답일지 몰라도, 목숨을 유지하고 번식해 인류를 존속해야 하기 때문이다. 누군가는 패배주의적 태도라고 말할 수도 있지만 나는 반대로 이런 자세가 자유를 가져올 수 있다고 믿는다. 언제나 행복해야 한다는 욕망을 버린다면 현재에 충실한 진실된 삶을 살 수 있다. 쾌락의 쳇바퀴를 돌리며 올라갔다 내려갔다 하는 게 아니라 꾸준하고 차분하게 깊은 만족감을 느낄 수 있다.

◆ 행복 비즈니스 ◆

긍정적 사고와 동기부여, 더욱 행복한 삶을 누리기 위한 갖가지 강의와 상품, 무수한 심신 치료 방법을 포함하는 웰니스 산업은 오늘날 전 세계적으로 수조 달러의 가치를 지닌다. 1조면 백만의 백만 배다. 우리가 힘겹게 번 돈을 쪼르륵 빨아들이고 있는 것이다. 어떤 의미에서 웰니스 산업은 일종의 '정치적으로 올바른' 새로운 미용 산업이라고 할 수 있다. 이들은 우리가 더 많은 것을 바라며 계속해서 다시 찾아오게 하기 위해 미용 산업과 똑같은 방식의 심리 기법을 사용한다. 그들이 내세우는 환상은 우리가 항상 행복해야 한다는 것이다.

'웰니스'라고 이름 붙은 것들이 우후죽순 생겨나는 이유는 우리 인간이 끊임없이, 지속적으로 행복하도록 프로그램되어 있지 않기 때문이다. 그러니 아무리 애써봤자 헛된 노력일 뿐인데도 우리는 삶이라는 용감한 여정 내내 끊임없이 그리고 지속적으로 행복해야 한다는 말을 듣는다. 행복하지 않다면 근본적으로 뭔가 문제가 있는 것이니 바로잡아야 한다면서 말이다.

그래서 우리는 행복하기를 원한다. 물론 삶에서 순수한 행복으로 넘치는 짧은 순간들은 너무도 사랑스럽다. 그러나 이를 맛볼 수 있는 순간은 매우 드물고 그사이 공백이 너무 길기 때문에 환희의 불꽃 하나하나를 최대한 음미하는 것이 중요하다.

스몰 트라우마

AAA 3단계 : 행동

여기서 행동이란 행복의 순간과 긍정적 정서를 기쁘게 받아들이는 한
편 빅 7(가족 및 친밀한 인간관계, 경제적 상황, 일, 소속감과 친구, 건강, 개인적
자유, 개인적 가치)을 장기적으로 균형 있게 유지함으로써 지속가능한
충만감을 누리는 것이다.

밝은 하루를 위한 간단한 팁

일상에 소소한 행복의 순간들을 뿌리면 안녕감이 증가하고, 완전한
삶을 살기 위해서는 폭넓고 다양한 감정을 경험할 필요가 있다는 사실
을(이에 대해서는 다음 장에서 다룰 것이다) 받아들일 수 있게 된다. 쾌락의
쳇바퀴를 돌리지 않고도 기분이 좋아지게 하는 몇 가지 쉽고 간단한
방법을 소개한다.

- **칭찬 단지 만들기**: 빈 단지나 병을 구해 칭찬 단지라 이름 붙이고 칭
  찬을 들을 때마다 종이쪽지에 적어 단지에 넣는다. 자신의 좋은
  점을 적거나(처음엔 어색해도 하다 보면 금방 익숙해진다) 사랑하는 사
  람에게 당신의 어떤 점을 좋아하고 소중히 여기는지 물어보고 쪽
  지에 적어 단지에 넣을 수도 있다. 자그마한 성취도 좋다. 굳이 거
  창하고 중요한 일일 필요도 없다. 그림 한 점을 완성하거나 무례
  한 이메일에 욱하지 않고 정중하게 답장을 쓰는 것과 같은 소소한
  일에 초점을 맞춰라! 그러다 위로가 필요한 날이나 기운을 북돋고

싶을 때면 눈을 감고 단지에서 칭찬 쪽지를 하나 꺼내 읽어본다. 자신감을 얻고 기분 좋은 하루를 보낼 수 있을 것이다.

- **미소 짓기:** 이보다 더 간단한 방법은 없다! 찌푸린 얼굴의 반대인 이 표정의 긍정적 이점을 얻으려고 실제로 웃을 일을 만들 필요도 없다! 캔자스대학교 연구진은 꾸며낸 미소도 기분을 좋게 할 수 있다는 사실을 발견했다.[13] 다만 진짜 미소는 효과가 더 강력하다. 또 진정한 미소를 이끌어내는 가장 좋은 방법은 다른 사람을 미소 짓게 하는 것이다. 프랑스의 신경학자 기욤 벤저민 아망 뒤셴(Guillaume Benjamin Amand Duchenne)은 진짜 미소('뒤셴 미소'라고도 부르는)는 눈과 입 주변의 근육을 사용하지만 형식적인 미소는 입만 움직인다는 사실을 발견했다. 그러니 다른 사람들의 진정한 뒤셴 미소를 이끌어내어 당신과 주변 사람들의 하루를 활기차게 만들어보자.

- **가슴 펴기:** 남들이 행복해 보일 때 그들이 몸을 어떻게 하고 있는지, 즉 전체적인 자세를 떠올려보자. 가슴을 펴고 등을 곧게 세우고 머리를 똑바로 들고 세상을 반갑게 받아들이고 있는가? 이번에는 사람들이 불쾌한 감정을 느낄 때의 자세를 생각해보자. 등을 구부정하게 굽히고 어깨를 움츠리고 폐쇄적이고 가까이 다가오지 말라는 분위기를 풍기지는 않는가? 흔히 마음 가는 곳에 몸도 따라간다고 하지만 사실 몸과 마음은 양방향으로 작용한다. 자세와 몸짓 언어를 바꾸면 기분과 감정에 직접적으로 영향을 미칠 수 있

다. 다음에 기분을 고양시켜야 할 때면 행복의 자세를 흉내 내보자.[14]

지속 가능한 자기만족감을 위한 처방전

삶에 대한 만족감을 비롯해 지속 가능한 웰빙을 더 깊이 탐구하고자 한다면 이 장의 앞부분에서 경험한 생애평가로 돌아가는 방법도 있다. 삶에서 부족한 영역을 들여다보고 쾌락주의적이고 일시적인 행복이 아니라 보다 심오한 행복주의의 자아실현을 추구하는 것은 어떨까. 생애평가 점수를 확인한 뒤 다음과 같은 질문을 던져보자.

- 지금 당장 삶의 어떤 영역을 개선하고 싶은가?
- 이 항목을 선택한 이유는 무엇인가?
- 삶의 이 영역에서 10점을 받는다면 어떨 것 같은가?
- 점수가 매우 낮을 경우, 지금보다 2점을 올리려면 어떻게 해야 할까?

AAA 접근법의 첫 두 단계인 인식과 수용을 완수한 다음이야말로 행동에 대한 동기부여가 가장 높은 순간이다. AAA 과정을 순차적으로 이행하는 것이 중요한 이유도 바로 이것이다. 삶을 변화시키려면 분명 노력이 필요하지만, 당신에게는 관심이 조금 더 필요한 생애평가 영역을 향상시킬 수 있는 지식과 자기효능감이 있다는 사실을 기억하기 바란다. 이 시점에서 애나는 더 이상 스몰 트라우마의 영향 아래 있지 않았고, 삶의 영역 중에서 유독 부족한 건강 부문의 점수를 3점에서 5점으로 끌어올리기 위해 다음과 같은 행동들을 생각해냈다.

- 행복하고 좋은 순간들도 있지만 직장 일이 힘들고 어려울 때도 있다고 가족 에게 솔직하게 털어놓는다.
- 일터에서든 가정에서든 주변 사람들을 늘 기쁘게 하려는 노력을 덜 한다.
- 매일 약간의 휴식시간을 가질 것. 가령 점심시간에 밖에서 산책을 하는 것도 좋다.

빅 7의 균형을 바로잡는 방법은 이 책의 다른 장에서도 배울 수 있 다. 부디 보다 만족스러운 삶을 향해 나아갈 수 있길 바란다.

◆ 지속 가능한 자기만족감을 위한 글쓰기 과제 ◆

1. 기쁨을 가져다주는 소소하고 일상적인 일을 하루 세 개씩 떠올리고 일기 에 적는다.
2. 스스로를 돌보는 것을 우선시하기 위해 매일 어떤 노력을 하고 있는가? '그런 건 하지 않는다'라고 대답했다면 자기 자신을 너그럽게 대하는 세 가지 행동을 떠올려보고 일기에 적는다.
3. 당신에게 살아 있다는 느낌을 주고 동기를 부여해주는 것은 무엇인가?

스몰 트라우마

TINY TRAUMAS

3장

무감각 상태가 편안한 사람들

3장에서는 정신적 쇠약이라고도 부르는 현대사회에서 흔히 볼 수 있는 감정적 무감각에 대해 살펴본다. 폭넓은 범위의 스몰 트라우마가 이 주제의 원인이 될 수 있다. 사람들은 모두 제각기 스몰 트라우마를 갖고 있다. 따라서 자신의 스몰 트라우마 구성을 분석하고 수용 및 행동 단계로 이동해 감정 다양성과 정서문해력을 향상시키는 것이 중요하다. 그러면 우리 내면의 미시 감정 세계인 감정생태계에 필요한 영양분을 공급하고 삶의 어려움을 해결하는 데 도움이 될 것이다.

이 장에서 살펴볼 내용

- 우울증과 정신적 쇠약의 차이
- 정신 건강 척도
- 정서문해력과 감정생태계
- 해로운 남성성
- 다양한 감정 경험이 어떻게 감정생태계에 영양을
  공급하고 심리적 면역체계를 강화하는가

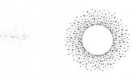

"우울증은 아니에요"

'우울증'이라는 단어를 들을 때마다 사람들은 마치 그 세 음절에 문제
와 해결책, 그리고 그 사이의 모든 것이 담겨 있는 것처럼 반응한다. 오
늘날 우울증 비율은 계속해서 증가하고 있으나 다행히도 대부분의 사
람은 이 정신 건강 장애를 진단받지 않을 것이다. 그보다는 스몰 트라
우마로 인한 일종의 감정적 분리로 고통받는 경우가 더 흔하다. 이 장
에서는 편안한 무감각과 그러한 마비 상태에서 벗어날 수 있는 방법에
대해 이야기해보자.

어느 날 새 내담자가 방문했다. 구부정한 어깨, 바닥에 못 박힌 시선,
생기 없는 목소리. 노아는 나를 찾아오고 싶지 않았다.

"오랜 친구 하나랑 술을 마시는데, 나더러 빨리 뭐라도 어떻게 하라고 하더군요. 분명히 나랑 마주 앉아 있는데 꼭 낯선 사람이랑 앉아 있는 것 같다면서요. 정말 고맙게도, 내가 진심으로 걱정된다고 직설적으로 말했어요. 그래서 내가 지금 여기 앉아 있는 겁니다. 무슨 말을 더 해야 할지 모르겠군요."

어떤 사람들은 상담실에 들어오자마자 인사말도 생략하고 곧장 자기 이야기를 시작해 시곗바늘이 한 바퀴를 다 돌 때까지 쉴 새 없이 떠든다. 반대로 어떤 사람들은 지금 어떤 상황을 겪고 있는지 말로 표현하기를 어려워한다. 노아는 후자에 속했다. 그러나 그는 중간중간 이야기가 끊기는 침묵의 순간에 (실제로 많은 치료가 이뤄지는 시간이다) 이렇게 말했다. "당신은 내가 우울증에 걸렸다고 생각하지만, 틀렸어요. 난 우울증이 아니에요. 난 우울증에 걸리기엔 너무 똑똑하다고요."

그래서 우리는 거기서부터 시작하기로 했다. 정신 건강 문제가 여전히 오명을 쓰고 있다는 사실은 차치하고라도, 노아가 무엇이 '아닌지'는 말할 수 있지만 경험 중인 감정을 적절한 단어로 설명하는 데는 애를 먹고 있다는 사실이 무척 중요했다. 참을성 있게 긴 시간을 들인 결과, 마침내 노아는 자신을 '무감각하다'고 표현했다. 너무도 오랫동안 이런 상태였고 이를 표현할 다른 말을 찾을 수가 없다고 했다.

◆ 우울증이란? ◆

때때로 약간의 우울감을 느끼는 것은 완벽하게 정상적이고 실로 인간적인 일이다. 사실 우리는 긍정적인 감정보다 부정적인 감정에 더 민감하다. 진화적으로 생존하기 위해서는 최악의 상황을 재빨리 알아차리는 것이 최선이었기 때문이다. 원시시대에 비해 훨씬 안전한 환경을 확보한 지금도 우리의 뇌는 이런 부정적 설계에서 아직 벗어나지 못했다. 그렇다면 〈곰돌이 푸〉에 나오는 당나귀 이요르가 된 듯한 느낌이 혹시 더 심각하고 치료가 필요하다는 징후인 건 아닌지—가령 임상 우울증처럼—어떻게 판단할 수 있을까? 만일 아래와 같은 기분을 경험하고 있다면 당신은 스몰 트라우마보다 기저 우울장애를 앓고 있을 가능성이 크다.

지난 2주일 동안 당신은 이와 같은 일을 경험했는가?

☐ 대부분의 시간 동안 슬프거나, 공허하거나, 망연하다.

☐ 예전에는 즐겁고 좋아했던 일상적인 활동에 더는 아무 관심도 가지지 않는다.

☐ 낮 시간을 포함해 대부분의 시간에 잠을 잘 수 없거나 너무 많이 잔다.

☐ 평소보다 피곤하고 기운이 없다.

☐ 먹는 것에 전혀 관심이 없거나 평소보다 식욕이 늘어 한 달에 체중이 5퍼센트 이상 증가하거나 감소했다.

☐ 나 자신과 남을 실망시키고 있는 것 같다. 실패자가 된 기분이다.

☐ TV를 보는 것처럼 쉽고 간단한 일에도 집중하기가 어렵다.

☐ 말이나 움직임이 평소보다 느려지거나 반대로 항상 안절부절못하고 산만하다.

☐ 자살 시도 여부와는 상관없이 자살에 대해 생각하거나 반복적으로 죽음에 대해 생각한다.

□ 위의 증상들 때문에 업무나 학교생활, 가정에서의 역할과 같은 일상 활동
   이나 책임을 수행하기가 어렵다.

고기능 우울증은 아닐까?

어쩌면 몇 가지 증상이 익숙하면서도 최종 진단을 내릴 만큼 일상생활에 문제가 있는 건 아닐지도 모르겠다. 이는 종종 딱히 진단받지 못하거나 오진되기 쉬운 정신 건강 문제 중 하나인 '고기능 우울증'의 징후일 수 있다. 우울증은 대개 가족이나 친구와의 교류, 가정 또는 직장에서의 생활이 원만하지 않거나 좋아하는 취미나 스포츠에 집중하는 데 어려움을 겪을 때 발견되는 반면, 고기능 우울증의 경우에는 이를 눈치채기가 어렵다. 다시 말해 어떤 사람들은 내적으로 극심한 괴로움을 겪고 있으면서도 외적으로는 괜찮아 보일 수 있다는 얘기다. 이처럼 일상생활을 지속할 수 있는 경우는 결코 다른 우울증보다 덜 심각하지는 않으나 인지하기가 훨씬 어렵다.

만일 '일상 활동'을 수행하는 데 엄청난 노력이 필요하고 이 장에서 나열한 증상을 경험하고 있다면 도움을 구해라. 사람들은 카드로 만든 집이 무너지고 그 토대마저 지탱할 수 없게 되었을 즈음에야 비로소 그것이 정신 건강 문제일지도 모른다는 사실을 깨닫는 경우가 많다. 가능한 한 빨리 발견하고 개입한다면 고기능 여부와 상관없이 우울 증세를 개선할 가능성도 높아진다. 물론 말처럼 쉽지는 않지만 최악으로 곤두박질치기 전에 도움의 손길을 붙잡는 게 좋다.

요즘 세상에 우울증 같은 정신 건강 문제는 놀라울 정도로 흔하다.

만일 당신이 정신 건강 문제와 관련한 어려움을 겪고 있지 않거나 경험한 적이 전혀 없다면, 주변에 그런 경험이 있는 누군가를 알고 있을 가능성이 매우 높다. 하지만 그보다는 늘 기분이 처져 있고 어딘가 불편하다면—항상은 아니더라도 상당히 자주—스몰 트라우마의 존재를 탐구하고 '정서문해력'이라는 주제에 대해 살펴볼 필요가 있다.

AAA 1단계: 인식

노아는 우울장애 진단 기준을 충족시키지는 못했지만 스몰 트라우마의 무감각 주제와 관련해 어려움을 겪고 있는 것이 분명했다. 따라서 AAA 접근법의 첫 번째 단계인 인식부터 출발해야 했다. 앞서 말한 바와 같이 정신 건강과 정신질환 사이에는 엄청난 간극이 있고 전통 의학에서는 증세가 매우 심각한 경우에만 치료를 하는 경향이 있다. 따라서 행복하지는 않지만 그렇다고 전문가의 도움을 구할 만큼 충분히 우울하지도 않은 거대한 집단이 존재하게 된다. 나는 이러한 현실을 용납할 수가 없다. 우리 모두는 정신적 쇠약을 겪지 않고, 충만하고 번영하는 삶을 살 자격이 있기 때문이다.

정신적 쇠약(languishing)이라는 주제는 코로나19 팬데믹이 발발한 첫해에 주목받은 바 있지만 원래는 긍정심리학에서 사용하던 용어다. 다음 정신적 웰빙 척도를 보면 정신 건강과 정신질환 사이에 여러 단계가 있음을 알 수 있다.[15] 노아와 나는 이 모델을 함께 들여다보며 지금 그의 삶이 정확히 어떤 상태에 있는지 이야기했다. 노아는 자신이 쇠약과 타성(coasting, 惰性) 사이에 있지만 일상적인 활동을 하는 데는 아무 문제가 없다고 말했다. 그는 일터에 가고 식사를 꼬박꼬박 챙겨 먹었지만 친구에게서 저예산 좀비 영화에서 튀어나온 것 같다는 말을 듣자 정신이 번쩍 들었다고 했다. 그는 정신 건강 문제에 대해 이런 식으로 생각해본 적이 없다고 시인했고, 이 시점에서 나는 노아의 스몰 트라우마 구성을 분석하기 위한 질문을 던지기 시작했다.

그림 3.1 정신적 웰빙 척도

노아가 감정에 대해 이야기하는 것을 힘들어했기 때문에, 그가 지닌 스몰 트라우마의 심층에 접근하려면 보다 온화한 방법이 필요했다. 우선은 그의 삶에서 실제적인 부분에 초점을 맞춰야 할 것 같았다. 노아는 파트너를 찾고 싶어 했지만 사람들이 흔히 연애 상대를 만나는 술집이나 직장에서는 사람을 만나는 게 거의 불가능해 보였다. 그래서 그는 온라인 데이트를 시도했다. 적어도 사람들 앞에서 거절당하는 창피한 일은 피할 수 있을 것 같았기 때문이다. "얼마나 바보 같은 생각이었는지. 하룻밤에 한 번이 아니라 하루에도 열 번 넘게 퇴짜를 맞았습니다." 이 거대한 데이트 후보들 사이에서 클릭만 하면 특별한 사람을 찾을 수 있을 거라는 믿음은 노아에게 끝없는 거절이라는 좌절스러운 경험만을 안겨주었다. 처음에는 자기가 아는 사람이나 확장된 사회집단에 속한 사람이 아무도 없다는 데 신이 났지만 조금 시간이 지나자 우울해졌다. 나는 노아에게 그 경험을 친구들에게 털어놓은 적이 있느냐고 물었다. "그럴 리가요. 그랬다간 엄청나게 놀려댈 텐데요." 이 대답은 온라인 데이트 스몰 트라우마와 더불어 노아가 겪고 있는 무감각 상태에 대한 중요한 단서가 되어주었다.

◆ 스몰 트라우마 집중 탐구: 온라인 데이트에 대한 두려움◆

데이트 앱은 구애라는 복잡한 과정을 한 번의 화면 터치로 줄여버렸다. 어떤 이들에게는 이 방법이 효과적일지 몰라도 다른 많은 사람에게는 사진 한 장으로 은근한 뉘앙스와 복잡성, 그리고 다면적인 어우러짐을 모두 생략하게 만들어버렸다. 물론 술집이나 직장 회의에서 만난 사람들도 첫인상만으로 평가할 수 있지만 적어도 그들과는 상호작용을 할 기회가 있다. 알고 보면 재미난 사람일 수도 있고, 〈스타워즈〉의 뒷이야기에 대해 당신과 비슷한 극단적인 취향을 가졌을 수도 있고, 필터로 보정한 사진에서는 결코 포착할 수 없는 무언가를 눈빛에서 발견할 수도 있다. 온라인 데이트는 구애 과정을 뼈대만 남기고 철저하게 축소했을 뿐만 아니라 매우 잔인한 방법으로 수행하게 했다. 많은 이가 불안감을 느끼고, 소셜 미디어에 부정적으로 몰두하게 되어 일부는 우울증 증상을 보이기까지 하니 말이다.

　　　　　　　　3장 무감각 상태가 편안한 사람들

왜 감정을 표현하기 어려울까?

노아는 친구와 무척 가까운 사이였는데 어째서 솔직하게 감정을 털어놓을 수가 없었던 걸까? 아마도 많은 사람이 어렸을 때 이런 말을 들었을 것이다. "호들갑 떨지 마", "얌전하게 굴어", "이미 엎질러진 물이야!" 등등. 그중에서도 최악은 아마 "남자답게 굴어"일 것이다. 이런 종류의 행동 수정은 아이가 뚜렷한 이유 없이 생떼를 부릴 때는 유용할지 몰라도 '부정적인' 감정을 느끼고 표현하는 것을 수치심과 연합하도록 가르치면 스몰 트라우마를 형성하게 된다.

릴리라는 또 다른 내담자는 어머니가 심각한 우울증을 앓아서 어렸을 때 엄마를 '낫게 하려고' 무수한 노력을 기울였다고 말했다. 하지만 그런 건 당연히 불가능했다. 그래서 그는 어른이 된 뒤에도 어두운 생각이나 감정을 다른 사람과 공유하는 데 두려움을 느꼈다. 두 경우 모두 어린 시절에 그러한 감정을 참고 견디는 것 말고는 인정해주지 않았고, 릴리의 경우에는 위험한 것으로 취급하는 가정환경에서 스몰 트라우마 상처가 발생했다. 무슨 일이 생겨도 늘 침착하게 하던 일을 계속하라, 고개를 들고 의연하게 앞으로 나아가라 등등.

그러나 본질적으로 '좋거나 나쁜' 감정은 없다는 사실을 다시 한번 상기하자. 사실 모든 감정은 아주 유용한 정보다. 만약 우리의 양육자가 이 사실을 알고 있었고, 우리가 그것을 이해할 수 있게 도와줬다면 어땠을까? 그러한 양육 방식과 그 결과가 우리의 삶에 지금과는 다른 영향을 미쳤을까? 사람이라면 누구나 때로는 화를 내고 슬퍼하고 좌절을 겪는다. 이런 감정들을 숨기지 않고 건전하며 통제 가능한 방식으로 처리하는 법을 배웠다면 어땠을까? 번영하는 삶과 지속적으로 실망감을 느끼는 삶의 차이는 '나쁜' 감정을 배제하는 게 아니라 이처럼 관리하고 조절하는 데서 나타난다.

극단적인 경우에는 자신이 느끼는 감정을 정확하게 파악하는 데 어려움을 겪는 '정서 인지 불능(emotional blindness)', 또는 전문용어로 '감정 표현 불능증'이 있다. 어린 시절 및 청소년기에 위와 같은 감정둔마나 전두엽 뇌 손상을 경험하는 것과 관련이 있다(다행히도 후자를 겪는 사람은 극소수다). 이런 증상을 가진 이들 중 일부는 긍정적 감정만을 느끼고 부정적 감정에 대해서는 전혀 모르는 반면, 또 다른 이들은 보편적으로 감정을 느끼지 못한다. 그러나 대부분의 사람이 강렬한 감정에 대해서는 설명할 수 있어도 보다 미묘하고 섬세한 감정에는 이름을 붙이지 못하는 것이 일반적이다. 나는 이를 '정서문해력'이라고 부른다. 정서문해력은 아주 중요한데, 감정을 표현하는 언어에 능숙해지면 스몰 트라우마를 탐구하고 충만한 삶을 사는 데 큰 도움이 되기 때문이다.

하지만 감정을 공유하는 방법을 배운 적이 없거나 노아의 경우처럼 이런 종류의 표현이 적극적으로 차단된 경우에는 정서문해력이 발달하기가 매우 어려울 것이다. 실제로 노아는 감정에 대해 이야기하는 것이 어렵다고 말했다. "남자들은 원래 그렇습니다. 알잖아요." 이것이 그가 지닌 스몰 트라우마 퍼즐의 또 다른 조각이었다.

현재 지원이 이뤄지고 있긴 하지만 남성 집단은 다른 사람에게 어려움을 털어놓거나 도움을 구하는 경향이 현저하게 낮다. 아직도 많은 사회에서 강인함과 공격성, 눈물을 참는 것과 같은 극단적인 남성성을 높이 평가하는 해로운 남성성이 유지되고 있다. 아니, 나는 전보다 더 악화되고 있다고 말하고 싶다. 오늘날에는 남성성에 대한 보다 미묘한 접근법이 나타나고 있긴 하지만 영화와 음악, 소셜 게시물 같은 문화 매체만 봐도 만화에 흔히 나오는 '남성다움'이 적나라하게 드러난다. 이런 사회적 기준은 남성이 도움을 구하는 행동에 영향을 끼친다.[16] 유해한 남성성은 자신의 경험과 감정에 대해 다른 사람들과 이야기를 나누거나 스스로의 감정을 인식하기 어렵게 해 스몰 트라우마를 유발한다.

AAA 2단계: 수용

비언어적 감정 탐구

우리 중 많은 이가 감정을 말로 표현하는 데 어려움을 겪는다. 정서 문해력이 낮기 때문이다. 그런 경우 비언어적 방식으로 감정을 탐구하는 아래의 가벼운 연습활동이 도움이 된다. 이를 시작으로 AAA 접근법의 두 번째 단계인 수용으로 넘어갈 수도 있다. 감정을 다루는 것은 매우 어려운 일이기 때문에 긍정적이거나 부정적으로 간주되는 감정에 압도되는 느낌이 든다면 이 연습활동이 좋은 출발점이 될 것이다.

연습활동: 감정 캐리커처 ◇◇◇◇◇◇◇◇◇◇◇◇◇◇◇◇◇◇◇◇◇◇◇◇◇◇◇◇◇◇

관광지에 놀러 가서 캐리커처를 그리는 길거리 화가를 본 적이 있는가? 그림 속 인물들은 삐뚤어진 치아는 바보 같은 모습이고 머리카락은 전기 소켓에 손가락을 집어넣은 것처럼 우스꽝스럽게 곤두서 있을 것이다. 이 연습활동은 감정의 특색을 과장해보는 것이 말로 표현하기 힘든 경험을 색다른 방식으로 생생하게 되살릴 수 있음을 알려준다. 그림 솜씨가 엉망이어도 상관없다!

먼저 가장 최근에 경험한 가장 강렬하고 '긍정적인' 감정을 떠올려보자. 원래 감정이란 사람마다 표현 방식이 전부 다르기 때문에 정답 같은 것은 없다는 점을 명심하기 바란다. 그냥 생각나는 대로 하면 된다.

· 종이에 단순한 선으로 사람의 몸을 그린다.
· 이 감정이 자기 몸의 어느 부위에서 느껴지는지 살펴보고 그 자리에 그려 본다.
· 감정이 정확하게 어떤 모양인지 생각해보자. 가령 가장자리가 어떤 모양인가? 뾰족뾰족한가 아니면 매끈한가? 느껴지는 대로 그려라.
· 감정이 무슨 색인가? 강렬한 빨간색인가 짙은 파란색인가? 이것도 그려 보자.
· 감정이 몸에서 어느 방향으로 향하고 있는가? 안쪽에서 바깥쪽으로? 아

니면 위쪽으로, 아래쪽으로? 이것도 그려보자.

· 감정의 온도는 어떤가? 미지근하거나 따뜻한가? 아주 뜨겁거나 얼어붙을
  정도로 차가운가? 이것도 그려보자.

· 감정이 어떤 속도로 움직이고 있는가? 빠른가 아니면 느린가? 그려보자.

· 이제 위와 똑같은 방식으로 '부정적인 감정'을 그려보자.

· 두 그림의 차이점을 살핀다.

· 그림의 색상과 모양 등을 조절해가며 각각 어떤 느낌을 주는지 확인한다.

방금 그린 두 그림은 (바라건대!) 감정이 여러 가지 측면에서 서로 다르다는
것을 보여준다. 이를 '하위감각양식'이라고 하는데, 일단 그 존재와 양상을
파악하고 나면 조절이 가능하다. 이를테면 그 감정을 카메라 렌즈로 클로
즈업하거나 광각으로 넓게 잡는다고 상상해보자. 스스로 제어가 가능하니
다시 그림으로 돌아가 감정의 온도와 속도, 색상 등을 이리저리 변경해본
다. 기분이 어떤가? 청각을 동원해 감정과 연합된 소리나 음향을 보탤 수
도 있고, 음량과 높이, 템포를 높이거나 낮출 수도 있다.

이 연습활동은 노아와 릴리가 정서문해력을 높이는 첫걸음을 내딛을 수
있게 해주었다. '아무것도 느끼지 못한다'는 감정과 자신에 대한 믿음, 그
리고 경험이 우리의 감정과 세상에 대한 인식에 어떤 영향을 미쳤는지를
연결하는 초기 단계에서는 인내심과 자기연민이 무엇보다 중요하다. 어쩌
면 당신은 일생을 거치며 강화된 특정한 신념이 서서히 타오르는 불꽃처럼
모든 것을 태워, 결국 무감각한 공허만을 남겼음을 깨닫게 될지도 모른다.

감정생태계, 다양성이 중요하다

근래에 만연한 정서문해력의 저하는 대단히 해롭다. 우리 인간은 다양한 감정을 경험하고 표현할 필요가 있고, '감정을 느끼는 것'이 완벽하게 '괜찮다'는 것을 인정해야 한다.

나는 이를 장내 미생물계에 자주 비유한다. 지난 몇 년간 우리는 우리 배 속에 사는 동물군과 식물군에 다소 집착하게 됐고 프로바이오틱스와 김치, 그리고 광범위한 발효 음식을 먹고 있다(아니면 그에 대한 책을 읽으면서 입으로는 여전히 초콜릿을 씹고 있을지도!). 연구진, 과학자, 그리고 TV에 나오는 의사들은 집에서 만든 케피르(러시아 및 동유럽 국가에서 주로 마시는 발효유.—옮긴이)나 사우어크라우트(잘게 채 썬 양배추를 소금에 절여 발효시킨 독일 음식.—옮긴이)를 섭취하면 장 속에 살고 있는 다양하고 유익한 미세유기체가 번성해 면역체계를 강화하는 데 도움이 된다고 말한다. 이 미생물들이 우리를 필요로 하는 것만큼이나 우리에게도 그것들이 필요하다. 옛날에 과학자들은 '좋은' 장 박테리아와 '나쁜' 장 박테리아가 있다고 했지만 이제 우리는 장 속에 빈둥거리는 작은 악마가 없다는 것을 안다. 대신 그곳에는 하나의 거대한 우주가 존재하고, 이 세계가 제대로 작동하지 않으면 건강에 문제가 발생한다.

내가 '감정생태계'라고 부르는 감정 소우주도 이와 비슷하다. 다양하고 폭넓은 감정을 경험해 감정생태계에 영양분을 공급해주면 '좋은' 감정과 '나쁜' 감정이 서로 조화를 이루며 살게 할 수 있다.

감정의 색조를 결정하는 것은 결국 당신이다. 헤어진 옛 애인의 문자가 새빨갛고 뜨거운 좌절감을 유발한다면 이 붉은 감정이 얼마나 밝고 강렬한지 앎으로써 유익한 정보를 얻을 수 있다. 분노, 질투, 슬픔과 같은 감정들은 좋지 않은 것으로 치부되지만 실은 아주 정상적이고 필수적인 반응이다. 이런 감정들을 묻어버리거나 무시하는 것은 기찻길 위를 걷는 것과도 같다. 불편한 감정도 마찬가지로 유용하다. 우리가 귀 기울여 들어야 하는 것들을 말해주기 때문이다. 감정은 그저 메시지일 뿐이다. 신경 써서 들으면 미래의 로드맵, 즉 보다 안정적이고 확고한 자아를 확립할 수 있다. 하지만 실패할 경우에는 휴화산이 된다. 표면은 고요한 듯 보여도 스몰 트라우마 트리거가 촉발되는 순간 주체할 수 없는 분노가 폭발하는 것이다. 그러니 다시 한번 강조하겠다. '나쁜' 감정 같은 것은 없다. 그보다는 장내 미생물계처럼 감정생태계를 다양성의 측면에서 이해하는 것이야말로 정서적 건강과 정서문해력의 핵심이다. 우리 몸이 배 속에 사는 수조에 달하는 유기체를 전부 필요로 하듯이 우리에게는 다양한 감정이 필요하다.

연습활동: 이모지 게임 ◇◇◇◇◇◇◇◇◇◇◇◇◇◇◇◇◇◇◇◇◇◇◇◇◇◇◇◇◇◇◇◇

정서문해력을 키우고 편안한 무감각 상태에 빠져 충만한 삶을 놓치지 않도록, 언제 어디서나 스마트폰을 사용해 할 수 있는 연습활동을 소개한다. 먼저 사람들과 소통할 때 가장 자주 사용하는 스마트폰 앱을 열어본다. 왓츠앱, 페이스북 메시지, 문자메시지 뭐든 좋다. 그런 다음 가장 자주 사용하는 이모지가 뭔지 살펴본다. 대개는 앱을 사용할 때 가장 먼저 뜨는 아이콘이다.

이제 다음 질문을 던져보자.

- 당신은 이 이모지를 어떤 감정을 나타낼 때 주로 사용하는가?
- 가장 최근에 진심으로 이 감정을 경험한 것은 언제인가?
- 연습활동이 생각보다 감정적으로 꽤 힘들 수 있으므로 여기서 잠시 마음의 준비를 하자. 지금 어떤 기분인지 느껴보고 배로 깊이 숨을 쉬면서(1장에서 배운 것처럼) 현 상태를 확인한다.
- 자, 만일 이 이모지가 좋은 느낌을 주는 감정을 나타낸다면 삶에서 이 감정을 더 적극적으로 느끼기 위해 무엇을 해야 할지 생각해본다.
- 만약에 이모지가 덜 유쾌한 감정을 의미한다면, 가장 최근에 이런 느낌을 받았을 때 당시의 환경과 맥락, 주변 사람들이 어땠는지 떠올려보자.

◇◇◇

이 게임은 인식 단계에서 수용 단계로 발전하도록 도와준다. 실제 삶에서 표현하는 감정과 미시적인 감정 사이에 차이가 있다는 것을 알 수 있기 때문이다. 무엇보다 수용 단계에서는 그 무엇도 비난하거나 판단할 필요가 없으며, 우리 사회와 생애 초기의 경험이 어떻게 감정을 억제하도록 가르쳤는지 새롭게 이해하고 더 깊이 탐구할 수 있다. 물론 이런 감정적 무뎌짐(감정둔마)을 경험하는 것은 당신 혼자만이 아니다. 만일 이런 스몰 트라우마의 무감각 상태 속에서 살고 있다면 그 인내심을 자기 자신에게도 발휘해보자. 감정생태계의 다양성을 키우는 데는 시간이 걸린다. 일종의 학습 과정이기 때문이다. 그런 이유로 나는 이 과정을 어릴 때부터 시작해 학교를 졸업할 때까지 꾸준히 가르치면 좋겠다고 생각한다. 삶에서 가장 중요한 기술 중 하나이니 말이다.

3장 무감각 상태가 편안한 사람들

감정을 표현하는 폭넓은 어휘들

하지만 우리는 학교에서 정서문해력을 거의 배우지 않는다. 몇몇 문화권에서는 심지어 감정생태계의 드넓은 세계를 제대로 표현할 어휘도 갖추고 있지 않다. 영어는 다른 많은 언어에 비해 꽤 풍부한 어휘를 지니고 있지만 인간의 감정이나 인간관계와 관련된 단어를 살펴보면 그다지 섬세한 도구라 하기 어렵다.[17] 영어에는 직접적인 표현이 없는데 다른 언어에는 놀랍도록 생생하고 정확하게 사용하고 있는 수백 개의 단어와 어구가 있다. 짧은 목록을 일부 소개한다.

단어	어원	의미
카이닌파(kanyininpa)	핀투피(호주 원주민어)	부모가 자녀에게 느끼는 애정 및 보호 의식과 유사한, 안는 사람과 안기는 사람의 관계
아사비야(Asabiyyah)	아랍어	연대 의식
바조디(Bazodee)	크리올어(트리니다드어)	행복감에 도취되어 정신이 혼미하고 멍해지는 것 때때로 로맨틱한 사랑의 맥락에서 사용
피야카(Fjaka)	크로아티아어	몸 또는 몸과 마음이 완전히 풀어져 느긋한 상태 '아무것도 하지 않는 달콤함'과 '백일몽 상태'
크라소스무트넨 (Krasosmutněn)	체코어	아름다운 슬픔, 또는 '즐거운 우울'
아르바이스글레데 (Arbejdsglæde)	덴마크어	일에서 느끼는 행복감, 즐거움 또는 만족감

스몰 트라우마

헤젤러흐(Gezellig)	네덜란드어	타인과 경험을 공유하는 데서 오는 아늑함, 친근함, 편안함, 친밀감 등의 감정
뮈오타하페아 (Myotahapea)	핀란드어	다른 사람의 행동 때문에 느끼는 대리 수치심 또는 민망함
수웨인흐네스 크로이 (Suaimhneas croi)	게일어	마음의 평화, 이를테면 하루 일을 완전히 끝냈을 때의 만족감
지츠플라이슈 (Sitzfleisch)	독일어	어렵거나 지루한 일을 견뎌내는 체력 또는 지구력
바실란도(Vacilando)	그리스어	목적지에 다다르는 것보다 여행 경험이 더 중요한 방랑의 개념
피르군(Firgun)	히브리어	타인의 성취나 그들에게 좋은 일이 생긴 데 대해 느끼는 진심 어린 기쁨과 자부심
주가드(Jugaad)	힌디어	제한된 자원으로 문제를 융통성 있게 해결하는 것 '어떻게든 하기'
익트수아르포크 (Iktsuarpok)	이누이트어	누군가를 기다리며 밖을 내다보거나 나가보는 두근거리는 기대감
스프레차투라 (Sprezzatura)	이탈리아어	노력하거나 신경 쓴 사실을 드러내지 않는 무심함
나카마(仲間)	일본어	가족처럼 가까운 친구
사랑	한국어	죽을 때까지 함께하고자 하는 강한 애정
신루지쉬(心如止水)	중국표준어	차분하고 잡념이 없는 고요한 마음

데젠하스칸쿠 (Desenrascanco)	포르투갈어	곤란한 상황에서 즉흥적으로 기지를 발휘해 우아하게 빠져나가는 능력
무디타(Mudita)	산스크리트어	타인의 기쁨을 내 것인 양 더불어 기뻐하는 것
베모드(Vemod)	스웨덴어	내게 중요한 무언가가 끝나고 다시는 돌아오지 않을 것이라는 부드럽고 잔잔한 슬픔
킬릭(Kilig)	타갈로그어(오스트로네시아어족)	반드시 낭만적 의미는 아니지만 좋아하는 사람과 교류할 때 배 속에서 나비가 파닥거리는 느낌

언어는 세상에 대한 우리의 이해와 인식을 형성한다. 따라서 인간의 폭넓은 감정을 표현하는 도구, 즉 어휘를 갖게 되면 스몰 트라우마를 다루는 데 큰 도움이 된다. 더 많은 단어와 표현을 배우면 유용하지만, 당신이 사용하는 주 언어가 감정 표현의 다양성이 낮다면 음악이나 예술 같은 창조적인 방법으로 감정생태계를 발전시킬 수도 있다.

AAA 3단계: 행동

나는 실용 심리학을 다루며, 따라서 내 접근법은 내담자중심적이고 현실적이다. 내 목표는 하룻밤 사이에 감정 전도사가 되는 게 아니라 사람들이 정신적 쇠약과 무감각에서 점진적으로, 그리고 지속적으로 벗어나게 돕는 것이다. 우리는 스몰 트라우마로 감정을 억누르는 법을 배우는 환경에서 자라 종종 감정을 표현하는 데 애를 먹기 때문에 처음부터 순수한 대화만으로 치료를 하기란 쉽지 않다. 이번 행동 단계에서는 감정생태계를 풍부하게 할 비언어적 연습활동을 배워보자. 원한다면 이후 적절한 상담치료사를 만나보는 것도 좋다.

감정 플레이리스트

음악은 사람의 감성을 건드리고 마음을 흔들곤 한다. 종류나 장르는 중요하지 않다. 마음에 와닿는 음악은 매우 깊고 강렬한 감정을 불러일으킨다. 적어도 훌륭한 음악은 그렇다! 음악이 당신에게 말보다 더 많은 것을 들려준다면 감정 플레이리스트를 작성해보자. 대신에 좋아하는 음악만 넣는 게 아니라 다양한 감정을 야기하는 음악으로 구성해야 한다. 각각의 음악이 대표하는 감정을 다음 그림의 '감정 바퀴'에서 최소 하나 이상 선택해라. 이모지 게임에서 사용한 방법을 이용하면 정서문해력을 더욱 향상시킬 수 있다. 일단 자신의 감정생태계를 인식하고 확장하기 시작하면 삶에서 피하기 힘든 커브볼을 더욱 효율적으로 해결하고 심리적 면역체계를 강화할 수 있을 것이다.

추억의 힘으로 감정생태계 강화하기

사람이 무감각해지면 시간과 공간에 대한 감각을 잃을 수도 있다. 이런 기분을 관리하고 감정생태계를 확대하는 한 가지 방법은 백미러로 인생을 되돌아보는 것이다. 연구에 따르면 추억에서 오는 향수는

3장 무감각 상태가 편안한 사람들

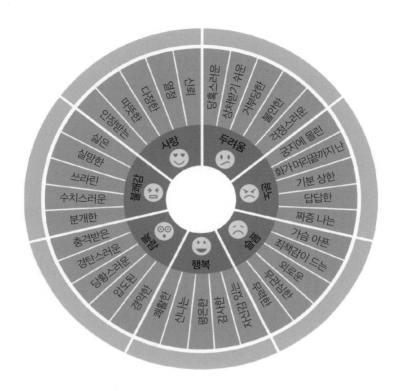

그림 3.2 감정 바퀴

사회적 유대감을 강화하고 긍정적 자존감을 높이며 행복감을 증진시킨다.[18] 또한 우리는 과거를 회상하며 종종 위안을 느끼기 때문에—특히 어려운 상황에 있을 때—미래의 우울증을 예방할 수 있다. 추억은 인간의 기본 욕구인 안전과 안정감을 느끼던 시절을 상기시킨다. 사람들이 삶에서 어려움을 느낄 때 추억을 소환하는 것처럼, 우리 사회 역시 어려움을 겪게 되면 문화적으로 과거를 불러온다.

때로 향수는 '과거에 갇혀 있는 것' 또는 감정적으로 앞으로 전진하

스몰 트라우마

지 못하는 것이라는 부정적인 의미와 융합되기도 한다. 그러나 향수는 그런 식으로 작동하지 않는다. 오히려 현재의 삶과, 정신 건강의 초석이라 할 수 있는 개인적 의미와 가치를 연결해준다. 무감각한 정적 상태에 갇히는 게 아니라 앞에 놓인 도전에 대항할 수 있는 자기효능감을 준다. 실제로 이런 자기확신의 향상은 낙관주의를 증가시키고,[19] 이는 다시 정신적, 신체적 건강을 보호하는 요인으로 작용한다. 그러니 이제 다음 팁을 활용해 그때 그 시절로 돌아가보자.

- **후각을 이용해 냄새를 맡는다.** 냄새와 향기는 즉각적으로 향수를 불러 일으킬 수 있다. 유독 편안하고 따뜻한 시절을 떠올리게 하는 냄새가 있다면—이를테면 할머니 댁의 욕실, 엄마의 요리, 아니면 학교 식당이라도!—그 냄새를 재현해 힘들고 어려울 때뿐만 아니라 바쁜 현대인의 삶에 지친 마음을 달래줄 수 있는 따뜻하고 안전하고 편안한 곳으로 정기적으로 돌아가보자.

- **사진을 보며 그 시절을 추억한다.** 인쇄된 사진이든 스마트폰에 저장된 갤러리든 상관없다. 우리는 무감각에 빠지면 이런 것들을 거의 들여다보지 않는 경향이 있다. 전화기의 '추억' 기능을 사용해 특정 시기 사진들의 슬라이드 쇼를 보거나 다락방에 잠시 들러 오래된 폴라로이드 사진에서 먼지를 털어내보는 것도 좋다. 중요한 것은 사진이라는 이미지를 통해 과거와 감정적으로 연결되는 것이다. 이는 우리가 지금 어디에 와 있는지 알려주고 현재와 미래의 고난에 대처할 수 있는 내적 자원을 갖고 있음을 상기시켜주기 때

문에 무기력에 갇혀 있을 때 매우 유용하다.

- **음악은 향수를 불러일으키는 또 다른 강력한 방법이며, 기운이 없을 때 몸을 움직이게 해준다.** 심지어 춤이 싫다고 늘 말하는 사람들도 주변에서 몸을 흔들라고 부추기면 저도 모르게 미소를 짓는다! 음악이 불러오는 향수는 영감을 주고 삶의 의미를 강화하며 만성적이고 불쾌한 감정에 대해 완충 작용을 해준다.[20] 원한다면 오래된 레코드 플레이어를 구할 필요도 없이 디지털 음악을 LP 음악처럼 들리게 해주는 스마트폰 앱도 있다! 어쨌든 나이와 상관없이 음악은 향수를 불러일으키는 강력한 자극제이니 이것도 감정 플레이리스트에 추가해보기 바란다.

- **5분만 시간을 내어 옛 추억을 종이에 적어본다.** 최선을 다해 최대한 많은 것을 기억해보라. 그날 만났던 사람, 장소, 눈으로 본 것, 귀로 들은 것과 그날 맡은 냄새까지, 당신의 메모리뱅크에 얼마나 많은 세부 정보가 저장되어 있는지 알고 나면 놀랄 것이다. 주체하기 힘든 강력한 감정의 파도가 밀려오면 앞서 배운 숨쉬기 연습을 하고 감정을 깊숙한 곳에 밀어 넣기보다 호기심을 갖고 건드려보자. 과거를 되짚는 것은 직관에 반하고 어쩌면 불편하게까지 느껴질 수 있다. 내심 백미러를 들여다봤자 '행복한 시간'은 지나가고 없다는 서글픔만 느껴질지 모른다. 실패했다는 느낌, 아니면 인생이 계획한 대로 풀리지 않았다는 기분이 들까 봐 두려울 수도 있다. 하지만 이런 추억을 마주하면 감정생태계에 건강하고

다양한 감정적 경험을 채워 회복력을 증진시킬 수 있다. 이 연습 활동을 하는 이유는 심리적 면역체계를 강화하기 위해서다. 어쩌면 그 과정에서 아주 오랫동안 느끼지 못했던 다양하고 흥미로운 감정을 경험하게 될지도 모른다.

- **마지막으로 '예기 향수(anticipatory nostalgia)'를 연습한다.** 미래에 필요할 때 다시 추억할 수 있도록 각별히 행복한 순간들을 지금 의도적으로 음미하는 것이다. 다음번에 기분 좋은 감각이나 감정을 경험하게 되면 최대한 많은 세부사항을 포착해 머릿속 '좋은 시간' 폴더에 저장해둬라. 연습을 하다 보면 삶에서 이런 특별한 순간들을 알아차리는 전문가가 될 수 있다. 우리는 이런 것들을 '마법적인' 순간, 또는 '젠(禪)' 순간이라고 부른다. 찰나의 긍정적 사건에 관심을 기울이면 미래의 자신에게 힘든 시기를 버틸 선물을 선사하고 현재의 삶에 진심으로 감사할 수 있다.

어깨 맞대기

'어깨 맞대기' 기법은 솔직하게 열린 정서적 의사소통의 바퀴에 기름칠을 하는 것이다. 나는 '생태심리학'이라고도 부르는 '걸으며 대화하기' 기법을 자주 사용하는데, 정원처럼 열린 공간도 좋지만 내 경우에는 박물관이나 미술관을 방문해 거기 걸려 있는 작품들을 대화의 실마리로 삼는다. 많은 사람, 특히 남성들의 경우 면 대 면 대화가 구식 면접과 유사하다고 여기므로 이 방법을 '실천'하기 좋다. 그러므로

AAA 접근법의 마지막 3단계에서는 신뢰할 수 있는 친구나 파트너, 또는 사랑하는 사람과 어깨 맞대기를 시도해보자.

그러면 자신의 경험과 감정을 식별하고 표현할 수 있다는 점에서 이제까지 습득한 정서문해력 기술을 활용할 수 있음을 알게 될 것이다. 실제로 노아는 단짝 친구와 산책 약속을 잡고 같이 걸으면서 그의 데이트 경험과 이제껏 마음속에 묻어두고 있는지도 몰랐던 다른 일들에 대해 털어놓았다. 농담하듯 가볍게 이야기하기도 했고 실제로 놀림도 조금 당하긴 했지만 별로 창피하지 않고 편안한—'편안한 무감각'이 아니라—느낌이었다고 했다. 어쨌든 두 사람 모두 인터넷 데이트가 '쓸데없는 일'이라는 데는 의견이 일치했다.

◆ 정서문해력을 기르는 글쓰기 과제 ◆

1. 특정한 감정을 받아들이는 데 어려움을 느끼는가? 잘 모르겠다면 감정 바퀴를 들여다보고 이런 감정들을 지금 어떻게 다루고 있는지 생각해본다.
2. 자신의 감정과 다른 사람의 행동을 어떤 방식으로 분리하는가?
3. 내가 ○○○ 감정에 매달리는 이유는…….

TINY TRAUMAS

4장

스트레스와 불안은
어떻게 다른가

스트레스와 불안이 서로 연관되어 있으면서도 분명히 다른 개념임을 이해하면 각 촉발 요인에 맞는 올바른 도구를 사용할 수 있다. 스트레스는 현재의 즉각적인 위협 또는 스몰 트라우마를 통해 특정한 단서와 스트레스 반응이 연합해 발생한다. 불안은 우리 마음이 만든 일종의 속임수와 비슷하다. 현재 실질적인 위험이 없는데도 촉발되며, 과거 사건에 대한 반추 또는 미래에 대한 걱정에서 비롯된다. 이 둘의 차이점을 인식하고, 우리 스스로 연합을 생성했음을 수용하며, 스트레스 반응의 조건화를 해체할 수 있는 행동을 취하면 널리 퍼져 있는 이 스몰 트라우마 주제에서 벗어날 수 있다.

이 장에서 살펴볼 내용

- 스트레스와 불안의 차이
- 스트레스 반응이 문제를 촉발하는 방식
- 고기능 불안장애
- 현재의 위험과 연합작용이 스트레스를 구성하는 방식과, 걱정과 반추(곱씹기)가 불안을 유발하는 방식
- 스트레스와 불안에 각각 다른 대응 기법이 필요한 이유

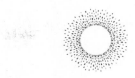

우리는 선천적으로 스트레스에 취약하게, 아니면 쉽게 불안을 느끼게 설계된 걸까? 이 둘의 차이는 무엇일까? 아니, 그런 게 중요하기는 할까? 물론, 아주 중요하다. 불안과 스트레스의 차이를 이해하고 둘 다와 관련된 스몰 트라우마를 파악한다면 요즘 세상에서 가장 일반적인 스몰 트라우마 주제를 이겨낼 수 있는 매우 유리한 위치에 서게 되기 때문이다.

불안과 스트레스는 상담 중에 가장 자주 목격하는 문제다. 24시간 내내 쉼 없이 돌아가는 현대사회에서 이런 어려움이 얼마나 흔한지는 이루 다 말할 수 없다. 나를 찾아온 수많은 불안장애와 만성 스트레스에 시달리는 내담자는 이미 온갖 심리치료와 자기계발의 길을 거쳐 이곳까지 왔다. 일반의, 때로는 전문 상담사의 도움을 받은 사람도 있었다. 어떤 이들은 그런 상담치료를 통해 어느 정도 나아지거나 특정 상황에서 호전을 보이기도 했지만, 어떤 이들은 불안과 스트레스에서 해방될 방법이 있을 거라는 희망을 거의 잃은 채로 내 상담실에 발을 디딘다.

이런 어려움은 '스트레스'와 '불안'을 혼동해서 사용하는 경우가 많기 때문에 발생한다. 하지만 선천적이고 생리적인 스트레스 반응과 인지적이고 지각적인 불안을 구분할 수 있으면 스몰 트라우마가 유발하는 이런 침식적인 문제들을 다루는 데 큰 도움이 된다. 이 점을 염두에 두고 찰리를 만나보자.

상담실에 처음 도착했을 때 찰리는 스트레스나 불안 또는 양쪽 모두에 해당할 수 있는 뚜렷한 징후를 드러내고 있었다. 손톱 주변의 피부는 얼마나 짓씹었는지 손가락 끝에서 피가 났다. 잠시도 가만히 있지 못하고 끊임없이 몸을 움직였으며 목소리는 가늘게 떨렸다. 나는 찰리가 그렇게 스트레스가 심한 상황에서도 나를 찾아왔다는 데 깊은 감명을 받았다. 그런 심리 상태에서는 전문가를 만나는 것 자체만으로도 엄청난 노력을 요하기 때문에 앞으로 상담을 진행하기에 매우 좋은 신호로 보였다. 찰리가 들려준 이야기는 다음과 같다.

"이걸 해결해보려고 별별 짓을 다 해봤어요. 진짜 다 해봤다고요. 처음 시작된 건 대학에 갔을 때예요. 학교에 도착하자마자 그랬던 것 같아요. 아니지, 완전히 처음엔 아니었어요. 신입생 주간이었던 처음 1주일 동안엔 괜찮았거든요. 기숙사에서도 별문제 없었고요. 근데 수업이 시작되고 나서부터 엄청나게 스트레스를 받기 시작했어요. 진짜로, 진짜 진짜 심하게요. 수업이 시작되면 거의 뛰쳐나가고 싶을 정도로요. 그래서 대학 내에 있는 심리센터에 가서 6주 동안 인지행동치료(CBT)를 받았죠. 조금 도움이 되는 거 같더니 결국엔 별로 나아지지 않더라고요. 지금도 강의실에 들어갈 때마다 심장마비가 오는 것 같아요."

찰리는 전형적인 스트레스 반응 증상을 묘사하고 있었다(122페이지 상자 참조). 하지만 나는 스몰 트라우마에 원인이 있는 게 아닐까 의심스러웠다. 그래서 우리는 AAA 접근법의 인식 단계로서 스트레스와 불안의 차이점에 대해, 그리고 어째서 기존의 치료법이 찰리가 기대했던 것만큼 도움이 되지 못했는지에 대해 이야기하기 시작했다.

AAA 1단계 : 인식

스트레스란 무엇인가

요즘에는 '스트레스'라는 단어가 주로 심리학 용어로 사용되지만 원래는 물리학에서 물체에 한도 이상으로 가해지는 힘을 뜻한다. 스트레스의 정의를 생각해보면 무슨 뜻인지 이해할 수 있을 것이다. 클립을 예로 들면, 힘을 주어 클립의 금속을 벌려도 클립은 잠시 후면 원래의 형태로 돌아온다. 하지만 임계값을 초과할 정도로 한껏 벌리면 완전히 구부러져서 원래의 상태로 돌아오지 않는다. 심리학에서는 스트레스와 그와 관련된 스몰 트라우마를 종종 이와 비슷한 관점으로 본다. 삶에서 마주치는 압박과 뒤틀림 때문에 원래의 모습에서 벗어나 구부러진 것으로 말이다.

그러나 이런 변형이 일어나기 전에 종이클립과 우리의 내면은 유연성이 꽤 뛰어나다. 우리의 몸은 자율신경계를 활용해 어려운 상황에 대처하는데 자율신경계에는 서로 상반되면서도 상호보완적인 두 개의 신경계, 즉 교감신경계와 부교감신경계가 존재한다. 교감신경계는 스트레스에 반응하는 방식을 조절하며, 이를 흔히 '스트레스 반응' 또는 '투쟁-도피-경직(fight-flight-or-freeze) 반응'이라고 한다. 그러나 종이클립이 항상 제자리로 돌아가고 싶어 하는 것처럼 우리의 몸과 마음도 생리적 그리고 본능적으로 모든 것이 안정적으로 유지되는 항상성의 상태로 돌아가고 싶어 한다. 여기서 스트레스 반응에 대한 균형추역할을 하는 것이 바로 부교감신경계다. 투쟁-도피-경직 상태를 '휴식과 소화(rest-and-digest)' 상태로 안정시켜 우리가 치유, 회복 및 성장할 수 있게 하는 것이다.

스트레스를 받는 선천적 이유

투쟁-도피-경직 스트레스 반응이 나쁘다거나 부정적인 상태라고 말하는 게 아니다. 사실 이것이 없었다면 우리는 지금껏 살아남지 못했을 것이다. 그런 의미에서 '스트레스'는 본질적으로 우리 뇌에 내장되어 있는 적응적·생리적 반응이다. 여기서 '적응적'이란 이것 덕분에 인류가 살아남고 진화할 수 있었다는 의미다. 그리고 생리적이라고 하는 이유는 스트레스 반응이 촉발되면 일련의 신체적 과정이 활성화되기 때문이다. 스트레스는 일견 '정신적' 현상처럼 느껴지지만 실은 신체적 반응이라는 얘기다.

스트레스와 관련해 자주 언급되는 가장 유명한 예시는 사자 같은 포식자와 마주친 초기 인류의 반응일 것이다. 정상적인 상황에서 인간은 감히 사자에 대적할 수 없지만 이런 위협에 직면하게 되면 뇌가 자동적으로 스트레스 반응을 촉발하고 아드레날린과 코르티솔을 폭발적으로 분비시켜 그 결과 일종의 놀라운 초능력을 발휘하게 된다! 혈액이 빠른 속도로 몸 전체를 순환하며 산소를 그득 채운다. 포도당이 방출돼 근육에 에너지가 넘치고 동공이 확장된다. 그렇게 초인이 되는 것이다! 뭐, 비유하자면 말이다.

인류 역사의 어느 시점에서 이러한 생리적 변화는 우리가 사자와 싸우거나, 도망치거나, 또는 꼼짝 않고 얼어붙어 이 털북숭이 짐승이 우리를 먹이로 인식하지 않게 도와주었다. 더 정확히 말하자면 적대적인 부족을 만났을 때 투쟁하거나 도주하거나 숨었던 것이다. 어쨌든 이런 스트레스 반응은 인류라는 종이 살아남는 데 매우 중요한 역할을 했기 때문에 주변 환경이 훨씬 안전해진 뒤에도 거의 변화하지 않았다. 덕분에 우리도 고속도로에서 앞차가 갑자기 급정거를 했을 때 의식적으로 판단하지 않고 무조건 핸들부터 꺾어 목숨을 구할 수 있는 것이다. 이런 경험을 하면 '흥분'해서 숨을 헐떡이고, 나중에는 기진맥진해지는 이유도 여기에 있다.

이런 반응은 적응적이기 때문에 대단히 유용하며, 선천적으로 내재되어 있어 명백한 신체적 위협이 없을 때에도 작동한다. 면접을 볼 때 가슴이 두근거리지 않는가? 면접 담당자가 실제로 우리를 잡아먹을 일은 없겠지만 말로만 압박해도 창을 들고 위협할 때와 똑같은 생리적 변화가 일어난다.

이러한 사실을 아는 것—AAA 접근법의 인식—이 진화적이고 자동적인 반응을 통제하는 첫 번째 단계다. 찰리의 경우에는 특정 환경이나 상호작용과 대학에서 유발된 스트레스 반응 사이에 연관성이 있는 스몰 트라우마가 있는지 알아내는 것이 중요했다. 그래서 여느 때처럼 스몰 트라우마의 핵심 질문을 던지자 다음과 같은 단서들이 드러나기 시작했다.

"그땐 별문제가 아니어서 지금 얘기하려는 게 얼마나 큰 영향을 끼쳤는지는 잘 모르겠는데요. 어렸을 때, 그러니까 한 여덟 살쯤 되었을 때 학교 연극에 참여한 적이 있어요. 그렇게 많은 사람 앞에 선 게 처음이라 무대에서 완전히 얼어버렸죠. 대사도 전부 잊어버렸고요. 그 무수한 눈동자가 다들 나만 빤히 쳐다보고 있는 거예요. 그래서 결국엔 선생님이 나와서 나를 무대에서 끌어내야 했어요. 그 뒤로 한동안 사람들 앞에 서는 게 힘들었죠."

찰리에게 그 뒤로 무대에 서본 적이 있는지 묻자 그는 없다고 대답했다. 찰리는 모든 종류의 무대나 연극을 적극적으로 피해 다녔고 아주 작은 그룹에서조차 프레젠테이션을 하지 않으려고 안간힘을 썼다. 하지만 찰리는 이 경험이 대학에서 겪고 있는 어려움과 연관돼 있다고 생각하지 않았다. 그의 두려움은 학기가 시작된 후 연단이 있는 큰 강의실을 보는 것만으로도 촉발되었기 때문이다.

스트레스 반응을 '조건화'하려면

19세기 말부터 20세기 초에 '행동주의' 학파는 사람과 동물이 행동을 학습하는 방식에 관해 실험했다. 그들은 우리가 단순히 환경에 반응함으로써 학습한다고 믿었다. 즉, 우리는 환경이 입력한 것을 처리하는 수동적 블랙박스에 불과하며 그것이 외적 행동으로 이어진다는 것이었다. 그들은 또한 우리가 환경 단서와 반응을 연합함으로써 학습한다고 여겼는데, 이를 고전적 조건형성이라고 한다. 예를 들어 러시아의 생리학자 이반 파블로프(Ivan Pavlov)는 개가 먹이를 보았을 때뿐만 아니라 먹이를 주는 사람을 '발견한' 순간부터 침을 흘린다는 사실을 발견했다. 개는 사람을 보고 침을 흘리도록 타고나지 않는다. 즉, 실험에 참여한 개는 시간을 보내면서 사람이 먹이를 의미한다는 것을 학습한 것이다. 파블로프는 이 관찰을 재현하기 위해 먹이를 줄 때마다 종을 치는 실험을 했고, 그 결과 개는 종소리를 듣기만 해도 침을 흘리기 시작했다. 기존에는 관련성이 없던 두 가지 사실이 연합해 반응이 생성된 것이다.

1910년대와 1920년대에는 존 B. 왓슨(John B. Watson)과 로잘리 레이너(Rosalie Rayner)가 꼬마 앨버트(Little Albert)라는 아동에게 비슷한 유형의 실험을 했다. 실험 목표는 흰 쥐와 크고 무서운 소리를 짝지어 반응을 유발하는 것이었다(이 경우에는 두려움과 스트레스라는 특정 반응을 '조건화'했다). 처음에 앨버트는 털이 보송보송한 흰쥐를 꽤 좋아했지만 이를 무서운 소리와 연합하자 쥐뿐만 아니라 나중에는 집에서 키우는 개와 모피 코트, 심지어는 산타클로스 가면처럼 비슷한 특성을 지닌 물체들까지도 무서워하게 되었다. 다시 말해 연합 반응이 일반화된 것이다. 물론 이 실험은 지금이라면 비윤리적이라는 비난을 받을 것이다. 이후 꼬마 앨버트가 어떻게 되었는지에 대해서도 상당한 호기심과 논란이 일었다. 어떤 이들은 앨버트가 여섯 살 때 후천성 뇌수두증으로 사망했다고 하고 또 어떤 이들은 오래오래 잘 살았지만 평생 개를 무서워했다고도 한다. 내 학부생 시절 교재에서는 꼬마 앨버트가 조건화에서 벗어났다고 단언했지만 그럴 가능성은 낮고, 만일 연구자가 조건반응을 교정하는 데 성공했다면 틀림없이 그 결과를 공식적으로 발표했을 것이다. 꼬마 앨버트에게 진심으로 유감을 표한다. 그가 어떻게 자랐든 스트레스에 대한 이해를 구축하는 데 자신이 얼마나 중요한 역할을 했는지 알기를 바랄 뿐이다. 꼬마 앨버트는 기존에는 아무 연관도 없던 삶의 두 가지 측면에 연관성을 생성하고 연합하는 게 가능하다는 사실을 가르쳐주었다. 이는 스트레스와 불안의 비밀을 밝히는 아주 중요한 단서가 되었다.[22]

찰리의 경우, 우리는 학교 연극의 특성이 조건화된 스트레스 반응으로 이어질 수 있는지 탐구하기 시작했다. 찰리가 대학에서 처음으로 극심한 스트레스 반응을 보였을 당시의 환경을 보다 면밀히 살펴보자 두 환경 사이의 유사점이 꽤 많이 발견되었다. 강의실 좌석의 배치, 크기, 밀폐된 공간이라는 특색까지 확실히 학교 연극 공연과 비슷했다. 그러나 이 시점에서 찰리는 다소 좌절감을 느꼈다. 만일 그의 스몰 트라우마가 학교 연극과 관련되어 있다면 기존의 심리치료가 왜 부분적으로 도움이 되었는지 이해할 수 없었던 것이다.

스트레스와 불안의 차이

스트레스, 아니 스트레스 반응은 우리가 '스트레스 요인'이라고 부르는 순간적인 위협과 관련이 있다. 찰리의 경우에는 탈출할 수 없는 커다란 방 안, 어둠 속에서 그를 응시하는 눈빛이 급성 스트레스 반응을 유발하는 강력한 요인이 되었을 것이다. 반면에 불안은 그보다는 인식과 관련이 있으며, 일반적으로 과거나 미래 사건에서 기인한다. 찰리는 다시는 연극 무대에 서지 않았기 때문에 환경적 요소(줄지어 늘어선 좌석, 비상구 표지판, 밀폐된 공간)와 스트레스 반응 사이의 연합작용을 완화할 기회가 없었다. 따라서 대학에서 자동적으로 스트레스 반응이 촉발되었을 때, 이것이 대학 생활 전반에 대한 불안 증세가 아닐지 우려했다. 이것이 그의 미래에 어떤 영향을 끼칠지 사람들이 여기에 대해 어떻게 생각할지는 물론 다른 여러 가지 불안장애에 대해서도 걱정하기 시작했다.

스트레스와 불안의 근본적인 차이는 시간적 위치에 있다. 스트레스 반응은 현재의 위협 또는 연합(찰리의 경우에는 강의실이라는 환경)에 의해 촉발되는 반면, 불안은 미래(걱정) 또는 과거(반추)에 대한 생각에서 기인한다.

이런 혼돈이 발생하는 것은 인간이 아주 영리한 동물이라서 위험하거나 안전한 시나리오를 수없이 많이 상상할 수 있기 때문이다. 걱정과 반추(불안 사고의 형태)가 스트레스 반응을 유발하는 것도 이 때문이다. 우리의 몸과 마음은 실제 위협과 인식된 위협의 차이를 구분하지 못하기 때문에 과거와 미래를 부정적으로 생각하는 것만으로도 투쟁-

도피-경직 스트레스 반응이 촉발될 수 있다. 아니, 정정하겠다. 우리의 몸과 마음은 무엇이 스트레스고 무엇이 불안인지 훈련받기 전까지는 그 둘의 차이를 구분하지 못한다.

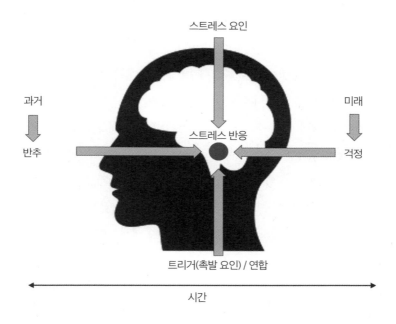

그림 4.1 스트레스, 불안, 그리고 시간

스트레스나 불안을 겪고 있는지 알고 싶다면 이런 질문을 자문해보면 된다.

'과거, 현재, 미래 중에서 내가 가장 많은 시간을 보내는 곳은 어디인가?'

스트레스와 불안 주제의 원인인 스몰 트라우마를 극복하려면 스트레스와 불안의 미묘한 차이를 이해하는 것이 중요하다. 접근법이 서로 다르기 때문이다. 겉으로 나타나는 증세가 비슷해서 둘을 구별하기가 까다로운 것도 사실이다. 현재의 위협, 연합작용, 반추와 걱정은 모두 뇌 안쪽에 위치한 편도체라는 원시적인 부위에서 생리적 스트레스 반응을 유발한다. 분석적이라기보다는 본능적이고, 다소 자동적으로 반응하기 때문에 많은 이가 도마뱀 뇌라고 부르는 곳이다.

하지만 불안은 보다 높은 수준의 인지 및 사고 패턴과 관련이 있어 생각이 편도체로 흘러 들어가기 전에 더 진화된 뇌 부분, 즉 피질에서 처리되어야 한다.[23] 찰리가 지속적인 스트레스 반응으로 어려움을 겪은 이유도 바로 이것이다. 스트레스 반응의 트리거는 조건화된 연합이었으나 기존의 심리치료는 불안하고 걱정스러운 생각을 인지적 수준에서 다뤘기 때문이다. 다시 말해 찰리의 도마뱀 뇌는 생존에 특화된 편도체를 통해 주변 환경에 즉각적인 반응을 하고 있었던 반면, 그가 배운 기술은 그런 순간적인 반응에 사용하기에는 너무 느린 고차원적 인지 방식이었다.

정리하자면, 스몰 트라우마는 스트레스와 불안 양쪽 모두와 관련이 있을 수 있다. 과거의 경험이 특정 상황에서 스트레스 반응을 유도할 수 있기 때문이다. 그러나 스몰 트라우마는 또한 우리의 인지에 영향을 끼쳐 불안을 유발하고 정신적으로 수많은 토끼 굴을 파게 하며, 그 결과 스트레스 반응과 다른 생리적 증상을 일으킬 수 있다.

◆ 스트레스 반응의 징후와 증상 ◆

스트레스가 발생한 순간 느끼는 신체적 스트레스 반응

• 심계항진을 비롯한 심혈관계 감각을 느낄 수 있다. 가령 가슴이 덜컥 내려 앉고, 심장이 미친 듯이 뛰고, 급기야 혈액이 온몸으로 빠르게 펌프질되는 느낌을 받는다.

• 목소리가 떨리거나 극단적인 경우에는 호흡 패턴이 흐트러져 말을 제대로 할 수가 없다.

• 복통이나 화장실로 급히 달려가고 싶은 위장 증세가 일어난다.

• 소변이 마려울 수도 있다. 이 두 가지 메커니즘은 싸우거나 도망가게 하려 는 것이다.

• 초조하고 안절부절못하며, 가만히 앉아 있기가 어렵다. 자리를 빨리 벗어 나고 싶은 강렬한 욕구가 든다.

• 얼굴과 목 전체가 붉게 상기되고 귀가 새빨개지거나 화끈거린다.

• 전반적으로 덥고 땀이 난다.

단기 및 장기적인 인지적 스트레스 반응

• 급성 스트레스를 받게 되면 인지된 위협에만 집중하기 때문에 집중력이 저하될 수 있다.

• 뇌의 인지처리 기능이 투쟁 또는 도피에 할당되어 기억 등의 다른 인지 기 능이 약화된다.

• 장기간의 만성 스트레스로 인해 의사결정과 같은 고차원적 기능이 무뎌질

수 있다.

- 만성적인 스트레스에 시달리게 되면 적절한 어휘를 찾는 데 어려움을 느끼는 일시적인 실어증, 이를테면 분명히 아는 단어인데 생각이 날 듯 말 듯 하는 설단현상(舌端現象)을 경험할 수 있다.

휴식 상태로 돌아갈 수 없을 때 느끼는 정서적·사회적 스트레스 반응

- 평소에는 별로 신경 쓰지 않을 사소한 일에 짜증이 솟거나 화를 내거나 비난을 퍼붓는다.
- 결핍감을 느끼고 지속적인 안정감을 갈망한다.
- 세상이 자신을 에워싸고 점점 좁혀오고 있다는 압박감이 든다. 이러한 압박감은 지속불가능한 스트레스의 흔한 징후다.
- 잠은 그저 요원한 꿈이다. 잠이 오지 않는 것과 밤에 자주 깨는 것 모두 장기적인 스트레스와 관련이 있을 수 있다.
- 친밀감과 섹스도 영향을 받을 수 있다. 성욕의 상실은 삶에 뭔가 부족하다는 신호일 수 있다.

불안 또는 위협 연합으로 야기된 장기적인 스트레스는 심혈관 질환과 면역 기능 이상 등 심각한 건강 문제로 이어질 수 있다. 연구에 따르면 만성 스트레스 상태일 때는 바이러스를 떨쳐내기가 어렵고 상처가 치유되는 데도 더 오래 걸린다.[24] 따라서 AAA 접근법을 통해 스트레스 반응을 다루는 방법을 익히면 큰 도움이 될 것이다.

AAA 2단계: 수용

이제 찰리는 어린 시절 학교 연극에서 겪은 스몰 트라우마 사건이 극도의 순간적 스트레스를 유발해 연합 관계가 형성되었고, 이후 대학에서 트리거에 의해 촉발되었음을 알게 되었다. 또한 그는 해당 상황에서 스트레스 반응이 활성화되면서 미래에 대한 걱정의 형태로—'대강의실에 앉아 있지도 못하면서 어떻게 이런 일에 대처할 수가 있지?'—불안이 발생했다는 사실도 인식하게 되었다. 이것이 일반적으로 간과되는 스트레스와 불안의 근본적인 차이점이다.

또 다른 사례로 로건의 경우도 있다. 그는 어떤 면에서 찰리와 정반대의 경험을 했다. 로건은 스트레스 반응의 여러 신체적 증상을 경험하고 있었는데, 이를 '직장에서의 스트레스' 때문이라고 여겼다. 그래서 매일같이 긍정적으로 하루를 시작하려고 노력하고, 숨쉬기 연습을 하고, 체육관에서 스트레스를 발산하는 등 다양한 방법을 시도해봤지만 이런 '해결책'은 어느 한도 이상 도움이 되지 않았다. 그래서 우리는 로건의 스트레스 반응이 실은 걱정이나 반추 같은 불안 사고 패턴이 아니라 일시적인 스트레스나 연합에 의해 촉발되는 게 아닌지 확인해야 했다.

연습활동: 스트레스와 불안 분리하기

사람들은 신체적·인지적·감정적 스트레스 반응을 자주 경험하지만 그 이유를 인식하지는 못한다. 내가 힘든 이유가 스트레스(또는 스트레스 요인) 때

스몰 트라우마

문인지 불안 때문인지 알아내는 한 가지 방법은 그것이 현재의 문제와 관련이 있는지 아니면 가상의 상황과 관련이 있는지 파악하는 것이다. 자신에게 이렇게 물어보면 된다.

'지금 이 문제를 해결하기 위해 내가 할 수 있는 일이 있는가?'

만일 대답이 '그렇다'라면 현재의 스트레스 요인이나 연합 문제일 가능성이 크다. 이를테면 직장에서 만나는 까다로운 진상 고객처럼 말이다. 로건은 영업사원이었고 직장에서 스트레스 상황에 어떻게 대처해야 할지 알고 있었다. 따라서 그가 겪고 있는 문제의 핵심은 이것이 아니었다. 로건이 증상을 통제하기 어려운 이유는 가상의 상황 때문일 가능성이 더 높았다. 다시 말해 그가 경험하고 있는 것은 불안 증세였다.

스몰 트라우마가 의식 깊숙한 곳에 묻혀 있다면 이런 상황이 당혹스럽게 느껴질 수 있다. 나는 로건에게 기본적인 스몰 트라우마 질문을 던졌다. 자신에게 꽤 중요한 영향을 미쳤거나 자신을 변하게 했지만 굳이 언급할 만큼 중요하거나 심각하지는 않다고 생각하는 경험이나 사건이 있는지 물어본 것이다. 그리고 그가 생각에 잠기는 모습을 지켜보았다. 로건은 내 눈을 똑바로 응시하며 아버지가 나르시시스트(자아도취자)라고 말했다. 로건은 아버지를 자랑스럽게 하고 싶어 하면서도 아버지의 통제에서 벗어나고 싶다는 갈등을 느끼고 있었고, 그와 관련된 무수히 불안한 생각들을 가슴 깊숙한 곳에 품고 있었다. 로건의 의식을 자극하는 가상의 상황들은 대개 적극적인 해결이 불가능했다. 다른 사람을 바꿀 수는 없기 때문이다. 아무리 체육관에서 무거운 역기를 들어도, 철인3종 경기에 참가하거나 "넌 할 수 있어!"와 같은 격려의 말을 들어도, 아버지가 그에게 관심이 없다는 느낌을 극복하는 데는 큰 도움이 되지 않았다. 이것이 AAA 접근법의 수용 단계가 고통스러운 이유다. 삶의 어떤 것들은 내 힘으로 바꿀 수 없다는 가혹한 현실을 깨닫게 되기 때문이다. 하지만 그 대신 우리는 불안의 사고 패턴을 포착하고 이를 관리하는 방법을 배울 수 있다. 여기서는 로건은 자주 연습했지만 찰리는 아직 경험이 많이 필요했던, 생리적 스트레스 반응을 통제하는 방법에 관해 살펴보자.

◇◇

생리적 스트레스 반응 통제하기

스트레스에 즉각적으로 반응하는 것을 억제하고 나아가 조절할 수 있게 훈련하는 방법이다. 이 기법은 스트레스 반응의 신체적 증상에 호기심을 갖도록 권장하는데, 그러면 생리적 감각이 발생했을 때도 어서 빨리 피하고 싶다는 강렬한 욕구를 느끼지 않을 수 있기 때문이다. 이 기술을 충분히 연습하면 스트레스 반응이 촉발되어 격렬한 심장박동, 어지러움, 떨리는 목소리 등의 증상이 나타나더라도 몸이 주는 두려움의 신호를 조절할 수 있다. 찰리는 이 과정을 통해 스트레스 반응을 받아들이고 정상적인 생리적 메커니즘으로 인식할 수 있었다.

- 편안한 자세로 앉거나 눕는다. 서두를 필요는 없으니 느긋하게 해도 좋다.
- 이제 스트레스 반응을 유발하는 특정 상황을 상상한다. 찰리의 경우에는 가장 최근에 중요한 트리거로 작동한 강의실에 초점을 맞췄다.
- 머릿속으로 세부적인 상황을 떠올린다. 지금 당신은 어디에 있는가? 그 공간 속에서 당신의 정확한 위치는 어디인가? 좌우, 위아래를 찬찬히 둘러본다.

- 스트레스 반응이 느껴지기 시작하면 자신이 괜찮다는 것을 인지한다. 그게 우리가 이 공간에 와 있는 이유다. 스트레스 반응이 느껴지지 않는다면 이러한 트리거 상황에서 자신이 어떤 느낌을 받는지 면밀히 탐구해본다.
- 자기 몸을 한 부분씩 체크하며 어떤 부위에서 어떤 느낌이 드는지 확인한다.
- 마음이 불편하거나 불쾌감이 들더라도 잠시만 그 느낌을 참아본다.
- 유난히 강하게 느껴지는 감각이 있다면 호기심을 가져본다. 다른 행성에서 온 외계인이 지구인을 연구하는 것처럼 진지하게 탐색해본다.
- '이거 너무 신기한데. 이 다음엔 어떻게 될까?'라고 생각한다.
- 그런 다음 느낌을 언어로 설명해본다. 예를 들어 '심장이 토끼처럼 빨리 뛰고 있네'라고 이야기해보는 것이다.
- 머릿속에 떠오르는 생각에도 호기심을 갖는다. 이를테면 '지금 이 상황에서 빨리 벗어나고 싶어!'와 같이 생각한다.
- 신체적 감각을 무시하거나 밀어내기보다 흥미와 호기심을 가진 채로 이 경험을 지속하면서 불편한 느낌을 참아본다.
- 이런 느낌이 당신의 몸이 스스로를 안전하게 지키려고 노력하는 것임을 이해하고 받아들인다. 당신의 몸이 당신을 지켜주고 있다는 데 감사한다.
- 다른 감각으로 넘어가거나 아니면 나는 괜찮다고, 이제 전부 이해했으니 앞으로는 촉발 요인을 접해도 적응적으로 반응할 수 있다고 다짐하며 연습활동을 마친다.

이 기법도 다른 모든 연습활동처럼 더 많이 자주 연습할수록 쉬워진다. 시간이 지나면 당신의 스트레스 반응이 변하거나 약해졌음을 알 수 있을 것이다. 찰리는 처음에는 이러한 연습활동 자체가 스트레스라고 느꼈지만 몇 번 반복하자 스트레스 반응에 호기심을 발휘해 스트 레스의 영향력으로부터 점점 벗어날 수 있었다. 그 시점에서 우리는 AAA 접근법의 행동 단계로 넘어갈 준비를 마쳤다.

◆ 바쁨병의 저주: 고기능 불안과 그것에 지배되는 삶 ◆

우울 증상을 앓는 일부 사람들이 고기능 활동을 하는 것처럼 불안 증세가 있 는 이들도 마찬가지로 고기능 활동을 한다. 고기능 불안장애가 있는 이들은 종종 조직의 상층부에서 일하며, 성취도가 높고 주변에서 '어떻게 저렇게 많 은 일을 한꺼번에 할 수 있지?'라는 말을 듣는다. 어떤 사람들은 불안한 생각 에서 벗어나기 위해 끊임없이 바쁘게 움직인다.

때로는 주의분산 기법이 단기적으로 유용한 대응기제가 되기도 하지만 너무 자주 사용해 인식 수준이 저하되면(AAA 접근법의 첫 번째 단계로 돌아가기) 그 런 행동의 원인이 기저에 쌓여 있는 불안의 신호일 수 있다. 아무것도 안 하 고 '가만히' 있으면 마음이 불편하고 불안한가? 끊임없이 바쁘게 일을 벌이 면서도 자기 삶의 관찰자가 된 듯한 느낌이 들지는 않는가? 이런 말이 친숙 하게 느껴진다면 당신은 고기능 불안이나 바쁨병을 경험하고 있을 확률이 크 다. 다음 질문으로 자신의 상태를 확인해보자.

□ 긴장을 풀기가 어려운가?

□ 지금 하는 일을 끝내자마자 혹은 끝내기도 전에 다음에 할 일을 생각하는가?

□ 한 번에 한 가지 일에 집중하기가 어려운가?

□ 초인이나 성취 지향적인 사람. 압박감에 강한 사람이라는 평가를 듣는가?

□ 모든 일을 잘 해내지 못하면 자기 자신에게, 혹은 그보다 더 나쁘게는 주변 사람들에게 실망감을 안겨줄까 봐 두려운가?

□ 회의나 사교 모임에 제일 일찍 도착하고 모임이 끝나면 가장 늦게까지 남아 있거나 정리정돈을 자원하는가?

□ 겉으로는 차분해 보이지만 마음속에서는 생각이 마구 달음박질치고 있는가? 수면 위에서 우아하게 미끄러지고 있는 백조가 수면 밑에서는 격렬하게 물장구를 치고 있는 것처럼?

□ 스스로 지나치게 생각하고, 지나치게 행동하고, 지나치게 준비하는 경향이 있다고 생각하는가?

이러한 주의분산–불안–주의분산의 순환 패턴은 당신의 삶을 지배할 수 있다. AAA 접근법을 통해 자신의 상황을 인식한 다음, 이 장에서 알려주는 팁을 따라 수용과 행동을 거쳐 스몰 트라우마를 해결해보자.

AAA 3단계: 행동

모든 스몰 트라우마 주제가 그렇듯 행동 기법은 현재의 스트레스 및 촉발 요인이 문제인지 아니면 걱정과 반추가 스트레스 반응의 원인인지에 따라 각자의 필요에 맞게 조정되어야 한다. 많은 사람이 이 두 가지를 모두 경험하기 때문에 AAA 접근법의 행동 단계에서는 여러 방법을 선택하고 조합할 수 있다.

당장의 스트레스 반응 멈추는 팁

스트레스 반응의 촉발 요인과 연합작용 및 현재의 위협에 대처하는
방법이다. 간단하고 빠른 팁이 으레 그렇듯이 스몰 트라우마를 장기적
으로 해결할 때에도 유용하다.

감각을 이용해 스트레스 벗어나기

감각은 우리가 가진 초능력으로, 이를 이용해 스트레스 반응을 멈추
거나 덧씌울 수 있다. 이 방법은 스트레스 상황 직전 또는 직후에 단기
적으로 주의를 분산시켜 스트레스 반응과 그로 인한 불쾌한 증상으로
부터 재빨리 벗어날 수 있게 도와준다. 여기서 가장 중요한 핵심은 재
빨리 감각을 자극해서 스트레스 요인이 아니라 신체적인 감각으로 주
의와 관심을 돌리는 것이다. 아래 예시는 참고용에 불과하니 자신에게
맞는 방법을 찾아내는 게 좋다.

- 촉각: 손을 얼음주머니에 넣고 잠시 그 상태를 유지한다.
- 청각: 시끄러운 음악을 크게 튼다. 주변에 피해를 주지 않으려면 이어폰을 사
  용하는 게 좋다.
- 후각: 강한 냄새가 나는 블루치즈나 다른 자극적 음식이 담긴 봉지에 코를 박
  고 빠르게 냄새를 들이마신다.
- 미각: 입에 시큼한 레몬 조각을 문다.

• 시각: 일반적으로 즉각적인 효과를 내지는 않지만 머릿속으로 글을 거꾸로 읽거나 암산을 하거나(스마트폰 계산기 없이 곱셈을 하는 게 얼마나 어려운지 알게 될 거다!) 좋아하는 영화나 넷플릭스 시리즈 명단을 알파벳 순서에 따라 작성하는 방법 등이 있다.

시야 넓히기

스트레스를 관리하는 간단한 방법으로, 회의와 같이 공개된 상황에서도 사용할 수 있다. 급성 스트레스 반응의 영향을 받게 되면 시각이 예민해지고, 생존본능 때문에 (인식된) 위험 요인을 찾는 데 집중해 시야각이 좁아진다. 이를 터널시야라고 한다. 스트레스가 심한 상황에서 주변 환경이나 사건을 세부적인 부분까지 자세히 기억하기가 어려웠던 적이 있는가? 프레젠테이션을 하고 났더니 동료가 회의실 밖에서 작은 소동이 있었다고 하는데 그 말을 듣기 전까지 전혀 눈치채지 못한 적은? 그런 일이 일어나는 이유는 프레젠테이션이라는 순간의 스트레스에 사로잡혀 다른 정보를 인식하지 못해서다. 그러나 시야를 넓히면 이를 역전시켜 부교감신경계를 활성화시킬 수 있다. 눈을 감았다가 서서히 떠보자. 그러곤 시야 주변에 무엇이 있는지 의식적으로 살펴보자. 정면을 똑바로 바라보되 양옆으로 보다 넓은 공간을 눈에 담고 인지한다. 눈 양쪽 측면을 가볍게 문지르면 도움이 되는데, 열린 공간에서라면 굳이 그렇게 할 필요까지는 없다.

턱 운동

노섬브리아대학교 연구진은 껌을 씹으면 급성 스트레스와 코르티솔 레벨이 감소한다는 사실을 발견했다.[25] 흥미롭게도 껌을 씹으면 작업 효율성도 증진된다. 맛은 별 상관이 없으니 알아서 좋아하는 맛을 선택하도록. 이 방법은 당신이 밖에 있거나 위에서 설명한 감각을 이용한 팁을 사용할 수 없을 때 유용하다. 어쨌든 항상 옆에 얼음이 가득한 냉장고가 대기하고 있을 리는 없으니까!

크게 하품하기

스트레스 가득한 하루를 보내고 나면 절로 하품이 튀어나오는가? 이는 단순히 피곤하기 때문이 아니라 뇌를 식히는 방법이다. 뇌는 스트레스 반응을 할 때 뜨거워지는데, 하품은 일종의 생리적 에어컨이다.[26] 밤에 잠을 자기 전에, 그리고 아침에 잠에서 깰 때 하품을 하는 이유도 뇌의 온도가 밤에 가장 높고 잠에서 깨면 상승하기 때문이다. 하품이 전염되는지에 대한 논쟁은 아직 진행 중이지만 실제로 많은 사람이 다른 사람의 하품을 모방하며, 이러한 반응은 긴장을 완화하고 뜨거운 머리를 식힌다.

스트레스에 강한 뇌 만들기

이런 기술은 연습을 통해서만 향상되며, 스몰 트라우마 주제를 완전히 극복할 수 있게 돕고 나아가 향후에도 비슷한 스몰 트라우마를 이겨낼 수 있게 해준다.

부교감신경계를 활용해라

호흡 패턴 조절은 부교감신경계를 자극하고 스트레스 반응에 맞서 싸우는 가장 좋은 방법 중 하나다. 위에서 본 빠른 해결책에 의존하기보다 신경계를 훈련시키면 신경 경로가 강화돼 급성 스트레스에 더 쉽게 대처할 수 있다. 나는 보통 부교감신경계를 우리 내부에 기본 옵션으로 설치돼 있는 '낙하산'에 비유한다. 반응 속도를 늦춰 어려움 속에서도 매끄럽게 착지할 수 있게 도와주기 때문이다.

여기서 중요한 것은 일관성이다. 정기적으로 낙하산을 사용하는 연습을 한다면 전문가가 될 수 있다! 뇌가 부교감신경계를 사용하는 데 익숙해져 스트레스 요인에 직면해도 감정을 더 쉽게 조절할 수 있게 되는 것이다. 어떤 방법을 사용하든 효과적이지만 다음은 내가 특히 선호하는, 언제 어디서나 활용할 수 있는 기법이다.

찰리는 이 기술이 무척 실감나고, 머릿속 이미지를 사용해 들숨과 날숨을 유도하기 때문에 매우 유용하다고 생각했다.

간단한 호흡 운동

• 손바닥을 펴고 손가락을 불가사리처럼 넓게 벌린다. 새끼손가락부터 시작한다. 코로 숨을 깊이 들이마시고 배가 팽창하는 것을 느끼면서 (다른 손 손가락 끝으로) 새끼손가락 측면에서 끄트머리까지 천천히 만지며 따라 올라간다. 그런 다음 입을 통해 숨을 내쉬면서 이번에는 새끼손가락 안쪽을 만져 내려가며 배가 들어가는 것을 느낀다.

• 다음에는 약지로 옮겨 가, 숨을 들이마실 때는 손가락 바깥쪽 가장자리를 따라 올라가고 내쉴 때는 안쪽 가장자리를 따라 내려온다.

- 중지 바깥쪽을 따라 올라가며 숨을 들이마시고 손바닥 쪽으로 다시 내려오면서 숨을 내쉰다.
- 집게손가락과 엄지손가락도 앞의 동작을 반복한다.
- 이제는 손을 바꿔 반대쪽 손으로 이 과정을 반복한다. 거슬리는 생각이 멈추면 이를 인식하고 다시 천천히 연습활동으로 돌아간다.

아주 쉽고 간단하기 때문에 어린아이들이 스트레스를 가라앉힐 때 자주 사용하는 방법이다. 촉감도 함께 느낄 수 있어 몸과 마음을 휴식과 소화 상태로 진정시키는 데 도움이 된다.

신체 운동으로 스트레스에 대항하기

스트레스를 받을 때 말고 다른 상태에서도 122페이지 상자에 있는 증상을 느낀 적은 없는가? 스트레스로 인한 많은 생리적 증상이 신체 운동을 할 때와 정확하게 일치한다. 심장이 빨리 뛰고, 땀이 나고, 포도당이 몸 전체로 퍼져나간다. 스트레스를 느낄 때 활용할 수 있는 좋은 방법 중 하나는 감당 못 할 만큼 힘들어지기 전에 운동을 하는 것이다. 달리기/조깅, 수영, 사이클링이나 스피닝, 댄스와 근력운동 등 활발한 혈액순환을 자극하는 유산소운동은 스트레스에 짓눌리는 느낌을 완화해준다.[27] 단 20분만 투자해도 운동의 진정 효과는 몇 시간이나 지속된다.[28 29] 그러니 다음번에 중요한 프레젠테이션이 있거나, 어색한 가족 모임에 참석해야 하거나, 스트레스가 많은 행사에 참여해야 할 때면 그보다 여섯 시간 전 이내에 유산소운동을 해라. 그러면 막상 일이 닥쳐도 생각만큼 힘들지 않을 것이다. 그게 어렵다면 스트레스 사건을

스몰 트라우마

경험한 뒤에 조깅이나 빠른 산책을 하며 스트레스로 생성된 아드레날린과 포도당을 태우는 방법도 있다. 몸과 마음은 신속하게 항상 상태로 돌아가고 또 다른 스트레스 증상인 근육의 긴장도 완화될 것이다.

찰리는 운동을 좋아했기 때문에 이 방법을 매우 마음에 들어 했다. 그래서 아래에서 설명할 노출 치료를 해야 할 때면 몇 시간 전에 반드시 체육관에 갔다. 당신도 이 방법을 시도해봐도 좋을 것이다.

노출 치료 요법

스몰 트라우마가 특정 환경이나 상황 단서로 조건화된 경우, 노출 요법은 이러한 연합작용을 무시하고 중립 또는 긍정적 반응으로 이어지도록 대체하는 가장 좋은 방법이다. 촉발 요인인 트리거에 대해 굉장히 심각한 반응(가령 공황발작처럼)을 보이는 이들은 이 과정을 도와줄 수 있는 심리치료사를 찾는 게 최선이지만 그렇지 않은 경우에도 이 이론은 아주 간단하다. 스트레스 반응을 유발하는 상황이나 환경에 직면했을 때 뇌에게 실은 당신이 안전하며 따라서 교감신경계의 투쟁 또는 도피 반응을 활성화시킬 필요가 없다고 훈련시키는 것이다. 약간의 시간을 들이고 인내심을 조금 발휘하면 된다.

노출 치료 요법에는 두 가지 종류가 있다. '체계적 둔감화'와 '홍수법'이다. 연구 결과에 따르면 두 방법 모두 효과적이지만,[30] 신중을 기하기 위해 전자를 추천한다. 홍수법은 트리거 상황에 정면으로 뛰어들어야 하기 때문이다. 치료 효과가 굉장히 빨리 나타나는 경우도 있지만 내 경험에 따르면 대부분은 너무 강렬한 기분에 압도돼 역효과가 나기 쉽다. 사실 찰리는 대학에 입학해 처음으로 강의실에 들어섰을 때 일종의 홍수요법을 맞닥뜨린 셈이다. 당시 그는 그것이 스트레스 반응을 유발한다는 사실을 몰랐기 때문에 결과적으로 인지왜곡이 발생했고(이어지는 상자 참조), 미래에 대해 걱정하는 불안 증세에 시달렸다. 체계적 둔감화를 활용하면 스트레스 대처 기술과 정신적인 근육을 강화하고 궁극적으로 급성 스트레스 반응을 둔화시키는 한편, 인식과 수용 수준을 높일 수 있다. 그러니 AAA 접근법에 비춰 보아도 원원 게임이다. 다만 수용 단계의 연습활동을 빠뜨리지 말기 바란다. 이런 종류의 이미지 연상법은 노출 치료에서 매우 유용한 초기 단계이기 때문이다.

나는 찰리에게 스트레스를 받는 상황이 있다면 전부 떠올려보라고 말했다. 그런 다음 그가 느끼는 스트레스의 심각성에 따라 각 상황에 순위를 매겼다. 다음 단계는 찰리를 각각의 상황에 배치하고 그 순간의 스트레스 반응을 관리하기 위해 어떤 빠른 팁을 사용할지 계획하는 것이었다. 처음에는 두려워하는 실제 상황이나 환경이 아니라 사진을 사용할 수도 있지만 찰리의 경우에는 식당 의자를 반원으로 배치하고 의자 하나를 앞에 세워 강의실이나 학교 연극 무대를 흉내 낸 것으로 시작했다. 이후 찰리는 카페에서 여러 사람과 대화를 하는 단계로 넘어갔고, 점차 큰 강의에도 참석하기 시작했다. 이 모든 단계를 거치며 찰리의 뇌는 스몰 트라우마와 트리거의 연합관계를 무시하기 시작했고 결국에는 자연스럽게 학업에 몰두할 수 있었다.

부정적 사고 패턴에서 벗어나는 ASK

과거에 대한 반추든 미래에 대한 걱정이든, 불안은 뇌에서 고차원적 기능을 하는 피질에서 비롯되므로 단순히 일시적인 스트레스 반응을 조절하는 데만 의존하기보다는 불안을 부추기는 부정적 사고 패턴을 극복하는 심리 전략을 사용하는 편이 유용하다. 로건의 경우에는 이런 사고 패턴이야말로 스트레스 증상으로 인한 어려움을 해결하는 열쇠였다.

먼저 당신이 어떤 종류의 부정적 사고 패턴(심리학에서는 '인지왜곡'이라고 부르는)을 갖고 있는지 파악하면 도움이 된다. 가장 일반적인 인지왜곡에 대해 알아보자.

인지왜곡	예시
사고의 재앙화	이 면접에서 잘하지 못하면 취직을 못 할 테고, 그럼 약혼자가 실망해서 날 차버릴 거야.
독심술	얼굴만 봐도 알겠네. 내가 재미없는 인간이라고 생각하는 게 틀림없어.
예언적 사고	이번 회의는 망할 거야. 척 보면 알아.
부정적 요소 집중	직속 상사가 성과평가를 하면서 긍정적인 면과 부정적인 면이 섞인 피드백을 줬는데 내 눈엔 비판밖에 안 보여.
깎아내리기	응, 나 운전면허증 땄어. 근데 오늘 도로 상태가 괜찮아서 운이 좋았던 것뿐이야.
의미 확대	상황이 너무 나빠. 세상에 나만큼 최악인 사람은 아무도 없을 거야.

의미 축소	드디어 내 집을 마련했지. 하지만 다들 그러니까 별로 큰일은 아냐.
낮은 욕구좌절 내성	다이어트 같은 거 더는 못 하겠어!
개인화	파티에 왔는데 말을 거는 사람이 아무도 없어. 내가 못생겨서 그런가 봐.
낙인찍기	회사 동료가 방금 날 무시했어. 못된 *욕설*!
질책	내가 아직 독립을 못한 건 다 부모님 탓이야.
이분법적 사고	시험에 '전부' 통과 못 하면 난 실패자가 되는 거야.
과도한 일반화	애인이랑 깨졌어. 난 사랑받을 수 없는 사람이야.

다음으로는 부정적이고 부적응적인 사고 패턴에 도전하는 소크라테스식 논쟁법을 기반으로 한 3단계 'ASK 기법'을 사용해보자. 이 간단한 과정을 활용하면 위의 사례처럼 불안감을 유발하거나 유지하는 인지왜곡이나 다른 불안 증세를 촉발하는 생각들에 반박할 수 있다. 스스로에게 ASK해보자.

- **A(Accurate: 정확성)**: 이 생각이 맞나? 그렇다면 이러한 인식이 옳다는 확실한 증거는 무엇인가?
- **S(Sensible: 합리성)**: 이 생각이 합리적인가? 객관적으로도 이치에 맞는가?
- **K(Kind: 너그러움)**: 이 생각은 친절하고 너그러운가? 그게 아니라면 이런 종류의 생각은 어떤 역할을 하는가?

스스로 사고의 재앙화와 의미 축소, 이분법적 사고와 같은 인지왜곡

스몰 트라우마

을 보고한 로건의 경우를 예로 들어보자.

로건의 생각: 아빠는 나한테 관심이 없어. 난 너무 멍청하고 쓸모가 없어. 아빠한테 인정받지 못했으니 내 인생은 아무 의미도 없어.

정확성의 A: 우리는 로건이 정말로 '멍청한지' 따져보았다. 그렇다는 증거는 거의 없었다. 우리는 누구나 살면서 어려움을 겪는다. 로건이 스몰 트라우마를 극복하기 위해 노력하고 있다는 사실은 그냥 그가 스몰 트라우마를 경험하는 평범한 사람이라는 의미일 뿐, 쓸모없는 인생을 살고 있다는 것과는 거리가 멀다.

합리성의 S: 로건 스스로도 아버지에게서 갈망하는 칭찬을 받지 못했다는 이유로 자기 삶이 아무런 가치도 없다고 치부하는 것은 합리적이지 못하다고 인정했다. 때로는 이런 깨달음을 소리 내어 말로 표현하는 것만으로도 머릿속에서 들리는 가혹한 비판의 목소리를 없앨 수 있다.

너그러움의 K: 로건은 이 생각이 자기 자신에게 친절하지도 너그럽지도 않다는 데 바로 동의했고, 우리는 이 생각이 어떤 역할을 하는지 곰곰이 생각해보았다. 우리가 내린 결론은 이런 재앙적인 사고 패턴이 로건을 스트레스 상태에 가둬놓을 뿐, 스트레스 감각이나 그로 인한 해악을 피하는 데는 전혀 도움이 되지 않는다는 것이었다.

그리고 마침내, 우리는 아주 강력한 심리코칭 질문에 도달했다.

'이런 생각을 하지 않는다면 당신의 삶은 어떤 모습일까?'

인지왜곡 표를 살펴본 뒤 ASK를 시도해보기 바란다. 당신의 사고방식에 대한 기록으로 세 가지 질문에 대한 답을 적어두면 더욱 좋다. 생각을 기록하는 것은 왜곡된 인식과 사고에 도전하는 매우 유용한 방법이며, 불안을 극복하는 과정을 되짚어보는 문서로 활용할 수 있다.

◆ 스트레스 및 불안을 관리하는 글쓰기 과제 ◆

마법 지팡이를 흔들어 짠! 하고 스트레스 반응이 사라지게 할 수 있다면

1. 평소에 지금과 다르게 해보고 싶은 것은?

2. 지금보다 더 많이 또는 더 적게 하고 싶은 게 있는가? 그러면 당신의 삶은 어떤 모습이 될까?

3. 나 자신과 다른 사람들을 지금과 다르게 대하게 될까? 어떤 면에서 달라질까?

스몰 트라우마

5장

완벽주의의 역설

습관적 미루기는 종종 실패에 대한 두려움과 스몰 트라우마로 유발될 수 있는 높은 수준의 완벽주의 때문에 발생한다. 따라서 스몰 트라우마라는 문제를 제거하면 항상 (또는 대부분) 완벽해야 한다는 욕구를 억제하고 한층 더 다양한 경험을 만끽할 수 있다. 실수와 불상사, 과오를 웃어넘기고 새로운 것을 배우는 기회로 삼을 수 있는 것이다. 완벽주의는 우리를 기대치에 묶어두고 큰 압박감을 주지만, 조금만 자기연민을 발휘하면 이 스몰 트라우마 주제에서 벗어나 모든 것을 '완벽히' 해야 한다는 강박 대신 기꺼이 시간과 에너지를 바치고 싶은 활동을 선택할 수 있다.

이 장에서 살펴볼 내용

- 완벽주의와 습관적 미루기의 관계
- 온라인 트롤링과 '어둠의 3요소' 성격
- 번아웃과 정신적 소진의 신호를 발견하는 법
- 전략적 미루기의 이점
- 성공에 완벽주의가 필요하지 않은 이유

이 장은 내가 상담실에서 날마다 마주치는 완벽주의와 습관적 미루기라는 양날의 검에 관한 이야기다. 100퍼센트 완벽을 추구하기 위해 태어난 사람은 없다. 이는 그저 우리가 삶을 살아가며 주변 환경과 스몰 트라우마에 대한 반응으로 발전시킨 특성일 뿐이다. 재능 넘치고 다정하고 직관적인 사람이 부적응적 완벽주의 탓에 스스로를 파괴하는 모습을 보고 있으면 정말로 가슴이 아프다. 그러니 문제의 근원을 살펴보고 이 악순환을 끊을 수 있는 몇 가지 실용적인 조언을 들어보라.

어느 무더운 날, 아주 근사하고 멋진 여성이 상담실로 걸어 들어왔다. 내 얼굴은 땀에 번들거리고 몸은 무더위에 축 처져 있건만 이 여성은 흐트러짐 하나 없는 자세에 머리카락 한 가닥도 삐쳐 나와 있지 않았다. 한눈에 보기에도 차분하고 침착해 보여 왜 나를 찾아왔는지 흥미가 일었다.

"해야 할 일을 습관적으로 미루는 걸 그만둘 수가 없어요. 얼마 전에 사업을 시작했는데 이게 문제가 되고 있어요. 집중력도 잃고 있고, 투자자들의 신뢰도 떨어지고 있는 것 같고요."

우리는 실비아의 어린 시절을 들여다보기 시작했다. 나는 스몰 트라우마 질문을 던졌다. 신중하게 꾸민 대외적인 표정을 유지하던 실비아의 얼굴에 순간적으로 아주 미세한 찡그림이 스쳐 지나갔다.

"나는 세상에서 가장 강인한 아버지 밑에서 자랐어요. 그분은 모든 걸 혼자 해내셨죠. 나를 키우려고 일을 두 개나 하셨고요. 심지어 내가 어른이 되어 독립할 때까지 데이트도 안 하셨어요. 아버지가 날 위해 희생하신 모든 일에 평생 감사할 거예요. 어렸을 때도 아버지가 너무 많은 고생을 하고 계시다는 걸 알았기 때문에 항상 똑바로 행동하려고 노력했고요. 그러니까 그런 게 문제는 아니에요. 난 항상 착한 아이였고 말썽을 일으킨 적도 없어요. 아버지와 둘이서만 살았던 덕분에 내 일을 알아서 하는 법 하나는 제대로 배웠죠."

이어서 실비아는 10대 때 밤늦게까지 파티에서 노는 것처럼 재미있는 일을 많이 해보지는 못했다고 말했다. 아버지를 걱정시키고 싶지 않아서였다. 그는 '처음부터 모든 것을 제대로' 해야 한다는 강박을 느꼈다. 일을 '완벽'하게 해내지 못할까 봐 너무 두려워 새 프로젝트를 진행하면서 가장 중요한 부분을 계속 뒤로 미뤘고, 결국 뒤늦게야 그 사실을 깨닫고 마감을 맞추려고 거의 공황상태에서 허둥지둥 서둘러야 했다. 실비아는 지쳤고, 의기소침해졌고, 함께 일하는 이들과도 사이가 틀어졌다. 일을 마감 직전에야 가까스로 끝냈을 뿐만 아니라 마지막 순간까지 미뤄둔 수많은 사항을 일일이 수정하지 않으면 다른 사람이 맡은 부분을 승인하는 것도 거부했기 때문이다. 실비아의 심지는 번개 같은 속도로 타들어갔고, 투자자들의 신뢰를 잃기 직전이었다. 실비아의 스몰 트라우마를 파헤치는 것은 아주 중요했다.

완벽주의는 선천적인가?

실비아는 자신이 완벽주의자라는 것을 인정했다. 심지어 그 사실에 자긍심을 느꼈다. 그는 완벽주의적인 경향이 목표를 달성하는 데 도움이 되고 성공에 절대적으로 필요하다고 생각했다. 연구 사례를 살펴보면 완벽주의는 개인이 타고난 성격의 일부일 수 있으며, 어떤 사람들은 특히 이런 특성을 강하게 지니고 있는 듯 보인다.[31] 부분적으로는 사실일 것이다. 그러나 이제 우리는 어떤 성격 유형이라도 경험과 의지, 그리고 스몰 트라우마를 거치면 변화할 수 있다는 것을 안다.

누군가는 태어날 때부터 개인적 기준이 비현실적으로 높을 수 있지만 다른 이들은 이런 소모적인 특성을 후천적으로 습득한다. 본성과 양육을 분리하는 것은 어렵다. 그러나 따로 떨어져 자란 일란성 쌍둥이를 다룬 연구에 따르면 사람들은 종종 가까운 사람을 보고 배우기보다 특정한 성격 특성을 선천적으로 타고난다.

우리는 1장에서 스몰 트라우마의 원인 몇 가지에 대해 탐구했었다. 어쩌면 실비아의 경우는 완벽주의 성향을 타고났고 거기에 아버지를 걱정시키고 싶지 않다는 바람이 가미되었을지 모른다. 스몰 트라우마가 누적된다는 사실을 명심하라. 그러므로 여기에는 비판이나 비난이 아니라 실비아가 삶에서 어떤 경험을 했는지 열린 마음으로 접근하는 호기심이 필요할 뿐이다. 그런 마음가짐으로 우리는 AAA 접근법의 첫 번째 인식 단계로 첫발을 내디뎠다.

AAA 1단계: 인식

가장 먼저 나는 실비아가 실수에 대해 어떻게 생각하는지 알고 싶었다. 그러자 실비아는 이렇게 대답했다. "나는 실수하지 않아요."

하지만 그 누구도 '실수'를 하지 않을 수는 없다. 내가 이 단어를 강조한 이유는 실제 삶에서는 학습 과정에서 필수적인 부분이기 때문이다. 생각해보자. 처음에 올바르게 맞힌 문제를 더 잘 기억하는가, 아니면 처음에 틀렸던 것을 더 잘 기억하는가? 보통은 후자다. 인간의 신경망은 새로운 정보를 흡수하면 새로운 연결 통로를 생성하기 때문이다. 실제로 우리는 실수나 판단 착오, 과오를 저지르지 않고서는 새로운 것을 배울 수가 없다.

실비아의 생각에 더 깊이 파고드는 과정에서 그는 온라인에서 겪었던 한 사건에 대해 언급했다. 그 이야기는 아직도 그에게 감정적인 고통을 주는 것 같았다. 10대 시절 그는 소셜 미디어에서 정치적인 밈을 받아 다시 게시한 적이 있었다. 특정한 인물을 겨냥한 것도 아니고 악의가 있는 것도 아니었다. 너무 사소한 일이라 자신의 행동에 대해 별로 깊이 생각하지도 않았다. 그러나 그 결과 어마어마한 양의 욕설이 밀려들었고, 실비아는 충격을 받아 마음의 문을 닫아버렸다. 실비아는 그 사건이 실수하지 않는 것이 얼마나 중요한지 마음 깊이 새기는 계기가 되었다고 말했다. 그리고 다른 많은 스몰 트라우마와 마찬가지로 그것은 그 뒤로도 계속해서 축적되었고, 그러지 않았다면 문제가 되지 않았을 행동 경향(완벽주의)을 강화했다.

◆ 스몰 트라우마 집중 탐구: 트롤링과 '어둠의 3요소' ◆

온라인 트롤링은 집단 괴롭힘의 한 형태로, 오프라인에서의 괴롭힘과 거의 동일한 영향을 끼친다. 트롤링을 당한 이들은 불안감과 우울감, 고립감이 증가되었다고 보고했으며 가장 극단적인 경우에는 트롤링 행위로 인한 자살의 사례까지도 보고된 바 있다. 연구에 따르면 트롤링에 참여하는 이들은 사이코패스(정신병질), 마키아벨리적 성격, 나르시시즘(자아도취증)으로 구성된 '어둠의 3요소' 성격을 갖고 있을 가능성이 크다.[32]

이 세 가지 특성은 공통점이 있다. 예를 들어 이들은 공감력이 부족하고 무정하다. 자아도취적 특성은 거기에 과대자기감(grandiosity)이 추가되고 마키아벨리적 성격은 사회공학적 공격과 강압, 조종과 관련이 있다. 마지막으로 사이코패스는 반사회적 행동과 밀접한 연관성을 지닌다. 그러니 이 어둠의 3요소가 얼마나 파괴적인지 짐작이 갈 것이다.

인터넷 트롤링은 유명 인사나 인플루언서 등을 목표로 하는 경향이 있으나 친구나 지인, 또는 완전히 낯선 타인을 노리기도 한다. 또한 흥미롭게도 온라인에서 서로를 괴롭히는 일종의 '트롤 배틀'을 벌이기도 한다. 실제로 미국과 영국의 16~55세의 사람들을 대상으로 한 설문 조사에서 16~24세 응답자 중 3분의 2(약 64퍼센트) 가까이가 온라인 트롤링에 참여한 적이 있다고 대답했다.[33]

그러나 어둠의 3요소 성격 유형은 상대적으로 드문데 어떻게 그토록 많은 사람, 특히 젊은 성인이 이런 행동을 하는 것일까?

여기서 중요한 요인은 기분과 맥락으로 보인다. 반사회적 행동(예를 들어 노골적 욕설, 인신공격, 은근한 모욕, 빈정거림, 주제와 상관없는 발언)이 만연한 온라인 환경에서 트롤링 행동의 원인은 선천적인 성격보다는 분노와 좌절 같은 부정적 기분이라고 설명하는 편이 좀 더 타당하다.[34] 온라인 세계는 또한 탈억제 효과(Disinhibition Effect)를 지니기 때문에 자신을 현실과 분리함으로써 평소와 다른 행동을 하는 경향이 있다. 말하자면 파티에서 지독하게 취했을 때 평소와 완전히 다른 사람이 되는 것과 비슷하다.[35] 그러나 온라인 상황에서는 누구든 다른 사람을 트롤링할 수 있음을 암시한다는 점에서 상당히 어려운 문제라고 할 수 있다.

트롤링과 온라인 괴롭힘은 최근에 상담실에서 점점 더 자주 접하게 되는 주제다. 디지털 흔적을 없애는 것이 불가능하다는 믿음까지 결합되면 국경을 초월해 전 세계적으로 괴롭힘을 당하는 데 따른 굴욕감은 정말이지 어마어마하게 커진다. 공개적으로 굴욕을 주는 조리돌림은 어느 시대에나 존재하지만—돌팔매질, 태형, 나무 기둥에 묶어 전시하기 등—과거에는 적어도 살던 마을을 떠나 다른 곳에서 새로 삶을 시작할 수 있었다. 그러나 지금 같은 캔슬 컬처의 시대에는 한번 찍힌 낙인은 사라지지 않고, 거기서 벗어날 수도 없다. 캔슬 컬처는 과거에 사회규범을 유지하기 위해 사용하던 공개 굴욕이나 군중 재판과 똑같은 형태의 메커니즘이다. 여기에는 균형도 없고 상황의 미묘함에 대한 논의도 없다. 따라서 이 경험은 실비아가 기존에 갖고 있던 실수에 대한 거부감을 더욱 키우고 완벽주의라는 스몰 트라우마 주제를 과잉 충전하게 했다.

이 문제를 풀어내려면 가장 먼저 인식 단계가 필요했고, 우리는 이를 통해 실비아의 삶에 실질적이고 유익한 변화를 만들어내 그의 완벽주의적인 미루기 패턴을 해결할 수 있었다. 그리하여 우리 여정의 시작은 실수하는 데 대한 깊은 두려움이 정신적·행동적으로 큰 상처를 남길 수 있는 환경에 살고 있음을 인정하는 것이었다.

부적응적 완벽주의와 적응적 완벽주의

적응적 완벽주의와 부적응적 완벽주의를 구분하는 것은 스몰 트라우마 문제를 해결하는 데 큰 도움이 된다. 많은 사람이 일을 완벽하게 처리하려는 성향이 직업을 얻거나 파트너를 찾거나 다른 사람들에게 필요한 존재가 되는 등 인생 전반에 도움이 된다고 믿는다. 실제로 이런 적응적 완벽주의는 삶에 유용하고 삶의 목적에도 부합한다.

그러나 무언가를 잘못하거나 올바르게 하지 못할까 봐 두려워 심리적 긴장과 나아가 종종 습관적 미루기(지연행동)로 이어지는 부적응적 완벽주의는 내가 상담실에서 가장 흔히 보는 주제 중 하나다. 사람들이 완벽주의에서 벗어나지 못하고 이를 계속 고수하려 드는 이유도 자신에게 유리한 부분만 기억하고 결과에 도달할 때까지 겪은 고통스러운 과정은 최소화하기 때문이다.

완벽주의는 본질적으로 실수를 용납하지 않으며, 따라서 개인적으로 큰 대가를 치르더라도 실수를 피하기 위해 노력해야 한다고 믿는 사고방식이다. 우리 내면에 살고 있는 완벽주의자는 실수를 한다는 것은 곧 우리가 무가치하고 성공할 수 없으며 궁극적으로 사랑받지도 못하는 존재라는 의미라고 느끼게 한다. 실수 하나에 엄청난 위험부담이 걸려 있는 셈이다. 일이나 행동을 미루는 습관이 근본적으로 완벽주의에서 비롯되는 경우가 많은 것도 이런 이유다.

습관적 미루기

습관적 미루기, 즉 지연행동을 설명하는 가장 쉬운 방법은 습관적 미루기와 그것이 아닌 것을 구분하는 것이다. 습관적 미루기는 게으른 것도, 버릇이 나쁜 것도, 무능력하거나 무관심한 것도 아니다. 실은 오히려 그 반대다. 할 일을 꾸물거리는 사람은 대개 양심적인 이들이다. 뭔가를 잘못할까 봐 걱정하고 있기 때문이다. 우리 자신은 깨닫지 못하고 있을지 몰라도, 할 일을 놔두고 설거지를 하거나 서랍을 정리하거나 소셜 미디어를 둘러보는 것은 내가 충분히 잘 해내지 못할까 봐 무섭고 곧 모든 사람이 이 사실을 알게 될지 모른다는 답답한 마음에서 벗어나려는 행위다.

그래서 우리는 스트레스가 극한에 이를 때까지 일을 최대한 미뤘다가 마지막 몇 시간이 남았을 때에야 안달복달하며 결과가 끔찍할 거라고, 난 정말 멍청하고 이 일을 해서는 안 되는 사람이라고 확신한다. 어디서 많이 듣던 이야기 아닌가?

하지만 우리는 이 시점에 도달하기 전에 이미 이 일에 대해 생각하거나 또는 생각하지 않으려고 온갖 것에 관심을 쏟느라 정신적 에너지를 과도하게 소비한다. 정신적·신체적·감정적 자원을 너무 많이 소비한 탓에 우리의 몸이 이런 부적응적 패턴을 알아차렸을 즈음에는 이미 번아웃에 이르고 만다.

'왜 나는 일을 단번에 시작할 수가 없지?', '다음엔 절대로 이러지 말아야지. 꼭 미리부터 시작할 거야.'

말할 필요도 없겠지만, 습관적 미루기를 하는 사람이라면 지금 하는 일에 관심이 없는 게 아니라 오히려 지나치게 신경 쓰고 있을 확률이 높다. 이는 당신이 완벽주의라는 연옥에 빠질 수 있다는 의미다.

미루기가 도움이 될 때

당신은 어떻게 생각하는가? 내일 할 수 있는 일을 내일로 미루는 게 좋은 일일 수도 있을까? 어떤 사람은 그런 생각을 하는 것만으로도 영 껄끄럽겠지만 실제로 이런 지연행동이 '좋을' 수도 있는 특별한 상황이 있다. '계획적 미루기'나 작업 지연은 종종 유익한 전략이다. 가령, 당신은 하루에 이메일이나 메시지를 얼마나 많이 받는가? 특히 자녀

5장 완벽주의의 역설

를 키우는 부모나 작업 그룹에 속해 있다면 매일같이 메시지가 폭포수처럼 쏟아질 것이다! 어떻게 되는지 보려고 그룹 메시지에 대답을 하지 '않은' 적은 없는가? 사실 대부분의 '긴급한' 문제는 당신이 개입하지 않아도 저절로 해결될 확률이 높다. 처음에는 모른 척하기 힘들 수도 있다. 특히 집단에서 해결사가 되어야 한다고 속삭이는 스몰 트라우마가 있다면 말이다. 어쩌면 1장에서 누군가 동생을 괴롭히거나 놀리기 전에 재빨리 끼어들던 모처럼 어렸을 적부터 자신이 나서서 책임을 져야 한다고 느끼는 성격일 수도 있다. 아니면 집단에서 반드시 필요한 사람이라는 느낌을 통해 소속감을 충족하고 있을 수도 있다. 사실 이것도 번아웃이나 정신적 소진 같은 문제를 야기할 정도로 심하지만 않으면 별로 큰 문제는 아니다.

다만 나는 매주 상담실에서 스몰 트라우마로 촉발된 이런 행동 패턴이 평생에 걸쳐 상당히 불쾌한 증상으로 이어지는 것을 목격하곤 한다. 그러나 계획적 미루기를 이용하면 이 상황을 역전시킬 수 있다. 나는 하루에 시간이 충분치 않다고 느끼는 모든 이에게 이 방법을 사용해보라고 진심으로 조언하고 싶다. 어떤 일들은 결정을 내리기 전에 충분한 정보를 취합하는 등 시간을 들여야 할 합리적인 이유가 있기도 하지만 실제로 많은 것이 눈에 보이는 만큼 크게 중요하지는 않다. 그러니까 이메일, 문자, 그런 것들 말이다. 그 밖에도 하루에 가장 좋은 시간을 할애할 필요가 없는 사소한 일이 많다. 예를 들면 빨래나 설거지, 수많은 집안일 같은 것이 그런 일이다.

우리가 이런 일에 몰두하는 이유는 아무리 사소한 일이라도 뭔가를 끝내고 나면 성취감이 들기 때문이다. 빨랫감을 분류하고(정말이지 빨래란 어째서 그토록 순식간에 늘어나는지) 해치우고 나면 약간의 도파민이 발생하는데, 시간 내에 제출해야 할 1만 단어짜리 논문이나 매출 목표, 핵심성과지표(KPI)로는 그와 비슷한 기분을 느끼기가 쉽지 않다. 그러나 성취 욕구가 충족되는 것은 아주 짧은 시간 뿐, 실제로 해야 하는 일에는 아무 진전도 없기 때문에 순식간에 제자리로 돌아오게 된다. 계획된 미루기 같은 특정한 행동 패턴이 적응성인지 부적응성인지 구분하는 간단한 방법은 스스로에게 이렇게 물어보는 것이다.

'이게 나한테 어떤 도움이 되지?'

어떤 일을 마주했을 때 조금만 기다리면(가령 받은편지함에 이메일이 들어오자마자 읽고 답장하지 말고!) 대신 해결해줄 사람이 있다면 숨 돌릴 여유를 챙겨라. 조금만 자세히 파고들면, 즉각적으로 응답하려는 본능이 정말로 유용한지, 아니면 그 행동의 이면에 다른 이유가 있거나 스몰 트라우마를 피하기 위해 그저 바쁘게 움직이는 것인지 알 수 있다.

이 질문은 목표 지향적 사회에 사는 우리에게 완벽주의적 미루기 패턴이 실은 그다지 유익한 것이 아님을 받아들이는 데 굉장히 도움이 된다. 실제로 이 스몰 트라우마 주제는 종종 번아웃으로 이어지곤 한다.

◆ 번아웃 신호를 감지하는 체크리스트 ◆

번아웃증후군은 2018년에 처음으로 세계보건기구(WHO)의 '국제 질병 및 건강 문제 분류'에 등재되었다. 번아웃이 공식적으로 인정된 지 얼마 되지 않았다는 사실이 의외일 수 있지만 눈에 보이지 않는 질병은 종종 그렇다. 의학과 임상 분류는 사람들의 실제 경험을 따라잡는 데 다소 시간이 걸린다.

번아웃은 '건강 상태에 영향을 미치는 요인'의 범주에 속하는데, 정말로 농담이 아니다. 나는 번아웃에서 회복하는 데 수년을 소요하고, 이와 관련된 폭넓은 건강 문제를 겪고, 직장을 잃고, 인간관계에 실패하고, 심지어 삶까지 망가진 이들을 만나봤다. 세계보건기구는 번아웃을 주로 직장에서의 스트레스와 연관 짓지만 실제로는 그 밖에도 무수히 많은 맥락이 존재한다. 이를테면 언제나 모두를 만족시키려고 애쓰고, 타인의 기대에 부응하고, 아니면 그저 주변 환경에 어울리려고 하는 데서 비롯되기도 한다. 따라서 이 증후군의 신호를 미리 알아두고 심각한 건강 문제가 대두되기 전에 포착하는 것이 중요하다. 다음 묘사들이 익숙하게 느껴진다면 당신도 번아웃증후군에 걸리기 직전일 수 있다.

□ 계획이나 약속을 막판에 취소한다. 그런 일이 점점 더 잦아진다.

□ 어떤 일이든 원했던 대로 완벽하게 해냈다는 느낌이 들지 않는다. 기준을 달성하지 못한 것에 자책한다.

□ 더 이상 친구를 만나거나 취미, 또는 즐거운 일을 즐길 시간이 없다는 기분이 든다.

□ 멀티태스킹의 필요성을 끊임없이 느낀다. '세상에 한 번에 한 가지 일밖에 못 하는 사람이 어딨어?'

□ 자기돌봄이나 자기관리에 거의 또는 전혀 시간을 쓰지 않는다. '자기돌봄

이라니…… 집에 있는데 그런 게 왜 필요해?'

이미 번아웃증후군에 시달리고 있다면 다음의 묘사가 익숙할 것이다.

☐ 과민반응이 심하다. 종종 사랑하는 사람이나 가족, 또는 개한테까지 짜증을 내며 폭발한다.

☐ 예전에는 신경 쓰지 않던 일에 지나치게 감정적이 된다. 예를 들어, 광고를 보고 울음을 터트린다.

☐ 예전에는 완벽하게 해결할 수 있었던 상황도 이제는 어떻게 해야 할지 몰라 우왕좌왕한다.

☐ 인지 문제가 발생한다. 왜 방에 들어왔는지 기억나지 않거나, 생각 없이 볼 수 있는 TV 프로그램도 못 볼 정도로 집중력이 떨어진다.

☐ 일터에서 업무를 하기가 어렵다.

☐ 수면의 질이 떨어진다. 잠드는 것이 어렵거나 한번 깨면 다시 잠들지 못한다. 두 가지를 모두 경험할 수도 있다.

☐ 거의 항상 '피곤한데 잠이 안 오는' 상태다.

☐ 피곤하고 힘든데 머릿속에서 생각이 멈추지 않는다.

☐ 감정적으로, 또는 스트레스 때문에 폭식이나 폭음을 한다. 특히 비스킷, 파스타, 초콜릿처럼 달콤하거나 탄수화물 함량이 높은 음식을 흡입하고 음주의 경우에는 저녁 식사에 곁들이던 와인 한 잔이 한 병으로 늘어난다.

☐ 갑자기 (늘든 줄든 눈에 띌 정도로 현저하게) 체중이 크게 변화한다.

5장 완벽주의의 역설

AAA 2단계: 수용

완벽주의 같은 특정한 패턴이 도움이 되지 않을 수 있다는 사실을 이해했으니 이제는 AAA 접근법의 수용 단계로 넘어가보자.

완벽주의와 성공 분리하기

우리 인간이 가장 흔히 저지르는 실수 중 하나는 (특히 현대사회에서) 완벽함과 성공을 동일시하는 것이다. '내가 이것/저것만 완벽하게 해낸다면 모든 게 다 잘될 텐데' 같은 생각 말이다. 1장에서 봤듯이 이런 경쟁적인 사회규범은 우리를 끝없는 노력(발버둥)의 쳇바퀴를 돌리는 햄스터가 되게 한다. 많은 저명한 인물과 유명 인사가 주변에서 모두 문을 당기라고 말할 때 혼자서 밀쳐 성공을 거뒀다고 목소리를 내지만, 그럼에도 우리는 아직 완벽함이 곧 완전함이라고 생각하도록 프로그램되어 있다. 사람들이 여기서 놓치고 있는 것, 그래서 내가 잔소리를 하고 싶어 근질거리는 스몰 트라우마를 느끼는 것은 그런 사례들이 보편적인 이야기의 원형(괴물 무찌르기, 가난뱅이에서 부자로, 원정, 여행과 귀환, 코미디, 비극, 부활)을 따르고 있기 때문이다. 주인공은 대개 마지막에 승리를 거둔다. 다시 말해 우리는 이런 내러티브에 공감하지만 '결국 거기 도달한' 사람들의 이야기만을 듣는다. 그렇게 완벽하게 실패할 수 있다면 '우리'도 성공할 수 있을 거야!

와, 정말 너무너무 부담스럽다. 심지어 실패까지도 완벽해야 하다니……

그러므로 수용 단계에서 완벽주의 스몰 트라우마의 불쾌한 결과를 극복하려면 '나는 충분하다'는 생각을 중심으로 노력하는 것이 좋다. 매일 아침 이를 상기시키는 방법을 브레인스토밍해보면 어떨까. 한 내담자는 이 슬로건을 티셔츠에 프린트해 입고 다니기까지 했다. 컴퓨터 비밀번호로 활용하거나, 종이에 써서 벽에 걸어놓거나, 뭐가 됐든 일상적으로 이 문구를 매일 볼 수 있는 방법이 으뜸이다. 그러지 않으면 교활한 뇌가 우리를 끊임없이 부정적인 방향으로 끌고 가려 할 테니까.

우리 안에 살고 있는 완벽주의 괴물을 길들이지 못하면 그로 인한 불안과 우울, 건강 악화와 번아웃이 진정으로 심각한 위협이 될 수 있다. 1파운드의 치료보다 1온스의 예방이 낫다는 옛말도 있지 않은가.

때론 그냥 포기하면 어떨까

다른 게 아니라 완벽주의 말이다. 정말로 모든 일에 완벽해야 할까? 어차피 별로 좋게 작용하지도 않을뿐더러 솔직히 대부분은 인생을 꽤 비참하게 만드는데?

더구나 항상 완벽하려고 애쓰다 보면 인지 자원이 너무 많이 소모되어 실수를 통해 배우고 심리 면역력을 키우는 것이 불가능해진다. 주위에 실수를 하더라도 금방 훌훌 털어버리는 사람이 분명히 한 명쯤은 있을 것이다. 그는 완벽주의자가 아니다. 그 사람이 어리석은 실수 한 번에 좌절해 무너질 것 같은가? 천만에! 오히려 이상하게도 사람들이 그를 전보다 더 좋아하게 됐을 것이다. 익살꾼이 되라는 게 아니라 머릿속으로 사건을 곱씹고 재현하는 것을 그만두라는 것이다. 그러면 (1)

정신적으로 안도할 수 있고 (2)자신에게 무엇이 효과적인지 더 쉽게 파악할 수 있다. 따라서 스스로를 괴롭히고 자책하지 않고도 발전해나 갈 수 있다.

완벽주의를 포기하면 절대로 성공하지 못할 거라는 의구심이 떨쳐 지지 않는다면 다음과 같은 연습활동이 수용 단계에서 유용하다.

완벽주의자인 나(지금)	성공 지향적이며 비완벽주의인 나(조만간)
매우 어려운 목표 또는 기준 ↓	현실적인 목표 또는 기준 ↓
목표를 이뤄도 자기를 칭찬하지 않음 ↓	목표 달성을 축하함 ↓
한층 더 높은 목표 설정 ↓	약간 더 나아간 현실적인 목표 설정 ↓
목표를 달성하지 못하면 그걸로 끝(혹은 그렇다고 생각함) ↓	실수란 새로운 것을 배울 기회 ↓
실패자가 된 느낌, 자책	설령 실패한대도 나는 여전히 좋은 사람이라고 생각

본질적인 차이가 보이는가? 완벽주의자들은 본인이 두려워하는 바로 그 일을 미리 하고 있다. 즉, 실패를 예측하는 것이다. 어떤 스몰 트라우마가 당신을 여기로 이끌었든 이런 사고방식을 변화시키는 것은 절대적으로 가능하다.

AAA 3단계: 행동

여기까지 왔다면 활력이 넘치고 자신감이 충만하며 AAA 접근법의 행동 단계를 수행할 준비가 되었길 바란다. 완벽주의적 미루기라는 역설에서 벗어날 수 있는 전략을 몇 가지 소개한다.

습관적 미루기를 타파하는 실용적인 팁

자기에게 잘 맞는 방법을 찾고 그 과정에서 자기 자신에게도 친절하고 상냥하게 굴기를 바란다.

포모도로 기법

이미 꽤 많이 알려진 시간 및 생산성 관리 기법으로, '토마토' 모양 타이머를 사용하기 때문에 토마토를 뜻하는 이탈리아 단어인 '포모도로(pomodoro)'라고 부른다.

많은 코치가 '업무를 작게 쪼개고 이에 대해 보상하라'고 충고하지만, 솔직히 내 경우에는 이 방법이 그리 유용하지 않았고 많은 내담자도 그렇게 보고했다. 우리는 업무를 단위별로 나눌 때 대체로 '시간'이 아니라 '결과물'을 기준으로 하기 때문이다. 예를 들어 보고서를 쓸 때를 생각해보자. 완벽주의자는 겨우 한 단락을 쓰는 데 문자 그대로 몇 시간을 소요할 수 있기 때문에 결과중심적 사고는 완벽주의적 미루기라는 역설을 오히려 심화시킬 수 있다. 포모도로 기법은 다르다. 주관적으로 조정할 수 있는 기준이 아니라 객관적으로 정의하고 측정하는 '시간(분)'을 기준으로 긍정적 제한을 부여하기 때문이다.

- 타이머를 챙긴다. 휴대전화는 사용하지 않는 게 좋다.

- 주의를 산만하게 하는 '모든' 주변 요소를 제거한다. 휴대전화는 무음모드로 설정해 서랍 안에 넣고 컴퓨터는 알림 메시지를 전부 끈다. 응급의료진이 아닌 이상 알림을 켜놓으려는 모든 변명은 집어치우기 바란다. 몇 분 정도 메시지를 안 본다고 세상이 망하는 건 아니다.
- 타이머를 15분에 맞춘다. 연구에 따르면 우리의 평균 집중 시간은 약 20분 남짓이다. 그러니 관대하게 이 집중 시간 이내로 타이머를 설정하자.
- 벨이 울리면 5분간 짧은 휴식을 취하고 방금 끝낸 작업 덩어리를 기록한다. 지금껏 죽 앉아 있었다면 일어나 조금 걷거나 스트레칭을 해라!
- 15분 작업과 5분 휴식을 반복한다. 이렇게 네 개의 작업 덩어리를 완료하고 나면 조금 긴 휴식시간을 갖는다. 15분 정도로 짧아도 되지만 최소한의 기분 전환을 하기에 충분한 시간이어야 한다.

이 기법이 효과를 발휘하려면 휴식 시간에 인지적 주의를 전환할 수 있는 활동을 해야 한다. 이메일을 확인하는 건 여기 해당하지 않는다! 차를 끓이며 짧게 마음챙김을 하는 등 작은 의식을 수행해도 좋고, 신체적 활동은 무엇이든 좋다.

나는 처음 포모도로 기법을 사용했을 때 15분이 무척 길게 느껴져서 깜짝 놀랐다. 하지만 실제로 회의 같은 곳에 참석하거나 외출하기 직전에 생각보다 많은 일을 처리할 수 있었다. 이것이 바로 긍정적 제한이다!

계획적으로 '미리 하기'

'미리 하기(precrastination)'은 습관적 미루기의 짜증 나는 쌍둥이 형제다. 미리 하기는 정말로 해야 할 일을 하지 않기 위해 생각나는 모든 사소한 일을 미리 해치우는 것을 뜻한다. 설거지, 빨래, 받은메일함 정리하기 등은 전부 미리 하기이며, 당신도 한 100가지는 생각해낼 수 있으리라 확신한다![36]

사람들은 종종 이런 작은 일들을 미리 해치우면 마음에 여유가 생긴다고 말하는데, 어느 정도 일리가 있긴 하다. 문제는 아무리 간단해 보이는 일도 정신적 노력이 지속되면 피로감으로 이어진다는 것이다. 즉, 청구서를 지불하고 가족들을 먹여 살리는 진짜 중요한 일을 해야 할 즈음이면 정신적으로 이미 지친 상태고 이는 중요한 일을 먼저 처리하지 않았다는 익숙한 죄책감으로 이어진다.

우리의 뇌는 신체의 근육과 같아서, 쉬지 않고 계속 사용하면 오랫동안 격렬한 달리기를 했을 때 다리 근육에 젖산이 축적되는 것처럼, 독성을 지닌 신경전달물질이 전두엽 피질에 축적된다는 매우 흥미로운 연구 결과가 있다.[37] 그 결과 인지능력이 저하되고 피로가 유발된다. 종아리가 쑤시고 지치면 개인 기록이 떨어지는 것과 유사하다. 이를 방지하고 미리 하기를 극복하는 한 가지 방법은 말 그대로 다이어리에 일정을 짜 넣는 것이다.

지나치게 엄격한 다이어트가 폭식으로 이어지는 것처럼, 이런 사소한 것들을 미리 하지 않으려는 지나친 노력은 오히려 좌절과 집착으로 이어질 수 있다. 분홍 코끼리 효과에 대해 들어본 적이 있는가? '분홍 코끼리를 생각하지 마'라고 하면 오히려 자꾸 분홍 코끼리를 생각하게 된다. 그러니 행동을 과도하게 제약하는 것은 별 효과가 없다. 뇌는 그게 여전히 거기 있다는 것을 알고 있기 때문이다. 그러므로 프로젝트를 진행하는 동안에 소셜 미디어를 완전히 끊겠다고 다짐한다면 너무 피곤하거나 짜증스럽거나 배가 고프거나 하는 순간 의지력이 나뭇가지처럼 뚝 부러질 것이다. 반면에 체계적인 미리 하기는 훨씬 현실적인 전략이며, '성취에 대한 갈망'으로 인한 고통을 예방해준다.

단기적 고통을 장기적 이득으로

마크 트웨인이 뭐라고 했더라? '아침에 살아 있는 개구리를 먹으면 그날 하루는 나쁜 일이 일어나지 않는다' 아니면 '당신의 할 일이 개구리를 먹는 것이라면 아침에 가장 먼저 해치우는 게 좋다. 만일 개구리를 두 마리 먹어야 한다면 큰 놈을 먼저 먹는 게 좋다'였던가? 정확히 뭐라고 했는지, 혹은 진짜로 그런 말을 했는지는 모르겠지만 어쨌든 중요한 건 살아 있는 개구리를 먹고 싶어 할 사람은 없다는 것이다(개구리 다리라면 또 모를까).

하지만 만약에 불가피하게 꼭 그래야만 한다면 이왕지사 빨리 해치우는 게 낫다. 습관적 미루기와 관련해 이것이 중요한 이유는 우리가 사용할 수 있는 인지능력(예를 들어, 정신적 여유)에는 한계가 있기 때문이다. 머릿속이 한 가지 걱정으로 가득 차 있다면 다른 (더 재미있는!) 일을 할 시간과 여유가 줄어든다. 하지만 그 일을 빨리 해치우고 해방되면 창의성과 수평적 사고를 더 많이 필요로 하는 기분 좋고 성취감 있는 일에 집중할 수 있다. 그러니 수면을 통해 피로를 회복하고 활력과 단기적 의욕이 가장 높은 아침에 하기 싫은 일을 '해라'. 혹시 잠을 자지 못한다면 9장을 참고해라.

스몰 트라우마

기대치를 저어어어어어 아래로 낮출 것

어떤 성과나 결과물에 크게 신경 쓰다 보면 기대치를 하늘을 찌를 듯 높게 설정하는 경우가 많다. 우리는 과정보다 결과를 중시하는 경향이 있고, 그러다 보면 많은 위대한 걸작이 가벼운 스케치 몇 장이나 빈 봉투 뒤에 아무렇게나 적은 아이디어에서 시작되었다는 것을 잊어버린다. 어떤 일을 하든 매일같이 그다지 많은 것을 성취하지 못하고 있다는 생각이 들더라도, 최소한 사고를 조금씩 발전시키기에는 충분하다. 로마는 하루아침에 세워진 것이 아니니까.

완벽주의를 장기적으로 관리하는 방법

평생에 걸쳐 쌓은 습관을 바꾸는 데는 시간이 걸린다. 실비아와 나는 인지행동 치료 기법에 기반한 연습활동을 통해 완벽주의에서 보다 여유로운 마음가짐으로 근본적인 변화를 시도했고 우리 모두가 삶을 살아가는 데 필요한 여유를 마련했다.

연습활동: 현실 점검 ◇◇◇

완벽주의는 기본적으로 확대경과 같아서, 모든 것을 크게 과장하고 왜곡시키기 때문에 일단 들여다보기 시작하면 토끼 굴에 빠진 것이나 다름없다. 따라서 완벽주의자는 세상에 대한 왜곡된 인식과 싸우기 위해 정기적으로 현실을 직시하고 파악해야 할 필요가 있다. 완벽주의자가 되기를 포기했을 때 일어날 수 있는 최악의 상황, 즉 참을 수 없는 최악의 결과에 대해 생각해보자.

일어날 수 있는 최악의 일	실제로 일어날 가능성
매일 밤늦게까지 일하면서 프레젠테이션을 준비하지 않으면 직장 동료 모두 실은 내 능력이 형편없다는 걸 알게 될 거고 그럼 난 해고될 거야.	흠…… 이제까지 난 한 번도 업무평가에서 나쁜 점수를 받은 적이 없어. 늘 좋은 피드백을 받았기 때문에 실제로 이런 일이 일어날 가능성은 거의 없어. 게다가 생각해보면 고용계약을 했으니 내가 기대에 못 미친다고 해도 개선할 기회를 얻을 수 있을 테고.
친구들이 보낸 메시지에 곧장 대답하지 않으면 내가 무관심하고 그들을 소중하게 생각하지 않는다고 여길 거야. 그러다 보면 나중엔 친구가 하나도 안 남겠지.	다들 바쁜가 보네. 어차피 친구들도 메시지에 바로바로 답장하지 않는걸. 그래도 난 걔네들이 나쁜 친구라고 생각 안 해. 그냥 일이 많은가 보다 하지. 그러니까 답장을 조금 늦게 보내도 친구를 잃거나 하진 않을 거야.
모든 면에서 완벽해지지 않으면 아무도 날 좋아하지 않을 거야. 나 자신도 마찬가지고.	난 주변 사람들을 사랑하지만, 그들도 X나게 실수를 저지르는걸! 때때로 누군가의 연약하고 불완전하고 엉망인 면을 보면 인간적으로 더 가까워진 느낌이 들기도 하고. 그러니까 어쩌면 그들도 나를 보고 그렇게 느끼지 않을까?

여기서 비결은 성취를 바탕으로 하는 자아의식에서 벗어나 내적 특성과 관련된 '개인적 가치를 추구'하는 것이다. 최선의 내가 되기 위해 반드시 최고가 될 필요는 없다.

스몰 트라우마

실패를 피드백으로 전환하라

실수, 실책, 잘못이나 과실을 비판적 시각이 아니라 호기심 어린 눈으로 보며 상황을 새롭게 볼 수 있는 중요한 기회로 여긴다면 완벽주의라는 판을 뒤집을 수 있다. 말하자면 #고양이처럼(#bemorecat) 행동해라. 무슨 일이 일어났고 또 일어나고 있는지 호기심을 갖고 스스로에게 이렇게 질문을 던져라.

- 나는 이제까지 무엇을 성취했나? 한 번의 타격으로 배 전체가 침몰하지는 않는다. 지금까지 이룬 성과에 집중해 내면의 비판가의 목소리를 가라앉혀라.
- 이 실수로부터 무엇을 배웠는가? 단 한 번의 실수, 심지어 아주 중요한 실수라도 방정식에서 무엇이 누락되었는지 또는 어떤 스몰 트라우마 패턴이 반복되고 있는지 중요한 정보를 알려줄 수 있다.
- 이 상황에서 앞으로 나아가려면 무엇이 필요할까? 다음 단계로 발전하기 위해서는 지원/정보/자기인식의 강화가 필요할 수 있다. 뭐가 필요한지 모르겠다면 다른 이들에게 조언을 구하라.

세상에 완벽할 수 있는 사람은 아무도, 정말로 아무도 없다. 만일 우리가 흠잡을 데 없이 완벽한 인간이라면 인생은 엄청나게 지루할 것이다. 혹시 주변에 완벽한 삶을 살고 있는 것처럼 보이는 사람이 있다면 창피를 당하거나 당혹스러운 경험을 한 적이 없는지 물어보라. 그들이 살면서 얼마나 많은 실수를 했는지 알면 놀랄 것이다! 세상 사람들이 존경하는 인물의 평전만 봐도 그렇다. 사람은 누구나 살면서 어려움을 겨고, 우리는 이런 스몰 트라우마를 이용해 심리적 근육을 튼튼하게 단련시킬 수 있다. 적어도 다른 사람을 대할 때처럼 우리 자신을 안쓰럽게 여길 수 있다면 말이다. 그런 점에서,

'제발 충분한 정도로 만족하는 사람이 되겠다고 다짐해라!'

◆ 내면의 비판자를 추방하는 글쓰기 과제 ◆

1. 나는 무엇이 두려워 완벽주의를 버리지 못하는가?

2. 습관적 미루기는 나를 무엇으로부터 보호하는가?

3. 완벽주의라는 보호막을 버리고 진짜 나를 사람들에게 보여준다면 삶이 어떻게 나아질까?

TINY TRAUMAS

6장

가면증후군과 미세공격

가면증후군은 매우 흔한 증상이며 보통은 일련의 연속적인 스몰 트라우마에 의해 유발된다. 그러나 우리는 수많은 준거점에 둘러싸여 있고 선천적으로 남과 비교하는 경향이 있어 누구든 '본 모습을 들킨다'는 공포를 느낀다. 미세공격에 대처하는 방법을 숙지하고 다른 사람과 비교하기보다 '나 자신'의 발전 과정에 집중한다면 이 스몰 트라우마 주제와 관련된 어려움을 극복하는 데 도움이 될 것이다.

이 장에서 살펴볼 내용

– 가면증후군이 특히 심각한 영향을 끼치는 사람들
– 암묵적 편견의 진화적 동인
– 미세공격의 영향
– 우리는 왜 아래쪽과 비교하기보다 위쪽과 비교하는가
– 미세공격에 대처하는 전략

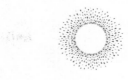

나는 놀랍도록 다양한 사람을 만나 함께 문제를 해결하는 영광을 누렸고 그 전에는 고등교육 기관에서 학생들을 가르치며 연구를 수행했다. 나는 이제껏 만난 모든 이로부터 무언가를 배울 수 있었다고 감히 단언한다. 그것은 동료 인간들이 발휘하는 놀라운 마법이다. 또한 각자의 배경과 개인적 특성, 성격은 전부 달랐지만 그들에게는 몇 가지 두드러진 공통점이 있었다. 많은 이가 삶의 일부 영역에서, 대개 가장 중요하게 여기는 부분에서 자신이 '가짜로 행세하고 있다'고 느꼈다.

여기 켈리를 소개한다. 켈리는 차분하고 침착하며 통제력이 강한 화학공학자였고 온몸에서 고요하고 잔잔한 자신감이 뿜어 나오고 있었다. 단 한 곳, 눈만 제외하고 말이다. 그 점이 무척 흥미로웠다. 켈리는 지금까지 살아온 삶과 현재의 기분에 대해 이런 이야기를 털어놓았다.

"내가 성공적인 삶을 살고 있다는 건 알아요. 여기 도달하려고 아주 열심히 노력하기도 했고요. 그렇지만 그게 다 무슨 소용인지 모르겠어요. 성공했다는 '느낌'이 안 들거든요. 사람들은 내가 STEM[38] 분야에서 얼마나 잘하고 있는지, 특히 유색인종 여성으로서 얼마나 성공했는지 말해요. 하지만 난 내가 정말로 여기 (직업적으로) 있어도 되는지 끊임없이 의심해요. 결국엔 그렇게 많은 희생을 치르고 얻은 이 직업에 대한 애정도 사라지기 시작했고요.

그게 다가 아니에요. 이런 말을 하기가 좀 부끄러운데, 사람들이 정말로 날 좋아하는 게 맞는지 잘 모르겠어요. 날 진짜로 존중하거나 중요하게 여기고 있긴 한 걸까요? 아니, 솔직히 아무것도 모르겠어요. 항상 사람들 얼굴을 살피면서 힌트가 있는지 찾아봐요. 웃음기 때문에 눈가에 주름이 잡히진 않는지, 언짢아서 입매가 조금이라도 내려가지는 않는지 뭐 그런 거요. 그래도 다른 사람들이 나를 어떻게 생각하는지 전혀 모르겠고, 하루 종일 그런데 신경 쓰고 있다는 것 자체가 미칠 것 같아요. 신경 쓰지 말아야 할 것 같은데…… 모르겠어요. 하지만 직장에서 동료들이 '아하'라고 했는지 '으으'라고 했는지 궁금해서 계속 신경을 곤두세우게 되는걸요. 아까 그게 좋다는 뜻인가 아님 나쁘다는 뜻인가? 내가 잘했다는 건가 못했다는 건가? 밤새도록 이런 생각만 할 때도 있어요. 내가 왜 이러는지 모르겠어요. 요즘엔 뭘 해도 회의감이 들어요. 이게 직장 일에도 방해가 된다는 걸 아는데도요. 더 이상은 이런 기분을 느끼기 싫어요."

나는 켈리에게 가면증후군에 대해 들어본 적이 있는지 물었고, 그는 고개를 끄덕이며 '그렇다'고 대답했다. 그래서 우리는 AAA 접근법의 첫 번째 단계인 인식을 향한 여정을 시작했다.

스몰 트라우마

AAA 1단계: 인식

'나는 가짜야'라고 속삭이는 목소리

'가면증후군' 또는 '사기꾼 현상'은 1978년 심리학자인 폴린 클랜스 (Pauline Clance)와 수잰 임스(Suzanne Imes)가 명명한 개념이다. 그들은 개인적으로 기대가 높거나, 또는 그러한 기대를 충족시키지 못했다고 끊임없이 자책하는 사람들에게서 특정한 패턴을 발견했다.

가면증후군은 미디어나 소셜 플랫폼, 일상 대화에서도 자주 언급되지만 여기서 원래의 정의를 자세히 짚고 넘어가는 게 좋겠다. 이 증후군의 특징은 다음과 같다.

- 삶의 중요한 영역에서(직장, 부모, 연인 관계 등) 자신이 가짜로 꾸미고 있다고 느끼며, '들킬까 봐' 두려워한다.
- 자신이 일을 망칠 거라고 생각하기 때문에 결과가 좋으면 안도하기보다 놀라고 충격을 받는다.
- 다른 사람의 평가가 부정적일 것이라고 확신해 업무평가나 동료평가, 또는 우연히 나에 관한 이야기를 엿듣는 것을 두려워한다.
- 긍정적 피드백이나 칭찬을 받으면 당황하거나 거부하는 경향이 있다.
- 일이 잘 풀릴 때 잘한 일에 대한 공로를 인정하기보다 운이 좋았다거나 외부 요인 덕분이라고 생각한다.
- 성공을 거두거나 좋은 일이 생겼을 때 죄책감이나 약간의 두려움을 느낄 수 있으며, 때로는 의식적 또는 무의식적으로 자기 일을 방해하기도 한다.

- 하지만 실패 그 자체를 두려워하기 때문에 마지막 순간까지 일을 미루다가 막상 일이 눈앞에 닥치면 허둥지둥하며 스트레스를 받는다.
- 남들이 모두 나보다 낫다고 생각하고 주어진 상황에서 그만큼 잘하려고 발버둥 친다(하지만 잘 못한다고 느낀다).
- 다른 사람에게서 '초인적'이라는 평가를 듣지만 적어도 본인은 절대로 그렇게 생각하지 않는다.

　내면의 이 작은 악마와 싸운 적이 없는 사람들에게는 누구보다 뛰어난 성취를 이룬 이들이 스스로를 의심한다는 게 이상해 보일 수도 있다. 하지만 나는 '성공했다'는 평가를 받는 이들 중 상당수가 이런 가면증후군을 경험하고 있다고 감히 (경험에 의해) 말하는 바이다. 적어도 그들이 스몰 트라우마를 인식하기 전까지는 말이다.

　가면증후군의 문제점은 최상의 경우에조차 삶이 비참해지며 최악의 경우에는 심각한 정신 건강 문제로 이어진다는 것이다.[39] 전문가들은 오랫동안 이 증후군이 여성들의 전유물이라고 생각했으나 연구에 따르면 그들은 틀렸다. 가면증후군은 계급과 신분, 문화, 민족성과 성별에 상관없이 여성과 남성 모두에게 영향을 미친다. 다만 소외 집단은 더욱 첨예한 자기회의를 경험한다고 부연할 수 있을 것이다. 또한 역사와 사회규범, 문화 구조의 영향을 받으며 스몰 트라우마로 작용할 수도 있다. 실제로 70퍼센트의 사람들이 생애의 어느 단계에서든 이 현상을 경험한다.[40] 그리고 그 결과 자신의 성취가 가치 있다는 사실을 진정으로 받아들이기 어렵거나 심지어 받아들이는 것이 불가능하다고 느끼는 결핍된 삶을 살게 된다.

가면증후군을 유독 심하게 앓는 사람들

가면증후군은 누구에게나, 모두에게 영향을 미칠 수 있지만, 특정 집단에서 유난히 많이 발생하는 듯 보인다. 유달리 나약하거나 자기회의에 취약하거나 삶의 회복력이 떨어지기 때문이 아니다. 그저 평생 동안 이 사회 속에서 살아오며 스몰 트라우마를 경험할 확률이 높기 때문이다.

나는 상담사로 일하는 내내 잘못된 것은 '개인'이며, 그들의 개인적인 문제나 실패가 자기회의와 불안감을 초래한다고 믿는 사람을 자주 목격했다. 그러나 개인을 비난하는 것은 너무 쉽다. 이래서는 문제의 메커니즘을 이해하는 데 아무 도움도 되지 않는다. 다행히도 이제는 수많은 연구가 사회적 스몰 트라우마가 어떻게 가면증후군으로 이어질 수 있는지 입증하고 있다.

아프리카계 미국인 대학생을 대상으로 한 한 연구는 인종차별 경험이 많은 사람이 가면증후군을 더 심하게 느낀다는 사실을 발견했다.[41] 나아가 성별이나 인종과 같은 인구통계학적 특징으로 낙인찍히는 것에 대한 선입견도 가면증후군에 영향을 끼칠 수 있다.[42] 다시 말해 성별이나 인종, 성적 지향, 건강 상태나 다른 기준 때문에 불공평한 대우를 받을까 봐 걱정하는 것만으로도 가면증후군을 경험할 가능성이 높다는 얘기다. 이는 아주 중요한 부분이다. 심각한 가면증후군은 우울증과 불안, 업무 수행 능력 및 직업 만족도 저하, 번아웃으로 이어지기 때문이다.[43]

미세공격 스몰 트라우마

컬럼비아대학교의 심리학 및 교육학 교수 데럴드 윙 수(Derald Wing Sue) 박사는 미세공격을 일종의 작은 트라우마라고 정의한다. "미세공격은 대상 집단이 좋은 의도를 가진 개인과 일상적인 상호작용을 하며 경험하는 생활 속에서의 작은 무시, 모욕, 무례, 비하, 괄시 등과 같은 행위를 의미하며, 그런 개인들은 자신이 모욕적 또는 비하적인 행동을 하고 있다는 사실을 알지 못한다."[44] 이 같은 상황은 다른 모든 스몰 트라우마처럼 계속 누적되어 피해를 초래한다. 혹시 다음의 미묘하고 은근한 미세공격 중에 익숙한 것이 있는가?

- 하지만 정말 아무렇지도 않아 보이는데!
- 네가 자란 배경을 생각하면 아주 잘하고 있는 거지.
- 그렇군요. 근데 원래는 어디 출신이에요?
- 와, 그런 상태인데도 XXX를 할 수 있다니 굉장하네요.
- 남편분은 안 계시나요?
- 난 피부색 같은 거 신경 안 써.

즉, 미세공격은 의도하지는 않았으나 속에 품고 있는 모욕이나 무시를 은연중에 전달하는 암묵적인 편견의 일종이다. 미세공격은 인종차별이나 계급주의, 능력주의, 반유대주의, 연령주의, 이성애(또는 동성애 혐오), 젠더 이분법처럼 주로 '무슨 무슨 주의'로 정의되는 노골적 형태의 억압과 구분해 생각하면 좀 더 이해하기가 쉽다. 어떠어떠한 '주의'

는 의미와 의도가 모두 '부정적'인 반면, 미세공격은 결과적으로 비슷한 피해나 영향을 끼칠 수는 있으나 해를 입힐 명시적인 의도는 없을 때가 많다.

따라서 미세공격은 보다 교묘한 형태의 차별이지만 그 결과는 똑같이 심각할 수 있으며, 받아들이는 사람이 왜 이렇게 불쾌한지 고민하게 해 심리적 피로를 야기하고 자기회의와 가면증후군으로 이어지게 만든다. 미세공격은 나아가 동기부여에 영향을 끼치고 직업적 궤도를 손상시킬 수 있다. 또한 미세폭력(마이크로어설트), 미세모욕(마이크로인설트), 미세무시(마이크로인밸리데이션)와 더불어 건강 문제를 초래하고 수명을 단축하고 교육, 고용 및 의료서비스에 대한 접근의 불평등을 증가시켜 훨씬 더 심각한 악영향을 끼칠 수 있다.

◆ 암묵적 편견을 갖는 이유 ◆

우리 주변에는 한순간에 처리하기에는 너무도, 너무도 많은 정보가 존재한다. 실제로 우리는 매일 주입되는 1100만 비트의 정보 중 극히 일부만을 의식적으로 처리할 뿐이다. 자동적인 스트레스 반응처럼, 인간에게는 복잡하고 끊임없이 변화하는 환경에 대처하기 위한 인지적 지름길이 있다. 실제로 의사결정이나 성찰 같은 고차원적 기능을 수행할 수 있는 이유도 뇌의 처리 과정 중 대부분이 인지 범위 바깥에서 거의 자동적으로 발생하기 때문이다. 이는 기본적으로 세상이 쏟아내는 모든 정보를 명시적으로 분석하는 데 시간을 할애할 필요 없이 일상적인 일을 처리하기 위해서다.

6장 가면증후군과 미세공격

인류가 환경에 적응하고 진화할 수 있었던 끝내주는 기능이지만 한 가지 단점이 있다. 우리의 정신적 역량에는 한계가 있어 인지적 오류와 편견에 빠지기 쉽다는 것이다. 암묵적 편견은 그런 지름길 중 하나로, 특정 집단의 특성이라고 믿는 것을 바탕으로 사람이나 집단에 대해 즉각적인 가정을 내리는 것이다. 항상 부정적이거나 유해한 믿음으로 이어지는 것은 아니나, 해당 집단에 대한 직접적인 경험이 충분하지 않을 경우 고정관념으로 고착화되거나 희화화될 수 있고 대개 편견을 반영한다. 이는 또다시 의도치 않은 미세공격으로 이어질 수 있다.

비꼬는 칭찬

일부 집단이 가면증후군을 더 많이 경험하는 원인인 미세공격에 대해 탐구하기 시작하자, 켈리는 과거 성적뿐만 아니라 개인적인 배경 덕분에 무상 프로그램과 장학금을 지원받을 수 있었다는 사실을 털어놓았다. 그는 항상 이 사실을 의식했으며 어쩌면 자신이 능력 때문에 성공한 게 아닐지도 모른다고 의심했다. 켈리는 이런 말도 여러 번 들었다고 했다. "장학금을 받았다니 정말 운이 좋았구나?" "……를 생각하면 넌 아주 잘된 거지." 그런 언사에는 켈리가 학문적 성취나 노력과 재능 덕에 성공한 것이 아니라 부당하게 자리를 차지했다는 암시가 숨어 있었다. 그가 이 커리어를 얻기 위해 평생을 바친 학업과 노력, 희생 따위는 염두에도 없었다.

켈리는 자신의 성공에 불안감을 느꼈지만 아무에게도 그런 생각을 털어놓을 수가 없었다고 말했다. 가족이나 직장 동료 중 누구도 그가 이제껏 이 모든 것을 '꾸며내고' 있었다는 사실을 알면 안 됐다. 즉, 켈리는 미세공격이라는 스몰 트라우마로 인해 촉발된 이런 생각에 제동을 걸거나 다른 의견을 말해주는 등 주변의 도움을 받을 기회가 전혀 없었다. 실제로 가면증후군에 가장 심하게 시달릴 때면 빈정거리거나 칭찬인 듯 비꼬는 목소리가 머릿속에 울리곤 했다.

이는 켈리에게는 새로운 깨달음이었다. 그 후로 몇 주일 동안 켈리는 미세공격에 대한 분노, 가면증후군에 시달리게 된 명확한 이유를 알게 되면서 느낀 안도감, 자기회의에 사로잡혀 있던 시절의 우울감까지 다양한 감정을 경험했다.

켈리는 말했다. "늘 다 나 때문이라고 생각했어요. 살면서 경험한 것 때문이 아니라, 그냥 내가 어디 문제가 있는 거라고요." 이는 스몰 트라우마가 얼마나 교묘하고 감지하기 어려운지 다시 한번 입증해준다. 겉으로는 긍정적으로 보여도 씁쓸한 입맛을 남기는 말이나 상호작용은 내적 긴장을 유발한다. 미세공격은 행동으로 나타날 수도 있다.

예를 들어 또 다른 내담자 카이는 회의에서 발언을 할 때마다 다른 사람이 계속 끼어든다는 사실을 눈치챘다. 하지만 다른 사람들이 말할 때에는 그런 일이 일어나지 않았기 때문에 마음 깊숙이 자기회의가 뿌리내리기 시작했다. 스몰 트라우마의 이런 지속적인 특성은 사람을 지치게 하고, 결국에는 남들이 내 말을 듣고 있는지 의심하는 데다 자기 의견이 중요하지 않다고 여기게 되면서 가면증후군과 똑같은 문제를 촉발한다. 따라서 이런 형태의 미세공격은 아무 조치도 취하지 않을 경우 시간이 지나면서 미묘한 괴롭힘으로 변모한다.

6장 가면증후군과 미세공격

인식을 확장하고 수용 단계로 나아가려면 암묵적 편견이 어떻게 미세공격과 같은 해로운 행동으로 이어지는지, 그리하여 어떻게 자존감 파괴에 기여하는 가면증후군을 초래하는지 깊숙이 들여다볼 필요가 있다.

기분을 상하게 하는 것들

스몰 트라우마는 살면서 누적되는 것이기 때문에 단순히 하나를 발견한다고 해서 수용으로 이어지는 경우는 드물다. 켈리의 경우에도 가면증후군을 고착화시킨 행동 패턴을 분석해야 했다. 켈리는 자신의 생활습관, 특히 소셜 미디어 사용에 대해 누군가에게 이야기하는 것이 처음이라고 말했다. 그는 링크드인("시간이 날 때마다 들어가는 것 같아요") 페이지를 스크롤하는 데 어마어마한 시간을 썼고 그럴 때마다 심한 자괴감을 느꼈지만 멈출 수가 없었다.

켈리의 삶을 들여다보니 사기꾼이 된 것 같아 고통을 느끼기 시작한 시기와 링크드인을 거의 중독적으로 확인하기 시작한 시점이 연결되어 있었다. 이는 하나의 스몰 트라우마가 어떻게 눈덩이처럼 불어나 다른 스몰 트라우마로 발전할 수 있는지, 그리고 우리가 어떻게 나 자신, 또는 선천적 인지 메커니즘의 활력을 고갈시키는 스몰 트라우마를 고착화시키는지 보여준다.

준거점이 너무 많다

스몰 트라우마를 형성하는 타인의 암묵적 편견 외에도, 우리는 우리를 폄훼하는 수많은 메커니즘을 내재하고 있다. 그중에서 요즘 흔히 볼 수 있는 것 중 하나는 남들과 비교하는 경향이다. 사실 이는 초기 인류의 생존을 도와준 진화적으로 유리한 이점이었다. 거의 무의식적으로 자신과 상대를 즉각적으로 비교해, 자신이 더 크고 강해서 싸움에서 이길 수 있다거나 더 약하니 재빨리 도망쳐야 한다고 판단한다면 부상이나 죽음으로 끝날지 모를 귀한 시간을 절약할 수 있었기 때문이다. 물론 이건 극단적인 예시고, 우리는 타인과 비교할 수 있는 무수한 특성을 지니고 있다.

그러나 수 세대 전만 해도 우리가 흔히 접하는 타인은 주로 가족, 같은 동네 사람들, 직장 동료들 정도에 그쳤다. 반면 이제는 겨우 손바닥 안에서 전 세계 수십억의 사람과 비교하는 게 가능하다. 또한 진화적인 관점에서 볼 때 명백히 우월한 경쟁자를 오판하는 쪽이 위험부담이 훨씬 높기 때문에 우리의 본능은 아래가 아니라 위와 비교할 것을 지시한다. 즉, 선천적으로 우리보다 어느 정도 낫다고 생각하는 이들에게 집중하는 경향을 지니고 있는 것이다. 초기 인류에게는 매우 유익한 메커니즘이었을지 모르나 프로필과 이미지를 수정하고 필터를 씌워 더욱 완벽하게 만들 수 있는 오늘날의 온라인 세계에서는 불리한 점이 되었다.

심리학에서는 이런 무한한 비교점을 '준거점'이라고 부르는데, 소셜 미디어 알고리즘은 애초부터 이를 중심으로 설계되어 있기 때문에 정말로 한계가 없다. 켈리는 적어도 처음에는 링크드인 같은 업무 기반 플랫폼이 사진 보정이 난무하는 다른 소셜 미디어와는 다를 것이라고 믿었다. 어쨌든 이건 인맥을 넓히기 위한 플랫폼이고, 커리어를 향상 시키려면 당연히 해야 하는 것 아닌가? 부아가 나긴 했지만 우리는 수용 단계를 진행하고 있었기 때문에 켈리의 스몰 트라우마가 소셜 미디어 사용과 더불어 끊임없는 비교를 부추기고 있는 건 아닌지 더 자세히 탐구하기 시작했다.

넘치는 미련

〈섹스 앤드 더 시티〉에 등장하는 인물인 사만다는 '그랬을 텐데, 그랬어야 했는데, 그럴 수 있었는데'를 어떻게 다뤄야 하는지 보여주는 아주 좋은 예시라고 할 수 있다. 그는 전혀 신경 쓰지 않기 때문이다! 하지만 이건 말만큼 쉬운 일은 아니다. 앞서 언급했듯이 우리는 우리 자신과 남들뿐만 아니라 심지어 평행우주에 있는 나와도 비교하도록 타고났기 때문이다. 우리는 정말 우리 자신을 가장 심하게 괴롭히는 사람이 될 수 있다!

나바라대학교의 연구 조사에 따르면 우리는 선택하지 않은 길과 하지 않은 선택을 이상화하는 경향이 있다.[45] 점심때 다른 메뉴를 먹을 걸 그랬다고 후회하는 것처럼 사소한 일일 수도 있고, 직업이나 배우자, 심지어 아이를 갖는 일처럼 중요한 결정일 수도 있다. 이런 '슬라이딩도어 모먼트'가 지난 후, 우리는 경험하지 않은 길을 낭만화해 거기에도 똑같이 어려움이 있거나 학습 곡선과 실망이 수반되었을지 모른다는 사실을 무시한다. 그것이 얼마나 '좋을 수 있었는지' 끊임없이 과대평가하고 여기에 소셜 미디어의 부추김까지 보태진다.

켈리는 가면증후군을 느끼기 시작한 이후 장학금을 받지 않았다면 어떤 삶을 살고 있었을지 상상하지 않는 것이 거의 불가능했다고 말했다. 지금보다 더 '만족할 수 있는' 다른 일을 '하고 있다면' 어떻게 됐을까 하고 말이다. 링크드인에 있는 사람은 전부 일에 보람을 느끼는 끝내주는 커리어를 갖고 있는 것 같은데, "나는 왜 안 되죠?" 켈리는 물었다.

AAA 2단계: 수용

연습활동: '그래서 뭐?' ◇◇◇◇◇◇◇◇◇◇◇◇◇◇◇◇◇◇◇◇◇◇◇◇◇◇◇◇◇◇◇◇◇◇

켈리를 돕기 위해 우리가 사용한 방법은 '그래서 뭐?' 연습활동이었다. 이 활동은 문제의 핵심을 파악하는 놀랍도록 빠르고 간단한 방법이다. 더욱이 중요한 것은 심리적 불안을 일으키는 근본적인 감정을 찾을 수 있다는 것이다.

가장 먼저 당면하고 있는 문제를 정의한다.

문제점: 내가 그때 장학금을 받고 이 커리어를 추구한 게 올바른 선택이었는지 모르겠다.

그래서 뭐?	답변
그래서 뭐?	그때 내가 장학금을 받았어야 했는지 잘 모르겠어. 내 커리어에 대해 의구심이 들어.
알았어. 그런데 그래서 어쩌라고?	다른 사람이 장학금을 받았더라면 더 좋았을지도 몰라.
알았다니까, 그런데 그래서 뭐?	어쩌면 내가 더 자격 있는 사람의 기회를 빼앗은 것일지도 몰라.
그래서 뭐?	난 그런 걸 얻을 자격이 없었던 것 같아. 이 일에 만족을 못 하고 있으니까.

답변: 난 성공할 자격이 없는 것 같다.

이 결론이 초래한 감정: 죄책감, 수치심, 자기혐오

이 기술은 다소 냉담하고 무신경하게 보일 수 있으니 가까운 친구의 목소리를 상상하며 약간의 유머를 주입하는 것도 좋다! 이 연습활동은 가면증후군 같은 스몰 트라우마 주제를 영구적으로 고착시키는 근본적인 감정을 식별하는 데 무척 유용하다. 그리고 일단 근본적인 감정을 파악하고 나면 수용 단계에서 비약적인 발전을 이룰 수 있다.

감정에 이름 붙이기

이제 우리는 AAA 접근법의 핵심 단계인 수용에 점점 접근하고 있었다. 켈리가 지난 세월 동안 경험한 미세공격은 그가 성공에 대해 느끼는 깊고 은밀한 죄책감, 더 정확히 말하면 여기까지 도달하기 위해

장학금의 형태로 받은 지원에 대한 죄책감을 건드리고 있었다. 그래서 마침내 그 감정에 '죄책감'이라는 이름을 붙임으로써 우리는 이 문제를 정면으로 다룰 수 있게 되었다. 켈리는 장학금을 받은 데 죄책감을 느꼈고, 그런 유리한 '지원'을 받았기 때문에 지금과 같은 성공을 거둘 자격이 없다고 느꼈다. 우리는 켈리가 적극적으로 잘못을 저질렀는지의 관점에서 그런 죄책감이 정당한지 탐구했다. 중요한 것은 내면의 사기꾼에게 지배되지 않고 이 질문을 스스로 곰곰이 생각해보는 것이었다. 처음에는 마음이 다소 불편하더라도 감정생태계에 대해 논하며 여러 다양한 감정을 동시에 느끼는 것도 도움이 되었다.

무례한 행인에 신경 끄기

수용 단계에서 나는 켈리에게 가고 싶은 장소를 하나 고르라고 말했다. 다만 혼자 있을 곳이 아니라 주변에 다른 사람도 함께 있는 장소여야 했다. 박물관, 영화관, 미술관, 평소에 가고 싶던 곳이라면 어디라도 좋다. 켈리는 미술관을 선택했다. 나는 그에게 미술관에 가서 한정된 기간 동안 열리는 전시회를 감상한다고 상상해보라고 말했다. 지금이 이런 미술 작품을 감상할 수 있는 유일한 기회이며, 전시회가 끝나면 다시는 이 작품들을 볼 수 없다. 그런 다음 이번에는 미술관에 제멋대로 구는 무례한 사람이 많다고 상상해보라고 했다. 그들은 큰 소리로 떠들며 공공장소에서 지켜야 할 예의와 상식을 무시하고 있다. 나는 켈리에게 어떤 기분이 드느냐고 물었다. 짜증 난다, 화난다, 불만스럽다 등이 가장 먼저 떠오른 단어들이었다. 나는 켈리에게 이런 사람들 때문에 평생에 단 한 번뿐인 전시회를 포기하고 집에 갈 거냐고 물었다. 이 글을 읽는 당신도 원하는 장소나 행사를 골라 똑같은 가정을 해보기 바란다.

켈리는 한참 생각에 잠기더니 마침내 이렇게 대답했다. "아뇨, 이게 유일한 기회라면 다른 사람들이 어떻게 굴든 상관 안 하고 여기 남아서 작품을 감상할 거예요."

이 연습활동에서 주변 사람들은 문자 그대로 사람일 수도 있지만 스몰 트라우마나, 죄책감처럼 스몰 트라우마가 유발한 감정에 대한 은유로도 볼 수 있다. 이미 일어난 일을 바꿀 수는 없어도 경험을 수용하고 그와 관련된 감정을 극복할 수는 있다. 켈리에게 미술관을 찾은 무례한 사람들은 그가 느끼는 죄책감이자 또 한편으로는 수치심을 의미했지만, 이러한 감정이 자신의 성취를 즐기는 데 방해가 될 필요는 없다고 인식하는 것은 한 걸음 전진하는 행위다. 삶에서 진정으로 앞으로 나아갈 수 있게 해주는 것은 바로 이러한 수용의 자세다. 인생에 기회는 단 한 번뿐이기 때문이다.

AAA 3단계: 행동

가면증후군에는 지금 당장 내면의 사기꾼의 목소리를 낮추는 솔루션 중심 기법과 장기적으로 자신감과 자존감을 재구축하는 기법을 혼합해 사용하는 것이 유용하다.

내면의 사기꾼 침묵시키기

빠른 설문조사

우리는 항상 우리 자신과 우리의 기질을 가장 잘 판단하는 것은 아니며, 이는 내면의 사기꾼에게 먹이를 줄 수 있다. 그러니 지금 당장 휴대전화를 켜서 평소에 존중하고 신뢰하는 주변 사람을 세 명 이상 골라 그들이 생각하는 당신의 최고 장점과 왜 그런 특성을 보인다고 생각하는지 말해달라고 부탁해라. 답변을 받으면 그중에 당신의 스몰 트라우마 주제가 있는지 살펴본다. 하지만 무엇보다 중요한 것은 그들이 보내준 긍정적 피드백을 마음껏 음미하는 것이다!

파워포즈로 당당하게

사회심리학자이자 연구자인 에이미 커디(Amy Cuddy)의 파워포즈 비디오가 입소문을 탄 것은 이 기술이 굉장히 쉽고 어디서나 할 수 있기 때문이다. 그의 이론은 몸짓언어를 사용해 자신감을 높일 수 있다는 것으로, 연구에 따르면 몸짓언어를 사용한 사람들은 세상에 맞서 싸울 준비가 되어 있다고 느낄 뿐만 아니라 생리적으로도 테스토스테론 수치가 증가하고 코르티솔이 감소하며 위험 감수 성향도 더 높아진 것으로 드러났다.[46]

그러니 다음번에 자신감이 필요한 상황에 처하면 다리에 힘을 주고 손은 허리 양쪽에 올리고 고개를 빳빳이 쳐들어 당당하게 정면을 주시해라. 혼자서 몰래 2분 정도 이 자세를 취하거나(필요하다면 화장실도 상관없다) 중요한 회의에 참석할 때도 이와 비슷하게 신체를 확장해 더

넓은 공간을 차지하고 팔다리가 열린 자세를 취하면 자신감을 높일 수 있다. 가끔 강하고 자신감 있어 보이는 사람들에게서 이런 유형의 몸짓언어를 발견할 수 있을 것이다. 이를 모방한다고 해서 해로울 것은 없다.

자기비판보다는 셀프 코칭

내면의 비판적 목소리는 종종 스몰 트라우마에서 비롯된 가면증후군의 명백한 신호다. 하지만 이런 자기비판의 목소리를 셀프코칭으로 바꿀 수 있다. 코치는 어르고 달래는 사람이 아니라 우리의 장점을 바탕으로 격려해주는 사람이다. 그러니 다음번에 '넌 아무것도 몰라. 넌 아무것도 못 해!'라는 생각이 들면 우렁찬 목소리로 밟아 뭉개버려라. '난 여기서 할 수 있는 일이 아주 많고, 여기 있을 자격도 충분해!' 그러곤 '난 할 수 있어!'라는 주문으로 마무리 지어라.

미세공격에 대처하는 방법

우리는 미묘한 차별이 존재하지 않는 세상을 갈망하고 있을지 모른다. 그러나 우리 모두가 암묵적 편견을 지니고 있다는 현실은 그런 유토피아가 아주 멀리 떨어져 있음을 의미한다. 그러나 작은 사회적 스몰 트라우마가 있더라도 미세공격의 영향을 줄일 수 있는 방법은 여전히 존재한다. 전문가들은 보이지 않는 것을 보이게 하라고 조언한다. 미세공격이 발생했을 때 사람들은 보통 자신이 그런 모욕적인 행동을 했다는 사실을 잘 인식하지 못한다. 차별적인 의도는 없더라도 결과적으로는 다른 형태의 편견이나 차별과 비슷한 악영향을 끼치기 때문에 공개적으로 지적하는 것이 좋다. 사람들은 자신이 어떤 행동을 했는지 깨닫기 전까지는 잘 바뀌지 않으므로 미세공격을 무력하게 만들면 모든 면에서 도움이 된다. 이를 미세개입(마이크로인터벤션)이라고 하며, 다음은 앞서 제시한 미세공격에 대처하는 미세개입의 사례들이다.

- **"하지만 정말 아무렇지도 않아 보이는데!"에 대한 반응:** 상대방의 말과 의도를 분리한다. 예를 들면 이런 식이다. "네가 칭찬을 하려는 건 알겠는데, 내가 만성질환을 앓고 있다 보니 그 말을 들으면 내 상태를 인정하지 않는 것 같아. 앞으로는 그냥 내가 잘 지내고 있는지 물어봐줄래?"
- **"네가 자란 배경을 생각하면 아주 잘하고 있는 거지"에 대한 반응:** 무슨 의미인지 묻는다. "무슨 의미로 그런 말을 하는 거야?"
- **"그렇군요. 근데 원래는 어디 출신이에요?"에 대한 반응:** 관찰한 내용과 성찰을 공유해 자신의 사고 과정을 표현한다. "내 배경에 대해 지레짐작을 한 모양이네요. 나도 예전엔 그랬는데, 암묵적인 편견과 고정관념 때문에 사람들에게 불쾌감을 줄 수 있다는 사실을 배웠죠."
- **"와, 그런 상태인데도 XXX를 할 수 있다니 굉장하네요"에 대한 반응:** 상대방의 가치관을 조명한다. "포용성이 높은 분이시네요. 하지만 '그런 상태인데도' 같은 말을 덧붙이면 그런 의도가 훼손된답니다."
- **"남편분은 안 계시나요?"에 대한 반응:** "매우 부적절한 질문이네요"처럼 직설적인 접근이 유용하다.

- "난 피부색 같은 거 신경 안 써"에 대한 반응: 문장을 다른 형태로 바꿔 전달한다. 이를테면 "방금 민족성에 대해서는 신경 안 쓴다고 말하신 것 같은데, 그게 맞나요?"처럼 말이다.

그러나 일터처럼 특정 환경에서 반복적으로 미세공격을 받는다면 상사나 담당자에게 보고하고 도움을 요청해야 한다.

가면증후군의 장기적인 해결책

피드백 받기

가면증후군을 겪는 사람은 지금 위치에 있을 자격이 있음을 끊임없이 증명하려 애쓰기 때문에 해당 분야에서 매우 뛰어난 경향이 있다. 그러나 그들은 고도로 숙련되고 훈련되어 있으며 대개 뛰어난 전문가이기 때문에 상사나 동료들이 그들에게는 피드백이 필요하지 않다고 생각하는 경우가 많다. 그리고 이는 이 장의 첫 부분에서 언급한 끊임없이 신호를 찾는 습관을 키우게 된다. 주변 사람들의 표정이나 비언어적 표현을 살피며 절실하게 피드백을 받으려고 애쓰는 것이다. 이런 성향을 극복하려면 일단 과감하게 상대를 믿어야 한다. 반면에 내면의 사기꾼은 '이제껏 네가 속이고 있었다는 게 들통날 테니까 XXX에 대해서 다른 사람들 생각을 물어보면 안 돼!'라고 속삭이며 현실 점검을 막으려 든다. 만일 이런 생각이 든다면 4장으로 돌아가 ASK 기법을 활용하기 바란다.

그런 다음 직장 동료나 외부 멘토와 당신의 업무와 성과에 대해 진

스몰 트라우마

지한 대화를 나눈다. 멘토는 건설적인 피드백과 격려를 제공하는 한편 자기회의와 사기꾼이 된 느낌을 허심탄회하게 털어놓을 수 있으므로 아주 좋은 선택이 될 수 있다. 심지어 경력 사다리의 꼭대기에 있다고 해도 동등한 위치에 있는 멘토나 경영자 코치라면 그런 역할을 해줄 수 있을 것이다. 내 심리코칭 경험에 따르면 가면증후군을 가장 예민하게 경험하고 이런 종류의 도움을 통해 큰 혜택을 받는 이들은 종종 정상에 있는 사람들이었다. 객관적인 조언은 현실과 불안을 분리할 수 있게 돕는다. 우리 모두에게는 때때로 이런 현실 점검이 필요하다!

SMART해라

가면증후군의 특징 중 하나는 자신에 대해 비현실적으로 높은 기대를 갖는 것이므로, 이에 적극적으로 대처하는 방법은 현실적이고 구체적이며 실행 가능한 기대, 또는 목표를 세우는 것이다. 목표가 애매모호하면 얼마나 발전했는지 측정하고 중요한 이정표에 도달했는지 혹은 언제 도달했는지 확인할 명확한 방법이 없다. 그러니 내부의 사기꾼을 진정시키려면 직업이나 다른 목표를 두고 'SMART'하게 생각해야 한다.

- **구체적인(Specific) 목표를 설정한다.** 내 분야에서 최고가 되겠다는 막연한 목표가 아니라 명확하게 정의할 수 있는 목표를 세워라. 직업과 관련된 전문직업성 평생개발(CPD)을 목표로 할 수도 있고, 아니면 업무와 관련해 위의 팁을 실천하는 것을 도와줄 멘토를 구하겠다는 목표를 세울 수도 있다.

- **이런 목표를 어떻게 측정(Measure)할 것인지 결정한다.** 목표가 구체적일수록 성취 여부를 측정하기도 쉬워진다. 예를 들어, CPD 과정을 이수하거나 멘토를 확보하는 목표는 최고 중에 최고가 되기 위해 죽도록 노력하는 것보다 훨씬 객관적으로 측정할 수 있다.
- **목표가 달성 가능한지(Achivable) 확인한다.** SMART 목표의 장점은 일단 명시적인 목표를 찾고 나면 달성 가능한지 쉽게 판단할 수 있다는 것이다. CPD를 수료할 시간이 있는가? 멘토를 어디에서 찾을 수 있는지 아는가? 목표를 달성할 수 있다고 확신한다면 자신감을 쌓아 가면증후군을 누그러뜨릴 수 있다.
- **목표가 자신에게 적절한지(Relevant) 자문한다.** 언뜻 보기엔 좋아 보일지 몰라도 CPD가 정말로 당신에게 꼭 필요한가? 개인적인 성장과 발전에 도움이 될 목표를 선택하라.
- **마지막으로 기한(Timeline)을 설정한다.** 언제까지 이 목표를 달성하고 싶은가? 목표 달성 기한은 합리적이고 현실적이어야 한다.

가면증후군은 그 특성상 성과를 최소화하고 실수를 극대화하기 때문에 발전 과정과 성취 내용을 문서로 기록해두면 큰 도움이 된다. 새 파일을 만들어 사기를 북돋는 에너지 충만한 이름을 붙여라. 가령, 내가 사용하는 파일 제목은 '난 끝내줘!'다. 가장 중요한 것은 진전을 이룰 때마다 가능하면 사랑하는 이들과 함께 축하하고 남들의 칭찬을 고맙게 받아들이는 법을 연습하는 것이다. 처음에는 힘들지 몰라도 일단 내면의 사기꾼이 힘을 잃기 시작하면 점점 더 큰 기쁨을 느낄 수 있을 것이다.

　　　　　　　　　　　　　　　　　　　　　스몰 트라우마

다른 사람 돕기

가면증후군은 이런 성공을 이룰 자격이 없다고 느끼게 할 뿐만 아니라 우리가 얼마나 멀리 왔고 여기 도달하기 위해 얼마나 힘든 도전과 고난을 직면했는지 그 과정을 깎아내리게 한다. 그러나 이제까지의 여정을 다른 이들과 공유한다면 이런 성취를 이룰 자격이 있으며 나아가 많은 사람에게 영감을 줄 수 있음을 스스로에게 상기시키는 효과가 있다. 그러니 비슷한 길을 걷고 있는 사람들에게 당신이 걸어온 길을 공유하고, 배우는 사람의 입장에서 생각해보자.

이 방식은 일터에서 특히 유용한데, 회의를 주도하거나 프레젠테이션을 할 때 긴장할 경우 '당신'에게서 '그들'로 초점을 옮길 수 있기 때문이다. 많은 사람이 자기 경험을 솔직하게 털어놓자 피드백이 물밀듯 밀려왔으며, 자신도 그런 불안이 있다고 고백하는 사람이 많아 놀랐다고 말한다. 당신이 가진 스몰 트라우마의 모든 면을 공유하라는 얘기가 아니다. 상황과 관련된 적절한 부분만으로도 충분하다.

◆ 자신감을 촉진하는 글쓰기 과제 ◆

1. 남이 해주는 칭찬 중에서 받아들이기가 가장 어려운 것은?
2. 자신을 무조건적으로 신뢰한다는 건 어떤 의미일까?
3. 내일은 어떤 기분을 느끼고 싶은가?

TINY TRAUMAS

7장

배가 터질 때까지 먹는 까닭

식사와 음식은 자기위안과 보상, 정체성 등의 형태로 스몰 트라우마와 다양하게 연관되어 있으며, 대체로 어린 시절에 시작되는 스몰 트라우마 주제 중 하나다. 섭식은 생존에 필수적이기 때문에 별로 놀라운 일은 아니다. 그러나 에너지 밀도가 높은 식품에 언제든 쉽게 접근할 수 있는 현대사회에서 식습관을 조절하기란 점점 더 어려워지고 있다. 우리의 식습관 중 상당 부분이 무의식중에 자동으로 이뤄지기 때문에 섭식 패턴을 인식하고, 수용력을 기르고, 통제력을 되찾기 위한 행동을 실천하는 것이 이 스몰 트라우마 주제의 핵심이다.

이 장에서 살펴볼 내용

- 감정적 섭식 구분하기
- 음식은 단순한 연료가 아니다—보상, 처벌, 그리고 연옥
- 무엇을 먹느냐가 아니라 먹는 이유가 더 중요하다
- 자기연민 마음챙김으로 과식 습관 극복하기
- 행동실험으로 정체성을 변화시키는 법

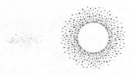

과식이나 소식은 상담실에서 자주 접하는 스몰 트라우마 주제 중 하나지만, 많은 사람이 잘못 이해하고 있는 것이기도 하다. 우리는 이를 흔히 '감정적 먹기' 또는 감정적 섭식이라고 부르며 부정적 감정을 소화하는 방식 중 하나로 여긴다. 가령, 사랑스러운 브리짓 존스(영화 〈브리짓 존스의 일기〉의 주인공.—옮긴이)가 벤앤제리스 아이스크림 통에 파묻혀 마음의 상처를 달래는 장면처럼 말이다. 이것은 내가 '스몰 트라우마 먹기'라고 부르는 현상의 한 가지 특성일 뿐이다. 우리는 실제로 마음을 달래고 싶을 때 과도한 섭식을 하며, 거기에서 비롯된 '위안 식사(comfort eating)'라는 용어도 있다. 하지만 그뿐만 아니라 우리는 스트레스를 받거나 지루하거나 심지어 흥분했을 때에도 과식을 하곤 한다! 감정적 먹기는 스몰 트라우마를 비롯해 다양한 이유로 흔히 발생하며, 에너지 밀도가 높은 음식을 찾게 하는 인간의 생리적 원리, 식욕을 자극하는 현대사회의 기폭제, 그리고 외모에 많은 가치를 두는 사회적 분위기의 영향을 받는다.

여기서 잠깐 1장에서 봤던 모의 이야기로 돌아가보자. 어린 시절 동생 반을 보호하기 위해 안간힘을 썼던 모 말이다. 그는 의사에게서 식습관을 바꾸지 않으면 심각한 건강 문제를 겪게 될 것이라는 경고를 듣고 나를 찾아왔다. 그러나 동생을 돌봐야 한다는 압력이 모가 스트레스 해소를 위해 음식에 의존한 유일한 이유는 아니었다. 그는 자신의 가족과 사회적 맥락에 대해 더 자세히 설명했다.

"나는 삼남매 중 맏이였고, 반은 둘째, 여동생 미라가 막내였죠. 엄마는 손이 정말 큰 분이라 (웃음) 남자애들이 더 달라고 할 때마다 아낌없이 음식을 퍼주셨어요. 한데 미라한테는 안 그랬어요. 음식에 대해서만큼은 미라한테 호랑이처럼 엄격하게 굴었는데, 그때마다 동생이 안쓰러울 지경이었죠. 미라한테 '뚱뚱해지면 누가 너랑 결혼하겠니' 같은 말을 서슴없이 하셨어요. 지금 들으면 너무하다 싶지만 그땐 그런 게 정상처럼 보였어요. 사내애들은 언제든 원하는 만큼 실컷 먹을 수 있었지만요. 음식을 거절한다는 건 우리 엄마에게는 최악의 모욕이었죠!

그래요, 난 음식을 먹을 때 위안을 느낍니다. 별로 대단한 깨달음도 아니죠. 내가 토끼처럼 깨작깨작 먹었다면 비만 진단을 받았겠냐고요. 하지만 이젠 뭘 어떻게 해야 할지 모르겠습니다. 할 수 있는 건 다 해봤거든요. 물론 다른 사람들 몰래요. 알잖습니까. 난 남자고, 친구들이 알면 놀림감이 될 텐데요. 저탄고지 키토식도 해봤는데, 심지어 더 나빠졌어요. 몸에서 지독한 악취가 났거든요. 어쨌든 두 번째 데이트를 할 수 있는 방법은 절대로 아니었죠. (웃음) 간헐적 단식도 해봤어요. 5:2, 16:8 전부 다요. 하지만 그래도 체중이 계

스몰 트라우마

속 불더군요. 그래서 결국엔 내가 뚱뚱한 놈이라는 걸 그냥 받아들여야 할 것 같았습니다. 그렇지만 난 자식들도 있고, 나이 50이 되기 전에 심장마비로 죽고 싶진 않아요."

실제로 모는 굉장히 중대한 순간에 직면하고 있었고, 변하고자 하는 의지도 절대로 부족하지 않았다. 그저 변화를 일굴 수 있는 적절한 도구를 아직 찾지 못했을 뿐이었다.

◆ 섭식 스몰 트라우마란 무엇인가? ◆

섭식 스몰 트라우마는 단순히 애인과 헤어지고 아이스크림을 통째로 퍼 먹는 것이 아니다. 그보다는 다양한 스몰 트라우마와 연합되어 있다. 다른 스몰 트라우마 주제와 마찬가지로 행동 패턴을 통해 식별할 수 있으며, 중요한 판단 요인은 '물리적으로 배가 고프지 않을 때에도 먹는 것'이다. 다음 나열한 식습관 중에 익숙하게 느껴지는 게 없는지 체크해보자. 꽤 많은 항목이 마음에 걸린다면 당신에게도 현재 어느 정도 섭식과 관련한 스몰 트라우마 문제가 있을 가능성이 크다.

☐ 속이 불편하거나 배가 아플 때까지 먹는다.
☐ 기절할 것 같다는 느낌이 들 정도로 하루 종일 아무것도 먹지 않는다.
☐ 아무 생각 없이 좀비처럼 먹는다. 그러다 어느 순간 봉지가 비어 있는 것을 발견하고는 음식이 모르는 새 공중으로 증발하기라도 한 양 깜짝 놀란다.

- □ 순식간에 먹어치운다. 끼니를 해치우는 시간이 차 한 잔을 끓이는 시간보다도 더 적게 걸린다.
- □ 전화 통화를 하거나, 걷거나, 운전을 하거나, 컴퓨터 작업을 하는 등 다른 작업을 할 때에도 끊임없이 먹는다.
- □ 남이 음식을 권하면 거절하기가 힘들다.
- □ 별로 배가 고프지 않은데도 남이 먹고 있는 걸 보면 먹게 된다.
- □ 간식이 없으면 TV나 영화를 보기가 힘들다.
- □ 접시를 완전히 비우기 전까지는 자신이 배가 부르다는 사실을 알아채지 못한다.
- □ 배고픔의 유무에 상관없이 하루 중 정해진 시간에는 '반드시' 식사를 해야 한다고 생각한다.
- □ 필요 에너지나 영양을 고려하지 않으므로 뭐든 손에 닿는 대로, 대개 인스턴트 음식을 먹는 경향이 있다.
- □ 현재의 일시적 스트레스, 또는 미래에 대한 걱정과 과거에 대한 반추로 인한 스트레스 반응이 촉발될 때마다 먹는다. (4장 참조)
- □ 단순히 시간을 보내거나 심심할 때 먹는다.
- □ 슬픔, 죄책감, 외로움 등 불쾌한 감정에서 벗어나기 위해 먹는다. (3장 참조)
- □ 좌절, 분노, 질투, 짜증 등 통제력 부족과 연관된 감정을 느낄 때 먹는다.

AAA 1단계: 인식

우리는 때때로 배가 고파서가 아니라 다른 이유 때문에 음식을 먹는다. 그러나 이런 유형의 패턴이 현저한 체중 증가나 감소로 이어져 섭식 스몰 트라우마의 형태로 발전한다면 AAA 접근법을 통해 음식과 더 좋은 관계를 맺을 필요가 있다.

섭식과 관련된 스몰 트라우마를 다룰 때에는 그것이 발생한 맥락을 고려해야 한다. 음식, 또는 섭식은 단순한 생존 수단이 아니라 사랑과 편안함, 안전과 연결되어 있을 가능성이 크다.

모는 가족에 대한 보호 본능이 강했고 또 약간 방어적이었기 때문에, 음식이 위로와 사랑이라는 감정과 거의 구별되지 않는 경우가 적지 않았다. 따라서 그 사실을 탐구함으로써 비난이 아닌 이해의 관점으로 나아갈 수 있었다. 스몰 트라우마를 탐구하는 목적은 잘못을 가리는 게 아니라 현재의 문제점과 과거의 경험을 서로 연결하는 것이다. 모의 경우에는 음식과 먹는 행위를 부엌 식탁에서 느낄 수 있는 어머니의 인내심과 따스함과 연관시켰다. 학교에서 하루 종일 경계심을 늦추지 않았던 그는 부엌 식탁에서는 긴장을 풀 수 있었다. 그렇게 어린 나이에 동생에게서 항상 눈을 떼지 않는 것은 어려운 일이었기 때문이다.

사랑으로서의 음식

우리는 자라면서 어린 시절에 받은 보살핌을 음식과 연합하고, 그 결과 안전과 안정감을 먹는 행위와 연결 짓게 된다. 나는 모에게 여성은 가족과 식사할 때 덜 먹는 경향이 있으며, 이는 남성이 여성보다 더 많은 자원을 부여받는 가족 내 상대적인 역학 관계와 관련이 있다는 연구 결과를 보여주었다.[47] 즉, 가족에게 음식을 제공하고 나눠주는 것은 애정 표현일 뿐만 아니라 사회적 역할의 반영이기도 한 것이다. 모는 이 이야기를 듣고 약간 놀랐다. 그는 여동생이 남자 형제들과 다른 대우를 받는 것을 보며 항상 극도의 불편함과 민망함을 느꼈다고 말했다. 나중에 다른 가족들, 실제로 다른 많은 가정에서 이와 비슷한 패턴이 존재한다는 것을 알고 그나마 마음 부담을 크게 덜었다고 한다. 모는 이제 억눌린 감정을 풀어내기 시작하고 있었다. 연구에 따르면 감정을 식별하고 조절하고 표현하는 능력은 감정을 먹는 것으로 푸는 경향을 감소시킨다.[48]

나는 모에게 감정이 그의 식습관에 어떤 영향을 끼치는지 이해할 수 있도록 음식-감정 일기를 써보라고 권했다. 아주 간단한 연습활동인데, 내 모든 스몰 트라우마 고객에게 권하는 것이기도 하다. 일기라고 해봤자 그저 먹는 음식을 전부 기록한 다음 그때 무엇을 했고 누구와 함께 있었는지, 식사 '전후'에 어떤 기분이 들었는지 쓰는 것뿐이다. 아래 모의 일기를 샘플로 삼아 인식 수준을 높이기 위해 어떤 중요한 정보를 기록해야 할지 도움을 얻을 수도 있다. 다만 반드시 정직하게 써야 한다. 다른 사람한테 일기를 보여줄 필요도 없다. 섭식 스몰 트라우마 주제에 시달리는 많은 이가 무의식중에 버릇처럼 먹는 섭식 패턴을 갖고 있는데 이를 서면으로 기록해두면 나중에 큰 충격을 받는다. 부디 자기 자신에게 연민을 발휘해 너그럽게 굴기 바란다. 이 연습활동은 삶을 해방시키기 위한 용감한 전진이며, 그 과정에서 더 깊숙이 묻혀 있던 다른 감정을 발견할 수도 있다. 식습관은 요일에 따라 다를 수 있으므로 주말을 포함해 최소한 일주일은 일기 쓰기를 권한다.

음식-감정 일기: 1월 3일

시간	어디서, 누구와, 무엇을 했는가?	먹기 전후에 배고픔 수준[49]	음식과 음료	기분과 감정	나중의 기분
19:30	가족들과 식사 - 레스토랑에서 엄마, 남동생, 여동생, 그리고 여동생의 가족과 함께	식사 전 7 식사 후 3	피자를 나눠 먹음, 전채는 마늘빵과 모차렐라 치즈 스틱, 디저트는 초콜릿 퍼지 케이크	가족들과 만나서 즐거웠음. 지난 일주일 직장에서 힘들었기 때문에	기분 좋음, 약간 피곤
23:41	다른 사람들은 모두 자는 시간에 집에서 홀로	먹기 전 4 먹은 후 3	초코바, 차, 비스킷	아무 느낌도 없고 멍함	약간 우울함, 푸딩을 먹었는데 또 야식을 먹어서 죄책감이 듦

모가 2주 동안 일기를 쓴 덕분에 우리는 그의 감정과 스몰 트라우마 트리거, 그리고 섭식 습관 사이의 관계를 더 명확하게 규명할 수 있었다. 위의 표는 그의 일기 중 가장 눈에 띄는 부분을 발췌한 것이다. 낮 동안에 모의 섭식 행동은 그다지 과도하지 않다. 이는 모가 본인이 통제할 수 없는 무언가 때문에 체중이 증가하고 있다고 정당화하는 방법이기도 했다. '다른 사람들보다 특별히 더 많이 먹는 것도 아니잖아. 그

러니까 유전적으로 타고난 게 틀림없어.' 그러나 다른 사람과 함께 음식을 먹을 때면 모의 스몰 트라우마가 발현되었다. 그는 가족들과 있을 때는 음식을 거절하기가 거의 불가능하다는 사실을 인정했다. 사랑하는 사람들과 함께 있는 자리에서 먹는 행위는 지극히 자연스러운 것이었다.

모는 이제 가정을 꾸린 만큼 스스로를 가족의 보호자이자 부양자로 여겼고 모두에게 식사를 사주고 넉넉히 나눠줄 수 있어 기분이 좋다고 말했다. 그는 체중을 감량해야 한다는 사실을 밝히고 싶지 않았다. 가족들 모두 그를 강한 사람이라고 여기고 있기에 걱정거리를 안겨주고 싶지도 않았다. 그래서 심지어 배가 고프지 않을 때조차 속이 불편할 때까지 먹었다.

일기에 나타난 그의 감정을 살펴보면 모가 자신을 주변 사람들을 돌보고 보호하는 사람으로 인식하고 있음을 금세 알 수 있다. 아직 어렸을 적 학교에서 동생을 보호해야 했을 때부터 학습한 패턴이었다. 이것이 그의 핵심적인 정체성이 되어버렸기 때문에 모는 가깝고 소중한 사람들에게 약점을 내비치거나 도움을 청하면 안 된다고 느꼈다. 하지만 1년 365일 내내 이런 역할을 유지하는 것은 불가능한 일이다. 모는 언제나 무거운 부담감을 지고 있었다. 하지만 하루 일과를 끝내고 느지막이 초콜릿을 먹으면 조금이나마 압박감에서 풀려났다. 적어도 그 순간에는 말이다.

◆ 음식이 항우울제가 될 수 있을까? ◆

초콜릿처럼 우리의 미뢰를 즐겁게 하는 몇 가지 음식은 세로토닌과 같은 '기분 좋은' 신경전달물질을 분비하게 하며, 이는 우리의 기분에 직접적인 영향을 미친다. 몇몇 연구는 초콜릿이 항우울제 역할을 할 수 있다고도 말한다.[50] 설탕이 많이 함유된 다른 음식이나 음료(스무디 같은 과당 함유율이 높은 '건강' 음료도 마찬가지다)도 각성 수준을 높이고 높은 흥분 상태를 초래할 수 있는데, 이렇게 되면 신체가 균형 상태를 회복하려 들기 때문에 뒤이어 급작스레 기분이 우울해지게 된다.

보상으로서의 음식

모의 섭식 스몰 트라우마가 가족과의 관계와 관련이 있다는 것은 명백해 보였다. 그러나 음식은 단순히 애정의 증거를 넘어 평생에 걸친 보상일 수도 있다. 우리는 경험을 통해 어떤 행동은 보상을 받고 또 어떤 행동은 처벌을 받는다는 것을 배우게 된다. 이는 스트레스 반응 및 초기 스트레스 사건과 유사한 상황에서 그러한 반응이 자동적으로 발생할 수 있다는 점과 유사하지만 보상과 처벌은 심리학 용어로 말하자면 '간접 연합'으로 간주된다. 다시 말해 선천적으로 내재된 생존 반응이 아니라 다른 사람이 우리를 대하는 방식을 결합해 학습한 것이라는 의미다. 전문용어로는 '조작적 조건화' 또는 연합학습이라고 부르는데, 여기서 우리의 감정과 생각, 행동은 칭찬과 간식, 보상, 또는 긍정적 경험을 통해 강화된다. 부정적 경험 역시 연합학습의 일부로 처벌과 비난 등의 형태로 학습되며, 우리가 주변 세계를 이해하고 거기에 적응하는 방식을 형성한다. 무분별한 처벌은 그 자체로 스몰 트라우마를 초래할 수 있으나 음식과 같은 긍정적인 보상도 너무 자주 제공하면 즉각적이고 만족스러운 효과 때문에 섭식 스몰 트라우마 패턴을 강화할 수 있다.

실제로 음식은 모의 어린 시절과 청소년기에 그가 생각할 수 있는 거의 모든 행동에 대한 보상으로 제공되었다. 특히 동생을 보호하고 주어진 환경 내에서 사회규범을 준수하는 '착한 소년'처럼 행동할 때에는 더욱 그랬다. 다시 말하지만 이는 전혀 이상한 일이 아니다. 나만 해도 어렸을 적 병원이나 지루한 가족 모임, 또는 교회에서 착하고 얌전하게 굴면 상으로 사탕이나 아이스크림을 받은 기억이 아직도 생생하니 말이다! 부모란 원래 힘들고 짜증이 많은 직업이라 맛있는 음식을 아이들의 행동을 수정하는 가장 빠르고 효과적인 방법으로 이용할 때가 많다!

그러나 금별 스티커를 받는 것과는 달리 음식은 뇌가 지닌 '보상체계'를 활성화한다.[51] 생존 가능성(개인으로서든 종으로서든)을 높이는 행동은 인간의 보상체계를 자극하기 때문이다. 보상체계는 뇌의 특정 구조가 신경전달물질인 도파민에 반응해 활성화될 때 작용하는데, 도파민은 우리를 기분 좋게 만든다. 따라서 도파민 분비를 촉발하는 행동은 무엇이든 우리에게 기분 좋은 보상이 된다. 보상체계는 우리가 도파민을 분비하는 행동을 하도록 유도하므로 행동에 영향을 미친다. 즉, 기분 좋은 느낌을 받기 위해서 또다시 같은 행동을 하고 싶어 하는

것이다. 모는 '착한 아이'가 되면 보상을 얻을 수 있다는 것을 배웠고
—대개 뇌의 보상체계를 자극하는 맛있는 음식의 형태로—그래서 어
렸을 때뿐만 아니라 어른이 되어서도 그런 유형의 행동을 지속하려 했
다. 그러나 항상 다른 사람을 돌보는 것은 어렵고 부담스러운 일이기
에 나를 찾아왔을 때는 이미 과도한 섭식으로 건강과 웰빙을 심각하게
해치고 있는 상태였다.

AAA 2단계: 수용

먹는 이유

모는 청소년기 시절에 이미 동생뿐만 아니라 삶에서 아끼는 모든 사
람에 대해 보호자로서의 역할을 완전히 내면화했다. 칭찬과 애정, 가
치, 음식에서 받은 긍정적 강화가 너무 강했기 때문에 섭식 스몰 트라
우마의 부정적 면이 고혈압과 고콜레스테롤, 당뇨병 전증의 형태로 나
타나기 시작했을 때조차도 자신의 섭식 습관과 자기감을 구분할 수가
없었다. 다시 말해 모가 먹는 '이유'는 그가 그이기 때문이다. 이를 변
화의 출발점으로 받아들이자 AAA 접근법의 두 번째 단계에서는 자기
연민이 큰 도움이 되었다. 다음은 섭식 스몰 트라우마를 해결하고 더
는 도움이 되지 않는 정체성을 분리하고자 할 때 수행할 수 있는 연습
활동이다.

모는 수용 단계에서 어려움을 겪고 있었다. 가족을 실망시켰고, 충분히 강한 가장이 되지 못했고, 체중이 지나치게 는 것 등 여러 가지 문제가 그를 괴롭혔다. 그래서 나는 모에게 자기연민에 초점을 맞춘 마음챙김을 해볼 것을 추천했다. 마음챙김은 많은 면에서 불교의 전통적인 명상에서 비롯됐는데, 여기서 우리는 플라토닉한 사랑과 친절, 선의, 자비, 평화와 조화를 의미하는 '메타(metta, 자애)'에 집중했다. 다만 반전이 있으니 계속 읽어보기 바란다.

· 횡경막을 이용해 깊은 심호흡을 하며 몸과 마음을 가라앉힌다.
· 신체 감각에 집중해 내 존재를 인지한다. 가장 쉬운 방법은 호흡을 이용하는 것이다. 숨을 들이마시고 내쉬며 의식적으로 그 느낌을 인지한다. 호기심을 갖고 열린 마음으로 이 감각을 탐구해본다. 몸에서 긴장감이나 경직, 무거움 같은 다른 감각이 느껴지는지 찾아본다.
· 이제 당신이 깊이 아끼는 사람을 떠올린다. 자비와 연민, 사랑, 따스함, 다정함 등의 감정을 모아 온몸에 두른 다음, 소중하게 여기는 사람을 부드럽게 포옹하는 모습을 상상한다.
· 그 사람의 이름을 넣은 다음 문장에 생각을 집중한다.
"_____이(가) 인생의 여정에서 행복과 자유를 느끼길 기원합니다."
"_____이(가) 삶을 살아가며 고요와 조화, 평온을 경험하기를 기원합니다."
"_____이(가) 내면의 힘을 믿고 삶이 가져다주는 도전을 헤쳐나갈 수 있길 기원합니다."

"_____의 개인적인 고통이 줄어들고 사라지기를 기원합니다."

· 그런 다음 신체 감각에 다시 집중한다. 지금 기분이 어떤가? 신체 감각이 느껴지는가? 호흡이 느려지거나 등 근육의 긴장이 풀린 느낌이 들지도 모른다. 몸이 다소 밝고 가벼워졌을 수도 있다. 저도 모르게 미소를 짓거나 마음속으로 웃고 있을 수도 있다.

· 이번에는 그 사람을 생각했을 때 떠오르는 이미지에 집중해본다. 그 사람이 미소 짓고, 웃고, 자유로움을 느끼는 게 보이는가? 다시 말하지만 아무 판단도 비판도 하지 말고 그저 호기심만으로 이 정신적 이미지에 접근해야 한다.

· 자, 이제 반전이다. 소중히 여기는 사람을 지우고 대신 그 자리에 나를 놓는다. 위의 문장에 '나'를 넣어본다.

"내가 인생의 여정에서 행복과 자유를 느끼길 기원합니다."

"내가 삶을 살아가며 고요와 조화, 평온을 경험하기를 기원합니다."

"내가 내면의 힘을 믿고 삶이 가져다주는 도전을 헤쳐나갈 수 있길 기원합니다."

"내 개인적인 고통이 줄어들고 사라지기를 기원합니다."

· 마지막으로 다시 호흡에 집중하며 연습을 마친다. 숨을 들이마시고 내쉬는 느낌에 집중하면서 몇 분 동안 꾸준히 호흡 운동을 한 다음 연습활동을 종료한다.

처음에는 어색할지 몰라도 자기연민을 키우는 매우 유용한 방법이다. 모는 자신을 사랑하고 너그럽게 대하기는커녕 자신에 대해 생각하는 것조차 익숙하지 않았기 때문에 이 '자애'의 감정을 자신에게 돌리자 짜증을 내기까지 했다! 처음에는 가족들을 위해 시작했으나 시간이 지나면서 모는 자세와 눈 맞춤 등 전반적인 태도가 바뀌기 시작했다. 이는 모가 AAA 접근법의 두 번째 단계를 성공적으로 해내고 있다는 증거였다.

◇◇

확고한 정체성 규정하기

아만다 브라우어(Amanda Brouwer)와 케이티 모삭(Katie Mosack)이 수행한 흥미로운 연구 조사는 내면에서 일어나는 자기와의 대화를 미묘하게 수정해 정체성을 조정함으로써 섭식 스몰 트라우마 주제에 대처하는 또 다른 방법을 보여준다.[52] 이 연구의 목적은 건강 개선 목표에 사람을 나타내는 'er' 접미사를 덧붙이는 것만으로도 행동에 능동적인 영향을 미칠 수 있는지 시험하는 것이다. 실험 참가자 중 한 집단은 건강 증진을 위한 목표를 일종의 자기 진술 형태로 작성했다. 예를 들어 더 많은 과일을 먹는 것이 목표라면 '과일 먹는 사람(fruit eater)', 운동 시간을 늘리는 것이 목표라면 '운동가(exerciser)'가 되는 것이다. 참가자들은 스스로에게 'er' 접미사를 붙임으로써 능동적이고 적극적인 '실천하는 사람'이 되었다. 그 결과 '실천하는 사람' 집단은 일반적인 영양 의학적 조언만 받은 대조군에 비해 다음 한 달 동안 더 자주 몸에 좋은 음식을 먹었으며 목표와 관련한 행동 또한 증가했다.

자기와의 대화를 다시 쓰고 이 새로운 스크립트로 타인과 소통하는 것은 정체성을 변화시키는 강력한 도구가 될 수 있다. 이는 '성공할 때까지 가짜로 꾸며낸 모습으로 남들을 속여라'보다 훨씬 효과적이다.

                                                          스몰 트라우마

자기신념은 곧 우리의 행동을 이끌기 때문이다. 하지만 새로운 정체성을 처음 시도할 때에는 당연히 긴장할 수 있으므로 AAA 접근법의 행동 단계에서 행동실험을 통해 상황을 살펴보는 것도 도움이 된다.

AAA 3단계: 행동

음식 충동을 극복하는 단기 전략

입이 심심하거나 뭔가 먹고 싶은 충동은 일순 압도적으로 느껴질 수 있지만 실은 짧은 시간만 버티면 금방 흘려보낼 수 있다. 따라서 관심 돌리기는 섭식 습관을 바꾸는 데 단기적으로 좋은 해결책이다.[53] 때로 삶의 어려움에 대처할 때는 다소 건전하지 못한 방법으로 여겨질지 몰라도 식탁에서만큼은 먹을 것에 대한 욕구가 가라앉을 때까지 시간을 끌어주기 때문에 좋은 전략이 된다. 간식에 대한 충동이 지나갈 때까지 주의를 딴 곳으로 돌릴 수 있는 몇 가지 빠르고 간단한 방법을 소개한다.

게임하기

워들(wordle)이나 테트리스처럼 머리를 쓰는 게임을 하면 음식에 대한 집착에서 다른 곳으로 주의력과 인지 자원을 돌릴 수 있다. 그러니 이번만큼은 스마트폰을 꺼내 들기를 권한다. 물론 복고풍이 좋다면 종이 십자말풀이를 할 수도 있다!

주먹 꽉 쥐기

연구에 따르면 근육을 긴장시키거나 힘을 주면 의지력이 강화돼 음식에 대한 갈망을 이겨내는 데 도움이 된다. 뿐만 아니라 신체적 고통에 대한 내성이 증가하고 맛없는 약을 더 쉽게 삼키거나 감정적으로 어려운 메시지에 집중하는 데도 유리하다.[54] 이런 형태의 체화된 인지는 특히 식습관을 지속적이고 장기적으로 변화시키고 싶을 때 유용하다. 그러니 다음번에 갑자기 음식이 당긴다면 주먹을 꽉 쥐고 내면의 록키 발보아를 부활시켜라!

마음속으로 스톱 버튼 누르기

아무 생각 없이 습관적으로 먹는 것은 섭식 스몰 트라우마의 일반적 증상이지만, 마음속 리모컨을 사용하면 입안에 넣는 것을 통제할 수 있다. 이건 실제로 꽤 재미있는 기법이다. 머릿속에 리모컨이 있다고 상상해보자. 정확히 어떤 모습인지 구체적으로 떠올려야 한다. 일시정지, 재생, 빨리감기, 되감기 등 버튼까지 전부 말이다. 자기도 모르게 간식이나 야식에 손을 뻗고 있는 자신을 발견한다면 다음의 프로세스를 따라해보자.

- 머릿속 리모컨에서 일시정지 버튼을 눌러 눈앞에 있는 화면을 정지시킨다. 간단히 말해, 방금까지 하던 일을 전부 다 멈춘다!
- 그런 다음 현실에서 한 발짝 물러나 이 장면을 화면 밖에서 바라보고 있다고 상상한다.
- 마음속으로 '재생 버튼'을 누른 다음 1부가 진행되는 모습을 관찰한다. 초콜

릿을 허겁지겁 먹어치우는 자기 자신을 내려다보며 어떤 기분일지 상상한다. 즉각적으로 짧은 만족감을 느끼겠지만, 그다음에는 어떤 기분이 들까?

- 다음으로 깊이 심호흡을 한 다음, 식욕에 굴복하고 나면 한 시간 후에 무슨 일이 생길지 화면을 빨리감기한다.
- 이제 당신은 내면 속 영화의 2부에 와 있다. 스스로에게 물어보자. 지금 기분이 어떤가? 자신에게 실망했는가? 좌절했는가? 자기혐오나 죄책감이 느껴지는가? 평소에 이런 식으로 먹고 나면 어떤 기분이 드는지 솔직하게 털어놓아보자. 감정이 지나치게 격렬해질 수도 있지만 도움이 될 수 있으니 무시하거나 밀어내려 하지는 말자.
- 이제 미래를 보았으니 리모컨의 '되감기' 버튼을 눌러 현재로 돌아온다. 1부를 다시보기 하되 이번에는 충동에 굴복하지 않는다. 정말로 배가 고픈 건지 아니면 섭식 스몰 트라우마에 불과한 건지 곰곰이 생각해본다. 음식에 대한 갈망은 몇 분이면 금방 지나간다는 사실을 명심하라.
- 다시금 자문해본다. 지금 나는 어떤 기분이지? 강인하고, 통제력이 있고, 안정적으로 느껴지는가?
- 마지막으로 '재생' 버튼을 눌러 실제 현실에서 어떻게 행동해야 할지 의식적으로 결정을 내릴 시간이다. 3부의 내용을 완전히 바꿀 수 있는 최종 결정권은 당신에게 있다.

이 연습활동은 우리의 생각과 감정, 행동을 의식적으로 자각하게 해 행동에 대한 통제력을 회복시킨다. 그리고 그러한 변화는 우리의 삶 전체에 영향을 미친다. 리모컨 기법을 사용하면 좀비처럼 무의미한 섭식 행위를 타파하고 도움이 되지 않는 습관을 바꿀 수 있다.

변화를 가로막는 장벽 뛰어넘기

먹는 행위는 우리 사회에서 없어서는 안 될 필수적인 부분이며 타인과의 관계에서 느끼는 정체성과도 얽혀 있기 때문에 친구나 가족, 또는 다른 집단 앞에서 음식을 먹는 방식을 바꾸는 것이 두려울 수도 있다. 놀림거리가 되는 불안감, 굴욕감, 사랑하는 사람과 헤어질지 모른다는 걱정, 또는 단순히 나에 대해 설명하고 싶지 않다는 마음이 변화를 가로막는 실질적인 장벽이 되기도 한다. 하지만 걱정하는 만큼 심하거나 나쁜 경우는 없으니 안심해라. 이런 변화를 가로막는 장애물에 도전하는 좋은 방법이 있다. 바로 행동실험이다.

모에게 가장 큰 도전은 가족들과 있을 때의 식습관을 바꾸는 것이었다. 그는 부양자이자 보호자였기 때문에 가족들이 자신의 건강에 대해 걱정하는 것을 원치 않았다. 음식을 마다해서 어머니의 마음을 상하게 하고 싶지도 않았다. 이는 모가 섭식 스몰 트라우마를 극복하는 것을 가로막는 강력한 정신적 장벽이었다. 동시에 아주 중요한 점이기도 했는데, 가족들의 그런 반응은 모의 기대와 예측에 불과했기 때문이다. 그는 사교적인 식사 모임에서 푸딩을 거절한 적이 한 번도 없어서 디저트를 먹지 않겠다고 하면 어떤 일이 생길지 아직 경험하지 못했다.

이와 비슷한 경우를 자주 접했는데, 그럴 때마다 새로운 상황에 대한 가정과 실제 반응을 확인해보는 행동실험을 독려했다. 가장 흔히 접하는 문제는 '아니요'라고 거절하지 못해 올바른 심적 경계를 긋는 데 실패하는 사례들이었다. 이를테면 많은 사람이 주변 사람들을 만족시키려는 경향 때문에 '싫다'고 말했다가 사회적 연결과 역할을 잃을까 봐 두려워했다. 술도 꽤 자주 등장하는 골치 아픈 문제였다. 술을 마시지 않으면 재미없는 사람 취급을 받거나 대화에 기름칠을 할 수 없어 파티가 지루하거나 심심해질 거라고 우려한다. 그래서 행동실험은 내가 가장 좋아하는 연습활동 중 하나다. 우리는 모의 가정을 실험할 계획을 세웠는데, 다음 단계를 따라 당신도 한번 해보길 권한다.

- 먼저 종이 한 장에 세로로 줄을 그어 다섯 칸으로 나눈다. 서면으로 직접 기록을 남기면 결심을 명확히 하는 데 도움이 된다. 또 여기서 우리는 실험과학자이기 때문에 물리적인 기록은 늘 유용하다!
- 이제 실험 상황을 적는다. 이것은 당신의 예측을 테스트하는 배양접시다. 이어지는 표에서 모가 시도한 상황을 참고하라.
- 다음으로 예측, 즉 상황이 어떻게 전개될지 예상하는 바를 적는다. 당신이 당면할 어려움과 관련 인물, 사건이 발생하는 방식 등을 기록한다.
- 이제 실험 조건과 예측 사항을 정했으니 어려움이 발생했을 때 어떤 자원이 필요할지 생각해본다. 이는 아주 중요한 단계. 구명조끼 없이 물속에 뛰어들고 싶지는 않을 것 아닌가!
- 실험 후에는 어떤 결과가 도출되었는지 되돌아보며 문서화한다. 그날 일어난 일, 다른 사람들의 반응, 당신이 느낀 것 등 모든 사항을 철저하게 적는다.
- 마지막으로 이 행동실험에서 얻은 메시지를 요약한다. 예측과 결과가 많이 달랐는가? 실험에서 배운 것을 적고, AAA 여정 내내 마음속에 간직하라.

실험 상황	일요일마다 어머니 댁에서 모여 점심식사를 하는 가족 모임. 남동생과 여동생 가족 모두가 모일 예정.

7장 배가 터질 때까지 먹는 까닭

예측	어머니는 오전 내내 음식을 준비하셨고 내가 평소처럼 먹을 거라고 기대하실 것이다. 남동생 반은 아마 혼란스러워할 것이다. 내가 평소와 다른 행동을 했다고 화를 낼지도 모른다. 여동생도 걱정할 테고, 어쩌면 다들 불편함을 느낄 수도 있다.
자원	내게 가장 큰 자원은 내 아내다. 그러므로 만약 예상과 같은 결과가 나타나면 내 편을 들어주도록 모임에 가기 전에 내가 오늘 어떻게 행동할지 미리 귀띔해줄 생각이다.
결과	어머니와 식구들은 내가 먹는 양이 준 것을 알아차렸다. 놀라운 건 그들이 오히려 안도했다는 점이다. 알고 보니 가족들은 내 체중에 대해 계속 걱정하고 있었지만 먼저 말을 꺼냈다간 내 기분이 상할까 봐 입을 다물고 있었다고 한다. 감동적이었지만 평소에 이렇게 진솔한 이야기를 한 적이 없어 조금 어색했다. 그동안 압박감을 얼마나 크게 느끼고 있었는지에 눈을 뜬 기분이다.
메시지	항상 강한 사람이 될 필요는 없다. 나는 실제로 강한 사람이다. 하지만 그래도 가족들은 나를 도와주고 싶어 한다. 어쩌면 항상 이런 가면을 쓸 필요는 없을지도 모르겠다.

모는 자신의 기대와 예측이 사실과 거리가 멀다는 것을 깨달았다. 이제까지 자신이 돌보고 보호해온 사람들 앞에서 약한 모습을 보이는 것은 힘든 일이었다. 하지만 모는 자신이 가족을 보호하고 있다고 생각한 행동들이 오히려 가족과의 관계에 해를 끼치고 있었다는 사실을 깨달았다.

이 '과학적' 테스트는 우리가 잘 알고 있다고 생각하는 사람들도 실은 상처받지 않기 위해—우리와 똑같은 이유로—진실된 감정을 숨기고 있을 수 있다는 사실을 보여준다. 이러한 행동실험은 우리 자신과 사랑하는 사람들을 스몰 트라우마로부터 자유롭게 만드는 중요한 발판이 될 수 있다.

◆ 감정적 먹기를 극복하는 글쓰기 과제 ◆

1. 내가 음식을 통해 바라는 것은?

2. 좀 더 영양가 있게 살려면 어떻게 해야 할까? 음식을 제외한 다른 방법을

   최소한 세 가지 이상 생각해보자.

3. 나는 _____를 할 때 가장 '나'처럼 느껴진다.

TINY TRAUMAS

8장

전쟁 같은 사랑

사랑이란 실로 모든 것과 연관되어 있기 때문에 여기서는 사랑이라는 스몰 트라우마 주제에 대해 가볍게 건드려보는 것에 지나지 않는다. 그러나 낭만적인 에로스 사랑뿐만 아니라 어떤 형태든 사랑과 관련된 스몰 트라우마를 인식하고 나면 우정처럼 친밀한 관계에서 일어나는 어려움을 헤쳐나가는 데 도움이 된다. 생애 초기의 애착 유형도 중요하지만 그러한 유형이 불변의 법칙으로 고정되는 것은 아니며, 수용의 감각을 키우고 행동을 취한다면 우리가 선택한 방식으로 미래에 만족스러운 유대 관계를 형성할 수 있다.

이 장에서 살펴볼 내용

- 사랑의 다양한 유형
- 배신 트라우마
- 시기와 질투
- 사랑에 대한 우리의 해로운 인식
- 사랑에 대해 다시 배우기

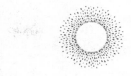

대부분의 영화나 동화 속에 등장하는 진정한 사랑은 거의 모든 걸 해결해주는 치료약이다. 세월이 흐르면서 일부 고정관념(특히 성 규범)이 바뀌는 걸 보고 안도하긴 했지만, 어딘가 나를 이해하고 완성해줄 단 한 사람이 존재한다는 로맨틱한 사랑의 개념은 아직도 지배적인 영향력을 발휘한다. 따라서 사랑을 잃어버린 올리비아는 절망했다. 오랫동안 유지한 애정 관계가 파탄나면서 상심에 잠겨 깊은 슬픔에 휩싸였다. 하지만 올리비아는 당신이 생각하는 그런 이별을 겪은 게 아니다. 사랑에는 여러 가지 유형이 있으니. 그는 백마 탄 왕자님을 잃은 것이 아니라 우정이 깨져 상실감에 젖었다. 올리비아의 사랑 스몰 트라우마에 대한 이야기를 들어보자.

"이런 이야기를 한다는 게 바보 같아요. 별로 큰일도 아닌데. 하지만 나를 변화시킨 사건이라고 하니 제일 먼저 이 일이 떠오르네요. 평생 극복하지 못할 것 같아요.

몇 년 전에 아주 친한 여자 친구가 있었어요. 함께 많은 시간을 보냈고, 매일 같이 왓츠앱이나 채팅도 했죠. 그때 난 불임치료 중이었어요. 불임치료 과정도 장난이 아니었지만, 착상이 잘 안 돼서 힘들어할 때 친구의 위로와 격려가 큰 힘이 됐어요. 그땐 정말 엄청난 상실감을 느꼈고 내 삶에 커다란 풍파를 일으켰지만, 거기 적응해야 했고, 지금은 괜찮다고 평화를 되찾았어요.

정작 내가 극복하기 힘들었던 것, 내가 여기 찾아온 이유는 진정한 친구라고 여겼던 친구가 임신을 하고도 나한테 말 한 마디 안 했기 때문이에요. 그걸 알게 된 것도 페이스북에서 다른 친구가 말한 걸 봐서였죠. 친구는 초음파 사진 같은 걸 올린 적도 없고요. 난 그걸 알고 완전히 무너졌어요. 정말 가슴이 찢어지는 것 같았죠. 친구가 아이를 가져서가 아니에요. 그건 정말 잘된 일이죠. 그게 아니라 나한테는 한 마디도 안 했다는 게 너무 서운했어요. 그런 식으로 알게 된 것도요.

얼마나 고통스러웠는지 말로 다 못 할 정도예요. 아직도 괴롭고요. 이제는 아무도 못 믿을 것 같고 나가서 사람들을 만나지도 않아요. 어쨌든 새로운 사람은요. 이런 심정을 털어놓을 데도 없어요. 대부분 내가 그 애를 질투해서 그런다고 생각하거든요. 하지만 그게 아니에요. 친구가 나랑 온갖 얘기를 다 나누는 동안에도 임신했다는 말은 안 했다는 게 너무 허탈해서 그래요. 그래서 지금은 서로 말도 안 하는 사이가 됐어요."

스몰 트라우마에 대한 아주 전형적인 설명이다. 우리는 어떤 일이 우리에게 영향을 끼쳤다는 걸 알면서도 그 트라우마가 관심이나 연민을 받을 가치가 없다고 무시하거나 남들이 그에 대해 부정적인 가정이나 판단을 할 것이라고 짐작한다. 이 책 전체에서 언급했듯이 스몰 트라우마는 세월에 걸쳐 누적되며 종종 도미노처럼 작용한다. 하나의 스몰 트라우마가 일련의 생각과 행동을 유발해 삶의 진전을 가로막는 것이다.

우리는 친구가 임신 사실을 숨긴 것을 배신으로 인식했는지 살펴보는 것으로 인식 단계를 시작했는데, 그러자 올리비아가 의문을 제기했다. "하지만 우린 연인 사이도 아니고 걔가 바람을 피운 것도 아닌데요." 그러나 사랑에는 여러 가지 유형이 있고, 모든 사랑은 우리에게 가슴 아픈 상처를 주고 배신감을 유발할 수 있다.

◆ 스몰 트라우마 집중 탐구: 배신 트라우마 ◆

누군가에게 배신을 당하면 갑자기 발밑에서 땅이 쑥 꺼지는 듯한 느낌을 받을 수 있다. 굳건한 신뢰와 안전의 기반이라고 믿었던 게 산산조각 나면 개인은 엄청난 영향을 받는다. 배신당한 후 쏟아지는 감정적 고통은 신체적 상처 못지않게 지독하고, 적절히 대처하지 못하면 심리적으로 영구한 상처를 남길 수도 있다.

배신 트라우마는 애착 형성에 중요한 시기인 유년기에 발생할 수 있다. 심리학적 측면에서 볼 때 생애 초기의 양육 방식이 일관되지 않거나 소홀하면 불안정한 애착 유형이 형성되어 나중에 성인이 되었을 때 감정적 유대를 형성하는 데 여러 가지 방식으로 어려움을 겪을 수 있다. 또한 배신 트라우마는

221

성인이 되고 나서, 로맨틱한 관계나 끈끈한 우정, 또는 가족 간에서도 발생한다. 우리는 흔히 배신이라고 하면 연인 관계를 생각하지만 다른 친밀한 관계에서도 신뢰의 배신은 불륜만큼이나 큰 충격을 준다.

이런 의미에서 배신 트라우마는 불성실과 거짓말, 부정행위(신체적 또는 정서적), 험담, 그 외 유대 관계를 손상시키는 다른 많은 사건과 연관되어 있을 가능성이 있다. 이는 우리가 진화론적 관점에서 안정과 안전, 생존을 위해 집단에 의존하는 사회적 동물이기 때문이다. 현대사회에서는 위험한 포식자를 물리치기 위해 반드시 다른 사람들이 필요한 건 아니지만 우리의 뇌는 여전히 초기 인류와 같은 구조를 지니고 있다. 그렇기에 배신은 생존에 대한 위협으로 인식되고 따라서 아주 강력한 감정을 초래할 수 있다.

사랑의 분류

보통 우리는 세상에서 유일하게 중요한 사랑이 낭만적이고 성애적인 사랑이라고 생각한다. 누군가의 품 안에 안기자마자 모든 게 딱 들어맞는 것처럼 느껴지고 '운명의 상대'라고 깨닫는 그런 사랑 말이다. 그러나 사랑에 대한 이러한 사고방식은 우리의 정서적 웰빙에 상당히 유해하다. 세상에는 다양한 종류의 사랑이 존재하기 때문이다.

철학, 신학, 신화 및 대중 의식에는 여러 가지 사랑의 범주가 있다. 모두 인간관계의 복잡성을 이해하는 데 도움이 된다. 다음에 나열한 네 가지 사랑의 범주는 심리학에서는 자주 사용하지는 않으며 어느 정

스몰 트라우마

도는 재미를 위한 것이다. 다만 영화나 예술, 음악 및 우리가 일상적으로 소비하는 미디어에서 반복적으로 묘사되기에 사회문화적으로 유용한 정보다.

- **에로스(낭만적 사랑):** '사랑에 빠지다'라는 표현이 어디서 왔는지 궁금해한 적이 있는가? 흔히 사랑의 큐피드라고 부르는 날개 달린 작은 사내아이는 원래 그리스신화에서 성애와 연정의 신인 에로스다. 건방지고 오만한 큐피드가 쏜 황금 화살에 맞으면 정열적이고 열렬한 사랑에 빠지게 된다. 이 뜨거운 열망은 일종의 광기로 여겨졌는데, 헬레네와 파리스의 악명 높은 사랑은 트로이의 멸망으로까지 이어졌다.[55] 즉 큐피드의 화살이 명중했을 때, 비이성적인 종류의 욕정과 소유욕은 우리의 몰락을 초래할 수도 있다.

- **필리아(우정):** 상대방이 잘되기를 바라는 우애를 기반으로 하는 사랑이다. 이러한 상호적인 호의는 서로 평등하고 확고한 신뢰와 동지애에 바탕을 두고 있다. 필리아는 성애적 파트너나 플라토닉한 관계의 일부가 될 수도 있다. 많은 사람이 이런 우애가 로맨틱한 관계인 에로스 다음이라고 생각하지만 반대로 필리아가 우선시될 수도 있고 자존감과 진정성, 통찰력의 발전으로 이어질 수도 있다. 진정한 필리아는 긍정적인 사회적 지지의 형태로 신체 및 정신 건강에 모두 도움이 된다

- **스토르게(가족애):** 스토르게는 가족에 대한 사랑, 부모가 자녀에게

갖는 무조건적인 사랑이다. 주는 사람이 받는 사람에게 좋은 것만을 바란다는 점에서 필리아와 비슷하지만 아이들은 자기중심적이라 이런 유형의 돌봄 사랑을 돌려줄 수 없다는 점에서 일방적이다. 유아와 아동은 다른 역학 관계에서는 용납되기 힘든 행동을 하더라도 사랑과 보살핌을 받아야 하기 때문에 스토르게는 종의 유지에 필수적이다.

- **아가페(세상에 대한 사랑):** 아가페는 인류애나 자연에 대한 사랑, 또는 신에 대한 종교적 사랑과 같은 보편적 사랑을 의미한다. 아가페의 핵심은 보답에 대한 기대 없이 타인을 돕는 이타심으로, 이타적인 사랑 유형으로 간주된다.

이처럼 사랑에 여러 범주가 있다는 사실을 알고 나면 '운명의 상대'만이 사랑의 대상이라는 생각에서 벗어나는 데 도움이 된다. 실제로 우리는 인생에서 위의 범주에 속하는 수많은 '운명의 상대'를 만나며, 이는 우리가 인생의 모든 것을 마법처럼 순식간에 해결해줄 왕자나 공주를 찾아야 한다는 할리우드식 압력에 굴복할 필요가 없음을 의미한다.

◆ 스몰 트라우마 집중 탐구: 해로운 친구 ◆

로맨틱한 관계나 가족 관계처럼 우정도 우리에게 해를 끼칠 수 있다. 하지만 대개는 해로운 배우자나 파트너보다 덜 중요하게 간주되어 스몰 트라우마의 원인이 되곤 한다. 우정이 끝나는 데는 이 밖에도 여러 이유가 있기 때문에 특히 오랜 시간에 걸쳐 악화되었다면 유해한 우정인지 알아차리는 게 꽤 까다로울 수 있다. 당신의 우정이 건전한 상태가 아님을 알려주는 몇 가지 중요한 적신호를 소개한다.

- 당신이 특정한 신념과 가치관을 중요하게 여긴다는 것을 알면서도 친구가 이를 경시한다.
- 개인적인 경계를 침해해 배신 트라우마를 초래한다.
- 친구가 당신을 못마땅하게 여긴다는 느낌을 받는다. 당신의 외모나 옷차림, 대인 관계나 일, 또는 알아차리기 힘든 사소한 것을 비꼬는 형태로 나타날 수 있다.
- 친구의 행동이나 말이 기분을 상하게 하고 당신의 감정과 경험을 폄훼하는데 친구는 당신이 '지나치게 예민하다'고 비난한다.
- 소셜 미디어나 다른 사람들 앞에서 굴욕감을 주거나 무시한다.
- 당신이 말할 때 경청하지 않거나 입을 다물고 싶을 정도로 지루한 티를 낸다.
- 우정이 일방적으로 느껴진다. 늘 당신이 먼저 연락하는 쪽이다.
- 당신이 계속 관계를 유지하도록 친구가 '빵 부스러기'를 던져준다. 예를 들어 소식이 없다가 아주 가끔 문자 메시지를 보내거나 전화를 걸거나 만날 약속을 잡는데, 견고한 관계를 유지하기에는 충분치 않아 혼란과 실망감을 불러일으킨다.

해로운 친구는 당신의 자존감과 자신감, 감정 에너지를 고갈시킬 수 있으므로 이런 파괴적인 관계를 파악하고 필요하다면 잘라내는 것이 좋다('행동' 단계 참고). 우정은 삶에 활력과 위안을 가져다주어야지, 삶을 고갈시켜서는 안 된다.

올리비아의 우정에 대해 깊이 탐구하기 시작했을 때 우리가 유일하게 발견한 문제는 빵 부스러기 던져주기였다. 이는 상당히 흥미로운 사실이었는데, 일관성 없는 접촉은 적신호라기보다는 분홍색 신호에 가까울 수 있기 때문이다. 이를테면 연료탱크에 기름이 부족하다고 계속해서 신호음이 울리는데 막상 주유소에 도착해보면 탱크가 아직 4분의 1이나 차 있는 것과 비슷하다. 우정에서 분홍색 신호는 유독성 관계를 의미할 수도 '있지만' 반드시 그런 것은 아니다. 다만 친구와의 관계를 보다 깊이 살펴보고 다시 점검해야 한다는 신호이긴 하다. 연료탱크에 빨간불이 들어와 있는데 무턱대고 무시할 수는 없지 않은가. 빵 부스러기 던져주기의 경우 소통이나 연락의 부족은 다른 곳에 원인이 있을 수 있기 때문에 신중히 확인해야 한다(여기에 대해서는 이 장의 뒷부분에서 더 상세히 살펴본다).

어쨌든 지금으로서는 그것이 올리비아의 독특한 스몰 트라우마 구성을 파악할 중요한 출발점이었다. 인간관계 스몰 트라우마의 구성은 형제자매와 친한 친구, 또는 가장 가깝게 여기는 사람 등 대상에 따라 달라지기 마련이다. 따라서 실마리를 찾기 위해 우리는 AAA 접근법의 첫 번째 인식 단계에서 올리비아가 '어떤 방식'으로 사랑을 하는지 파헤치기 시작했다.

AAA 1단계: 인식

모든 스몰 트라우마가 어린 시절의 경험에서 유래한 것은 아니나 사랑은 본질적으로 보살핌과 관련된 경험과 연결되어 있다. 그러니 방대한 양의 연구 결과로 뒷받침되고 있는 애착 유형에 대해 알아두는 것이 유용하다.

애착 유형과 접촉 굶주림

영유아 시절에 보살펴주는 사람이 없으면 살아남을 수가 없다. 인간은 다른 포유동물과 달리 태어난 지 한 시간 만에 걷거나 곧바로 먹이를 찾아 먹을 수 없기 때문이다. 따라서 세상에 나와 처음으로 접하는 양육자와의 관계는 세상에 대한 우리의 인식을 결정한다. 생애 초기에 양육자의 반응 방식은 이른바 '애착 유형'을 형성하는데, 어릴 적 우리는 다양한 종류의 애착 유형을 발전시키고 애착 유형은 우리가 자신과 타인에 대해 느끼는 방식과 행동 양식을 형성한다. 아동 시기에 우리는 양육자로부터 신뢰와 안전, 세상을 탐구하는 자신감 같은 개념과 인간관계에 대해 배운다. 대개는 어머니가 주 양육자의 역할을 맡지만 아버지나 조부모, 다른 어른들도 가능하다. 애착은 신체적 접촉과 마음을 달래주는 이른바 유대 호르몬(bonding hormone)인 옥시토신의 보조를 받는다. 다음은 애착의 네 가지 주요 유형이다.

- **안정 애착:** 타인이 내게 반응하고 응답할 것이라는 내적 믿음이 있

으며, 따라서 세상을 일반적으로 안전한 곳이라고 인식한다. 성인의 경우 신뢰 수준이 높고 인간관계가 오래 지속되는 경향이 있다. 모든 유형의 사랑에서 진실된 감정을 공유하기에 안정적인 기반을 바탕으로 약한 모습을 내비치는 것을 허용한다. 또한 안정적 애착을 지닌 사람들은 필요할 때 비교적 쉽게 지지와 격려를 받으며, 적응적 대응기제를 발전시킨다.

- **양가 애착:** 사랑과 관련해 때로는 민감한 보살핌을 받지만 또 다른 경우에는 필요한 관심이나 위안을 받지 못하는 등 일관되지 않은 경험을 했을 때 형성될 수 있다. 성인의 양가적 애착은 집착이나 애정결핍으로 이어질 수 있으며, 파트너나 친구들이 자신을 소중히 여기지 않는다는 불안감을 늘 갖게 된다. 이런 두려움은 타인과 유대관계를 맺는 것을 경계하게 하고 기존의 관계가 끊어질 경우 큰 충격을 받고 상심하게 할 수 있다.

- **회피 애착:** 보살핌에 대한 욕구가 적절하게 충족되지 못해 남들이 자신에게 반응하거나 애정을 되돌려줄 것으로 기대하지 않는다. 이런 애착 유형을 지닌 성인은 친밀감과 깊은 관계를 맺는 데 문제를 경험할 수 있으며 사랑하는 사람에게 감정을 드러내는 데 어려움을 겪는다. 회피형 애착은 또한 애정 및 사회적 유대관계를 형성하는 데 관심이 없을 수 있기에 냉담해 보이기도 한다.

- **혼란 애착:** 과잉간섭적 돌봄에서 수동적 돌봄을 오가는 불규칙하고

스몰 트라우마

불안한 환경에서 비롯된다. 애착 유형 중에서 상대적으로 덜 흔한 편이며, 어린 시절에 경험한 사랑을 거울 삼아 회피적 특성과 양가적 특성의 조합으로 나타날 수 있다. 이를테면 집착을 보였다가도 냉담하게 구는 식이다.

애착 유형에는 양육 및 돌봄의 질도 영향을 미치지만 그 외에도 다른 많은 요인이 개입돼 있다. 아동의 개인적인 특성이나 성격도 애착 유형이 형성되는 데 영향을 끼칠 수 있기에 아동과 보호자 간의 상호작용이 중요하다는 사실을 늘 명심해야 한다. 다시 말해 한 가족 내에서도 아이들이 제각각 완전히 다른 애착 유형을 발전시킬 수 있다는 얘기다. 그러니 우리의 애착 유형이 전적으로 부모 잘못이라고 탓하지는 말자! 지금껏 이 책에서 봤듯이 책임을 묻고 따지기보다는 이해와 인식을 높이는 편이 전략적으로 훨씬 더 유리하다. 가족 내에서 발생한 주요 생애사건과 환경, 문화 등을 비롯한 가족의 상황도 애착 유형의 형성에 영향을 끼치며, 우리는 유아 시절부터 여러 애착 관계를 형성해 다양한 유형으로 발전시킨다.

올리비아는 어린 시절에 전반적으로 안정적인 애착 관계를 형성했다고 말했다. 양육자는 대개 그에게 민감하게 반응했고, 신뢰할 수 있었으며, 든든한 느낌이 들게 해주었다. "하지만 어머니가 포옹을 많이 해주는 사람이었다고는 말 못 하겠네요. 그보다는 미지근한 편이었어요. 차갑지도 않지만 그렇다고 다른 엄마들처럼 따뜻하고 살갑지는 않았죠." 올리비아의 이 말은 작은 단서가 되어주었다. 인간은 신체적 접촉을 갈구하기 마련이므로 우리는 올리비아의 스몰 트라우마 그림을 그려보기 시작했다. 내가 아버지와 어머니에게서 각각 다른 애착을 발전시킬 수 있다고 말하자 서광이 비치기 시작했다. 올리비아는 어머니에 대한 애착이 아버지에게 느끼는 안정적 애착보다 양가적 감정에 더 가까워 보인다고 대답했다.

오랫동안 발달심리학에서는 사람들이 어린 시절부터 하나의 고착된 애착 유형을 가진다고 여겼다. 다시 말해, 일단 한 가지 유형의 특정한 애착 관계를 발전시키면 그것을 평생 동안 유지한다는 것이다. 그러나 이제는 인간 경험의 복잡성에 대해 더 깊은 이해가 이뤄졌고, 무엇보다 본질적으로 삶이란 그런 게 아니다.

생애 초기에 안정적인 기반을 구축하면서도 스몰 트라우마가 형성될 수 있다. 그 둘은 서로 배타적이지 않다. 그렇기에 스몰 트라우마가 더욱 혼란스럽게 느껴지는 것이다. 삶에서 전반적으로 안정적인 애착 유형을 갖고 있다고 느끼는 사람도 '그런데 왜 내가 이런 문제를 겪고 있는 거지?'라고 생각할 수 있다. 그뿐만 아니라 서로 다른 종류의 사랑에 대해 서로 다른 애착 유형을 발전시킬 수도 있다. 이를테면 에로스에는 안정 애착을 발전시키면서도 스토르게에서는 불안정한 애착 유형을 키울 수 있는 것이다.[56]

이는 희망을 주는 사실이기도 하다. 스몰 트라우마가 긍정적 애착 유형을 뒤틀어 인간관계를 어렵게 만들 수 있다면 마찬가지로 스몰 트라우마를 이해하고 극복하면 어떤 형태의 사랑이든 안정 애착으로 바꿀 수 있다. 이것이 우리 삶에 존재하는 스몰 트라우마를 이해함으로써 얻을 수 있는 힘이다.

스몰 트라우마

◆ 스몰 트라우마 집중 탐구: 접촉 굶주림 ◆

사람과의 접촉은 애착 발달에 필수적이다. 산모에게 신생아를 안기고 부모에게 아이와 피부를 맞대고 접촉하도록 권장하는 것도 그런 이유에서다. 1장에서 언급한 할로의 엄마 원숭이에 관한 실험은 영아가 정서적 안정을 위해 뭔가를 만지고 매달리고 싶어 하는 선천적(생물학적) 욕구 ─ 접촉 위안 ─를 지니고 있음을 시사한다. 촉감이 주는 안전감과 애정에 대한 인식은 어렸을 때뿐만 아니라 평생 동안 우리의 기능에 필수적이다. 인간적인 접촉은 유대감을 강화하기 때문에 '사랑의 호르몬'이라고도 불리는 신경화학물질인 옥시토신을 분비하며, 옥시토신은 우리의 기분을 좋게 하고, 신뢰감을 높이고, 스트레스 호르몬인 코르티솔을 저하시킨다. 그러므로 포옹 같은 신체적 접촉을 하면 옥시토신이 증가하고 코르티솔 수치가 떨어져 스트레스를 덜 느끼게 된다. 신체적 접촉은 면역체계에도 도움이 되는데, 400명 이상의 건강한 성인을 대상으로 한 연구에 따르면 포옹은 사회적 지지를 받고 있다는 느낌을 높이고 감기에 걸릴 확률을 낮춘다.[57] 이미 감기에 걸린 사람의 경우에는 포옹과 사회적 지지를 인지할 때 증상이 완화됐다.

그러나 혼자 살거나 코로나19 대유행 기간에 많은 사람이 경험한 것처럼 일정 기간 동안 고립되는 사람들에게 이는 문제를 초래할 수 있다. 실제로 당시에 많은 사람이 접촉 굶주림 또는 '접촉 결핍'에 시달렸다. 다만 연구에 따르면 반려동물을 껴안거나 쓰다듬을 때에도 옥시토신이 분비되기 때문에[58] 동물이 더 친숙하거나 타인과 상호작용을 하기 힘든 상황에 있다면 반려동물과의 신체적 접촉도 큰 도움이 될 것이다.

사랑은 움직이는 것

오늘날의 올리비아가 되는 데 삶의 어떤 측면이 가장 큰 영향을 미쳤는지에 대한 AAA 접근법 질문(1장)으로 돌아가자 사랑이라는 스몰 트라우마 주제가 명확하게 드러나기 시작했다. 어린 시절 올리비아는 아버지가 공군에서 근무했기 때문에 몇 년마다 이사를 가야 했다. 그는 집에서 충분한 애정을 받고 있다고 느꼈지만 이사를 할 때마다 어머니가 부담감에 시달린다는 것을 알았다. "어쩌면 그래서 어머니가 미적지근한 분이었는지도 몰라요. 이사를 할 때마다 전부 혼자 처리해야 했으니까요. 무척 힘들었을 거예요." 얼마 후면 떠나야 한다는 것을 알았기에 친구들과 깊이 친해지기도 힘들었다. 약간은 요령이 생기기도 했다. 올리비아는 전국, 때로는 전 세계에 흩어져 있는 친구들과 연락을 유지했지만 다른 아이들이 자신과 같은 불편함을 겪지 않고 계속해서 삶을 이어나가는 모습을 지켜보는 것은 힘든 일이었다.

이제 한자리에 정착한 올리비아는 친구, 특히 여자 친구를 사귀는 데 조심스러웠으나 무척 진실해 보이는 한 친구를 만났고 열과 성을 다해 우정을 나눴다. 그래서 그 우정이 깨지자 심신이 무너진 것이다. 올리비아는 이 상황에서 자신이 친구에게 어머니와 같은 양가적 애착 유형을 발전시켰음을 깨달았다. 그는 친구를 잃을지도 모른다는 생각에 필사적일 정도로 매달렸다.

또 올리비아는 친구가 임신했다는 게시물을 보았을 때 가슴이 쿵 내려앉는 상실감을 느낀 한편 동시에 친구가 잘되어서 기쁜 마음이 들었다고 털어놓았다. 우리는 서로 다르거나 심지어는 상반된 감정을 동시

　　　　　　　　　　　　　　　　　　　스몰 트라우마

에 경험할 수 있다. 시기와 기쁨이라는 이 두 가지 감정은 모두 올리비아에게 진실된 것이었다.

◆ 녹색 눈의 괴물, 질투와 시기 ◆

질투(jealousy)와 시기(envy)는 모두 불쾌한 감정이지만 둘은 중요한 차이점이 있다. 간단히 말해 질투는 중요한 무언가를 잃을까 봐 두려워하는 것으로, 잠재적 손실을 직면한 불안과 분노, 불신과 같은 다른 감정과 연합된다. 반면에 시기는 다른 사람이 가진 것을 갖고 싶어 하는 마음으로 두 가지 측면을 지닌다. 하나는 원하는 것을 남에게서 빼앗고자 하는 것이고 하나는 남이 가진 것을 나도 똑같이 갖고 싶다는 마음이다. 따라서 시기는 갈망과 열등감을 초래할 수 있으며(예를 들어, '정말 멋진 휴가를 보냈구나. 나도 멀리 떠나고 싶다!') 분노가 고개를 쳐들 수 있다는 어두운 면을 지닌다('그 사람은 저 자리에 오를 자격이 없어. 나도 엄청나게 열심히 일했는데. 내가 그 사람 대신에 저 자리에 있었어야 해').[59] 후자, 즉 보다 부정적인 유형의 시기는 셰익스피어가 오셀로에서 표현한 '녹색 눈의 괴물'이 튀어나오게 만들어 내적 또는 외적 비난과 때로는 수치심이나 죄책감을 야기할 수 있다.

간단히 말하자면 질투와 시기의 차이는 '손실'과 '결핍'이다. 이는 특히 여성들 간의 우정에서 뚜렷이 나타나는데, 연구에 따르면 생물학적 여성은 다른 사람에게 가장 친한 친구를 빼앗길 가능성이 있을 때 남성에 비해 더 높은 수준의 '우정 질투'를 경험하는 경향이 있다. 1장의 '보살핌과 어울림' 스트레스 반응에서 이야기한 것처럼, 여성은 생존 역할에 따라 집단을 더욱 가깝고 온전하게 유지하도록 진화적으로 프로그램되어 있다. 여성들의 우정이 깨졌을 때, 특히 친구가 새로운 필리아 관계를 발전시키고 있는 것처럼 보일 때 유독 마음고생을 하는 것도 이런 이유다. 물론 여기에는 많은 미묘한 요소가 있지만, 이런 감정이 다소 뿌리깊이 박혀 있다는 것을 인식하는 것만으로도 질투와 시기라는 불쾌한 감정을 해소하고 수용하는 데 도움이 될 수 있으며, 감정 생태계를 더욱 깊이 탐구할 수 있다.

AAA 2단계: 수용

AAA 접근법의 인식 단계에서 수용 단계로 전진하려면 필리아 사랑의 유형에 보다 깊이 파고들어야 한다. 우리는 우정이 어떻게 작동하고 얼마나 많은 친구가 필요한지에 대해 여러 가지 생각을 지니고 있고 이는 때로 스몰 트라우마에 영향을 미치기 때문이다.

우정 역시 움직이는 것

내 가장 친한 친구 중 하나가 "우정은 목적이 있는 동안 유지되거나, 한철 가거나, 아니면 평생 지속된다"라는 말을 한 적이 있다. 정확히 어디서 나온 말인지는 잘 모르겠지만 어쨌든 나는 이 말을 좋아한다. 어느새 흐지부지되거나 시들해진 친구 관계가 있어도 괜찮다는 느낌을 주기 때문이다!

연구에 따르면 우리가 한 번에 유지할 수 있는 친구의 수에는 한계가 있다.[60] 밤새도록 흉금을 털어놓을 수 있는 절친한 친구는—어떤 친구인지는 말 안 해도 알 거다—보통 한 손에 꼽을 정도에 불과하다. 절친까지는 아니어도 가깝고 친한 친구들의 경우 마법의 숫자는 15다. 이들은 함께 시간을 보내고 활동을 공유하지만 가장 은밀한 비밀을 털어놓을 정도는 아니다. 다음은 정기적으로 만나거나 연락하지는 않아도 파티나 생일, 결혼식, 장례식 같은 중요한 행사에서 만나는 친구들인데, 대개는 35~50명 정도다. 마지막으로 SNS 등에 관심이 있고 가끔 안부를 묻고 싶지만 소통은 거의 하지 않는(당신이 조금 나이가 있다면 아마 크리스마스카드 목록에 있을) 친구들은 150명 정도다. 인터넷에서 알고 지내는 사람이 수백 명이더라도 평소에도 어느 정도 생각하거나 소중히 여기는 친구만 정리하면 대충 150명 정도일 것이다.

하지만 이렇게 많은 사람을 알고 지내지 않아도 아무 문제 없다. 어쨌든 우정은 양보다 질이니까. 게다가 친구란 원래 가지각색인 법이다. 한 내담자는 가장 친한 친구를 잃고 나를 찾아왔다. 파트너와 갈라서며 두 사람이 사랑하던 강아지 츄이가 원래 주인이었다는 이유로 전 파트너에게 가게 되었던 것이다. 대부분의 나라에서 동물은 법적 테두리 안에서 '동산(動産)' 즉, 소파나 보석 같은 재산으로 간주된다. 지금이야 조금씩 바뀌고 있지만 많은 스몰 트라우마가 반려동물의 상실에서 비롯된다. 인간이 아닌 다른 생명체가 얼마나 큰 사랑을 줄 수 있고 이런 이타적인 존재와 헤어지는 것이 얼마나 파괴적인 영향을 끼칠 수 있는지는 명백하다.

그렇다면 이처럼 다양한 우정의 영역에 포진한 친구들의 숫자를 가

늘하는 이유는 무엇일까? 우리의 삶에는 시간과 공간이 한정되어 있다. 내 영역으로 들어오는 모든 사람과 깊은 우정을 유지하는 것은 불가능하고, 무엇보다 많은 이가 그것을 원하지도 않는다! 뿐만 아니라 삶을 살다 보면 희망과 꿈, 환경이 변하면서 그에 따라 우정도 변하기 마련이다. 할리우드가 보여주는 필리아 사랑과는 좀 다를지 몰라도 이것이 바람직한 현실이다.

우정의 붕괴에 대처하기

심리치료에서 우정의 파탄은 이야기의 반쪽에 불과하다. 회복 또는 회복을 위한 시도도 그만큼 중요하기 때문이다. 우정은 시간이 지나면서 희미해지거나 해로운 형태로 변형될 수 있다. 하지만 원래 모든 관계에는 끝이 있기 마련이다. 다른 모든 관계에서도 그렇듯이, 격렬한 언쟁이나 중요한 사건, 또는 상황이 발생한 뒤에 극적인 결별이 일어나는 경우도 있다. 후자의 경우는 쉽게 알 수 있는 반면, 한때 믿음과 애정이 넘치던 행복한 관계가 느릿하게 침식되면 종종 올리비아 같은 사람들을 당혹스럽게 만든다. 이런 상황이 오래 지속될수록 스몰 트라우마의 상흔은 더 깊어진다. 그러니 우정이 시들해지고 있다고 느낀다면 다음의 OWN 3단계를 시도해보자. 자기 경험에 대한 책임을 수용하고 사랑 스몰 트라우마에 선제적으로 대처하는 방법이다.

- **솔직함(Open):** '나'에게 초점을 맞춘 솔직한 대화를 나눈다. 방어적인 태도를 버리고 '나' 중심의 전달 기법을 사용해 지금 상황에서

어떤 기분인지 말하고 친구가 허심탄회하게 자신의 이야기를 털어놓을 기회를 준다. 예를 들면 "나는 요즘 우리 사이가 약간 일방적이라는 느낌이 들어"라는 말로 대화를 시작하는 식이다.

- **호기심(Wonder):** 다음으로 호기심과 궁금증을 활용해 1인칭 서술을 바탕으로 대화를 쌓아나간다. 아무리 가까운 친구라도 어쩌면 힘든 상황을 감추고 있을 수도 있다. 특히 겉으로는 매우 강하고 굳건해 보이는 이들조차도 그렇다(이들이야말로 비판적이지 않은 좋은 친구를 가장 필요로 하는 사람들이다!). 친구가 당신을 대하는 행동이 눈에 띄게 변했고 평소와 달라 보인다면 더욱 중요하다. 첫 번째 솔직함 단계를 기반으로 이렇게 운을 떼라. "요즘 우리 사이가 약간 일방적이라는 느낌이 드는데, 혹시 넌 괜찮은지 궁금해."

- **아니요(No):** 솔직하고 조심스럽고 부드럽게 다가갔는데 친구가 유독한 방식으로 반응한다면(해로운 우정에 대한 상자 참조) 당신의 평화와 사적 영역을 존중해 이 관계에 대해 "아니요"라고 말해야 할 때다. 이 사람은 한때 또는 어떤 이유로 당신의 친구였을지 모르지만 평생 동안 유지할 우정은 아닐지 모른다. 그리고 그래도 괜찮다. 하지만 친구가 긍정적으로 반응한다면 한층 더 깊고 충만한 관계를 맺을 진정한 전환점이 될 수 있으며, 이런 경우에 '아니요'는 그 과정에서 사적인 경계와 영역을 적절하게 유지하는 수단으로 활용할 수 있다.

때때로 이유나 시기가 맞아떨어질 때 다시금 우정이 다시 피어날 수도 있으니 OWN 기법을 이용해 돌아올 수 있는 다리를 완전히 불태우지 말고 도움이 될 수 있는 다른 연결고리나 유대감을 키울 시간과 공간을 마련하자. 다만 이 과정에 대해 생각하는 것만으로도 슬픈 감정이 들 수 있으니 자신에게 너그럽게 굴고 상실감과 슬픔을 감정생태계의 일부로 포용하라. 마지막으로 다른 친구들에게서 정서적으로 지지를 받는 것이 좋다. 하지만 옛 친구를 너무 오랫동안 탓하는 것은 좋지 않다. 원망과 반추로 이어져 삶의 질을 떨어뜨리고 미래에 대한 낙관주의를 고갈시킬 수 있기 때문이다.

올리비아는 용기를 내어 OWN을 활용해 친구와 대화를 나눴다. 그에게 감정적으로 얼마나 힘들고 어려운 일이었는지는 말할 필요도 없을 것이다. 올리비아는 눈물과 포옹, 그리고 약간의 희망의 빛을 경험했다. 올리비아의 친구는 자신의 몸 상태에 대한 이야기가 퍼졌을 때 기분이 무척 나빴다고 시인했다. 불임 문제로 고민하던 올리비아에게 임신 사실을 어떻게 알려야 할지 몰랐을 뿐이라고도 했다. 아이가 태어났을 때 너무 힘들어서 고생했지만 불행히도 이런 어려움을 겪지 못한 사람에게는 털어놓을 수가 없었다고 고백했다. 올리비아의 친구는 어머니로서의 역할과 업무와 일상을 오고가는 것만으로도 기진맥진한 상태였고, 프리랜서 작가로 계속 일하면서 집안일을 돌보는 동시에 왓츠앱 출산 지원 모임에 참여하다 보니 거의 나가떨어질 지경이었다. 바로 이것이 빵 부스러기 던져주기의 분홍색 신호가 뜨기 시작한 결정적인 이유였다.

또한 올리비아가 이 대화를 통해 알게 된 것은 친구가 예전부터 올리비아가 자신의 말을 잘 듣지 않는다고 느꼈다는 점이다. 친구는 올리비아가 힘든 시기를 보내고 있기 때문이라고 이해하려 노력했다. 올리비아는 친구의 이야기를 듣는 것이 무척 힘들었지만 부정적으로 반응하지 않으려 최선을 다했고 친구의 솔직한 말에 끝까지 귀를 기울였다. 사랑 스몰 트라우마에 대해 이해하고 싶다면 처음에는 어려울지 몰라도 방정식에서 자신이 차지하고 있는 역할을 책임지고 받아들이는 것이 중요하다.

완벽한 우정에 대한 환상

이제 우리는 스몰 트라우마 사랑 주제에 대해 포괄적인 그림을 그릴 수 있게 되었다. 이 퍼즐에는 중요한 조각이 하나 더 있다. 사회학습이론이다. 간단히 말해 타인의 행동을 모방함으로써 학습한다는 것으로, 모방 대상은 주로 주 양육자 또는 존경하거나 중요하게 여기는 사람이다.[61] 이 이론은 1960년대 후반, 조건화의 초기 이론을 구축한 바 있는 (4장 참조) 심리학자 앨버트 반두라(Albert Bandura)가 제시한 것이다. 반두라 교수는 조건화에 반드시 직접적인 경험이 필요하지는 않다고 지적했다. 대리 학습을 통해서도 연합작용이 일어나기 때문이다.

반두라의 유명한 '보보인형' 실험에 따르면 다른 사람이 인형을 때리는 것을 목격한 아동들은 비슷한 방식으로 플라스틱 장난감을 폭력적으로 대할 가능성이 높다. 당시는 TV를 통해 폭력성에 노출된 아동들에 대한 우려가 점점 커지던 시절이었고, 실제로 1972년 미국 연방 의무감은 TV에 등장하는 폭력이 공공보건 문제라고 선언하기도 했다.

이 실험에 대해 많은 비판이 있기도 했지만 어쨌든 우리의 경험이 사회적 학습에 의한 것이라는 기본 이론은 여전히 유효하다. 그렇기 때문에 우리를 둘러싼 세상과 우리가 소비하는 정보가 스몰 트라우마로 이어질 수 있는 것이다.

올리비아는 대다수의 사람이 그렇듯 책과 영화를 보며 자랐고 가장 친한 친구는 영원히 친구여야 한다는 고정관념을 지니고 있었다. 실제로 그의 어머니는 자주 이사를 다녔는데도 절친한 친구와 내내 깊은 우정을 유지했다. 올리비아와 형제들은 어머니의 단짝 친구를 어릴 적 부터 알고 지냈으며 '이모'라고 불렀다. 그래서 올리비아는 신념 체계에서 필리아에 대해 높은 기준을 설정하게 되었고 자신의 우정이 이 기준을 충족하지 못하자 깊이 실망했다.

AAA 3단계: 행동

이 행동 단계 전략은 낭만적인 에로스 관계에서부터 가족 간의 스토르게 사랑, 그리고 필리아 우정에 이르기까지 모든 유형의 사랑 관계에 도움이 된다.

사랑의 기술 LISTEN & LOVE

LISTEN, 적극적 경청의 기술

심리학자들이 배우는 기술 중에 '적극적 경청'이라는 것이 있다. 이를 배우고 활용하면 사랑하는 사람과의 관계를 현저히 향상시킬 수 있다. 적극적 경청은 단순히 듣는 것이 아니다. 상대방의 말을 듣는 것이 다소 수동적인 형태의 소통방식이라면 적극적 경청에는 집중력과 노력이 필요하다. 물론 그 노력은 충분한 가치가 있으며 이미 친밀한 관계도 놀랍도록 변화시킬 수 있다. 능동적 경청의 목적은 상대의 말을 듣고 있는 그대로의 의미뿐만 아니라 그 안에 담긴 감정적 의미까지 파악하는 것이다. 이제부터 내가 고인이 된 위대한 인본주의 심리학자 칼 로저스(Carl Rogers)의 이론을 바탕으로 고안한 LISTEN 기법을 활용해보자.

- **겉모습(Look)**: 능동적 경청은 언어적 및 비언어적 의사소통을 모두 포함한다. 그러므로 겉으로 드러나는 신호를 주의 깊게 관찰하라. 당신이 사랑하는 사람은 눈맞춤과 시선, 미묘한 몸짓, 자세, 얼굴 표정, 심지어 근육의 움직임에 이르기까지 매우 상세한 정보를 전달해줄 것이다.

- **부조화(Incongruence)**: 적극적 경청의 유용한 측면 중 하나는 상대방의 말과 비언어적 단서가 일치하는지, 즉 서로 부딪치거나 모순되지는 않는지 파악할 수 있다는 것이다. 일반적으로 비언어적 신호는 사람의 감정을 더 정확하게 반영하는 경향이 있다. 파트너나 친구가 "그래, 난 괜찮아, 괜찮다니까, 모든 게 다 괜찮아"라고 말할 때 어깨가 처져 있거나, 가슴 앞에 팔짱을 끼고 있거나 눈을 마주치려 들지 않는다면 이렇게 결론 내려도 좋다. 그들은 전혀 괜

찮지 않다!

- **침묵(Silence):** 우리는 다른 사람의 말을 들을 때 적극적으로 경청하기보다 머릿속으로 내 차례가 오면 어떻게 대답하거나 반응할지 생각하는 경향이 있다. 이는 종종 성급한 반응이나 말을 잘라먹고 끼어드는 행동으로 이어진다. 적극적 경청을 할 만한 정신적 여유가 없는 것이다! 그러니 머릿속 공간을 비우고 침묵하라. 처음에는 불안할지 몰라도 언어적 및 비언어적 메시지(무엇을 어떻게 말할 것인지)를 모두 처리할 수 있으며, 상대방이 더욱 솔직해질 기회를 제공할 수 있다.

- **접촉(Touch):** 인간은 '사회적 접촉'이라는 직관적이고 비언어적인 소통방식을 지니고 있다. 팔이나 어깨에 다정하게 손을 얹는 단순한 동작은 단 몇 초 사이에 말보다 더 많은 것을 전달한다. 사회적 접촉은 상대방을 안심시키고 진정시킬 때 특히 효과적이지만 다양한 감정적 경험을 공유할 때에도 사용할 수 있다.

- **강조(Emphasis):** 의사소통에서 음성은 가장 중요한 것 중 하나다. 상대방의 말을 들을 때는 어조와 높낮이 속도, 음량과 발음 등 여러 가지 면에 전부 관심을 기울여라. 이 모든 특성을 따로따로 파악하고 분석하라는 얘기가 아니다. 사람들과 상호작용을 하다 보면 특정한 언어 패턴이 무엇을 의미하는지 절로 알게 된다. 예를 들어 누군가 기관총처럼 빠른 속도로 말을 쏟아낸다면 그는 사실

괜찮은 상태가 아니다! 다만 사람마다 각자 독특한 패턴이나 습관을 갖고 있기에 평소와 다른 방식으로 강조되는 것이 있는지 살펴보는 편이 더 유용하다.

- **자기 인지(Noticing yourself)**: 사랑하는 이가 하는 말의 감정적 의미를 해석하는 또 다른 단서는 상호작용 중에 당신의 몸에서 일어나는 일을 인지하는 것이다. 이를테면 대화를 시작할 때는 아무렇지도 않았는데 점점 몸에 힘이 들어가고 긴장되는가? 당신은 지금 감정적으로, 신체적으로, 인지적으로 어떤 느낌이 드는가? 때로는 우리 자신의 즉각적인 내적 반응이 상대방에 대해 많은 것을 알려줄 수 있다.

적극적 경청은 일종의 기술이기 때문에 약간의 연습이 필요하다. 사랑하는 사람과 함께 이 기술을 연습해보는 것도 좋다. 적극적 경청을 과감하게 시도하고, 사회적 상호작용에 어떤 변화를 일궈낼 수 있는지 확인해보자!

LOVE 다시 배우기

이상하게 이 장은 두문자를 이용한 기억연상법으로 가득한 것 같다! 필자인 내가 쉽게 기억할 수 있는 연상법을 활용하는 것을 좋아해서 그렇다. 사는 게 바쁘다 보면 아끼는 사람들에게 애정을 표현하는 법을 기억하기가 어려울 수 있기 때문이다. 다음은 사랑의 기초를 되새기는 나만의 방법이다.

- **경청(Listen)**: 사랑을 표현하는 첫 번째 방법인 경청은 너무도 중요한 나머지 위에서 보는 것처럼 독립적인 기법을 따로 갖추고 있다!

- **솔직함(Openness)**: 사랑하는 사람과의 관계는 솔직하고 열린 소통을 통해 발전하지만 때로는 이를 어떻게 표현해야 할지 혼란스러울 수 있다. 어떤 순간에 상대방과의 관계가 한층 더 깊어졌는지 떠올려보자. 두 사람 모두 최고의 모습을 하고 있을 때였나? 아니면 가면이 벗겨져 속에 있는 약한 부분이 드러났을 때? 솔직한 태도는 취약한 감정을 받아들이고 가장 가까운 관계를 더욱 돈독하게 해준다.

- **가치(Value)**: 서로의 가치관을 인정하고 존중할 때 유대감도 강화된다. 친구나 사랑하는 사람과 모든 주제에 대해 같은 생각을 가져야 할 필요는 없지만, 공유하는 가치가 있다면 보다 피상적인 문제에서 의견 차이가 있을 때 도움이 된다.

- **인정(Enable, 사랑하는 사람이 자기 자신이 될 수 있게)**: 진정한 사랑(할리우드식 사랑이 아니라)은 깊은 이해와 받아들임에서 나온다. 사람은 변하기 마련이고, 지지와 격려를 받으면 성장하고 바뀔 수 있다. 그러나 사랑하는 사람을 변화시키는 것은 우리가 해야 할 몫이 아니다. 이는 빅 트라우마든 스몰 트라우마든 의도적으로 순응하라는 게 아니라 아무리 깊이 사랑하는 사람이라도 우리가 허용할 수 있는 한계를 넘는다면 그에게 변화를 강요할 수 없다는 뜻이

다. 그런 경우에는 스스로를 보호해야 하고 타인을 바꿀 수는 없기에 관계에서 벗어나야 할 수도 있다. 그러나 건강한 관계에서는 안전하고 신뢰할 수 있는 영역에서 상대를 있는 그대로 받아들이는 것이야말로 인간이 할 수 있는 사랑의 정점이다.[62]

사랑과 관련된 이런 기술은 올리비아와 그의 친구에게 진정한 전환점이 되었다. 우정이 하룻밤 만에 마법처럼 회복되었다고 할 수는 없지만―이제는 각자 다른 길을 가고 있기에―관계가 회복될 희망의 조짐이 보이기 시작했다. 그들은 당시 삶에서 서로 다른 시기를 겪고 있었다는 사실을 인정했고, 덕분에 올리비아는 그동안 이 우정 때문에 억눌려 있던 숨을 토해내고 모든 애정 관계의 질을 향상시키는 데 집중할 수 있었다.

◆ 사랑에 관한 글쓰기 과제 ◆

1. 관계를 맺고 유지할 때 당신이 가진 세 가지 장점과 이를 사랑하는 이들에게 어떻게 표현하는지 적어보자.
2. 인간관계에서 배운 가장 중요한 것은 무엇인가? 각각 다양한 유형의 사랑에 대해 생각해보자.
3. 어떤 방식으로 사랑하는 사람들에게서 기운을 얻는가?

TINY TRAUMAS

9장

왜 이토록 잠들기 어려운가

전 세계적으로 수면 문제가 유행인 시대다. 피로를 회복하고 일상 활동을 하려면 숙면은 필수적이기 때문에 이 주제의 원인인 스몰 트라우마가 어디서 발생했는지 밝히는 것은 신체적·심리적 웰빙의 핵심이다. 과민한 사람은 환경에 매우 민감하게 반응하기 때문에 잠이 쉽게 깨고 숙면을 취하지 못하는 경향이 있으나 수면장애는 이런 사람에게만 국한된 문제가 아니다. 수면장애의 원인을 인식하고, 자신만의 고유한 특성을 수용하고, 생체 시계를 다시 설정하기 위한 전략적인 조치를 취하면 숙면에 도움이 된다.

이 장에서 살펴볼 내용

- 수면 생리의 기초
- 보복성 취침 미루기
- 낙인 효과와 과민한 사람
- 수면제한 요법으로 생체 시계를 쉬게 하는 법
- 수면의 질과 양을 높이기 위한 뇌의 재프로그래밍

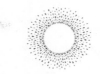

혹시 수면에 문제가 있는가? 밤에 잠을 못 자는 문제는 중요한 스몰 트라우마 주제 중 하나다. 이 문제로 나를 찾아오는 이들은 이미 오만 가지 치료법과 온갖 종류의 약물과 제품 및 습관 변화까지 전부 시도한 경험이 있었다. 그러나 잠을 잘 자는 사람에게 비법이 뭐냐고 물으면 대개는 "아무것도 없는데"라고 대답할 것이다. 짜증 나는 대답이긴 해도 이해는 간다. 현재 수면 경제는 그 가치가 전 세계적으로 수천억 달러에 이르며 빠른 속도로 성장하는 거대한 산업이다. 그러나 이 무수한 제품 중에 실제 100퍼센트 효과가 있는 게 하나라도 있다면 밤에 고통받는 이들을 돕기 위한 치열한 경쟁은 한참 전에 수그러들었을 것이다. 하지만 스몰 트라우마가 우리에게 이에 대해 몇 가지 해답을 알려줄 수 있을지도 모른다.

먼저 하퍼의 이야기를 들어보자.

"내가 아주 예민한 사람이라는 건 알아요. 잠도 못 잘 정도거든요. 난 평생 너무 예민하다는 소리를 들으며 살았어요. 아버지가 나를 완두콩 공주라고 불렀을 정도죠. 『공주와 완두콩』이라고, 매트리스를 스무 개나 깔았는데 밑에 있는 작은 완두콩 때문에 잠을 못 자는 공주가 나오는 동화 있잖아요. 아버지야 그 별명에 애정을 담아서, 내가 다른 사람과 다르고 어쩌면 특별할지도 모른다는 증거인 것처럼 불러줬지만 난 이 예민한 체질 때문에 사는 게 완전히 엉망이에요.

엄마 말로는 내가 어렸을 때부터 그랬다고 하더라고요. 잠자리뿐만 아니라 모든 게 그랬대요. 초등학교 때 친구들과 멀어져서 속상해한 기억이 나요. 놀이터에서 큰 소리로 꺅꺅거리거나 몸을 부딪치며 노는 걸 별로 안 좋아해서요. 그보단 조용하게 책을 읽는 걸 좋아했죠.

하지만 그때는 잠자는 것 자체에는 별로 문제가 없었어요. 문제가 시작된 건 수술을 받은 뒤였어요. 수술에서 회복하는 동안 통증 때문에 밤에 잠을 잘 수가 없어서 인터넷을 하며 시간을 보냈었거든요. 넷플릭스나 영상 같은 걸 본 것도 아니고 그냥 자료를 뒤지거나 무료 강좌 같은 걸 들었어요. 그러다가 수면 패턴이 엉망이 되고 말았죠. 근데 피곤해지면 주변 환경에 더 예민해지거든요. 다른 사람들은 신경도 안 쓰는 것들이 일일이 다 거슬리고요. 그래서 이걸 고칠 방법을 찾으려고 애를 썼는데, 진짜로 별짓을 다 해봤거든요. 그런데 아무것도 도움이 되지 않았어요.

잠을 못 자서 미칠 거 같아요. 정말 너무너무 자고 싶은데, 제발 내가 덜 예민해지게 도와줄 수 있나요?"

하퍼는 이미 수면에 대해 아주 많이 알고 있었다. 잠의 요정을 만나

스몰 트라우마

는 데 어려움을 겪은 적이 있다면 누구나 그럴 거다. 극도로 열악한 수
면은 정신착란까지 일으키고, 수면 박탈은 고문의 한 종류로도 사용된
다. 그래서 사람들이 잠을 잘 방법을 찾아 인터넷을 몇 시간이고 뒤지
고 나중에는 거의 집착에 가까운 수준에 이르는 것이다. 그러나 잠을
자야 한다는 생각에 사로잡히는 것이야말로 종종 수면장애가 유지되
는 요인이다.

우리는 왜 잠에 집착하는가

몸과 마음에 자연스러운 휴식과 회복을 제공하는 수면은 인류에게 오
랫동안 미스터리였다. 잠과 관련해 전해 내려오는 수많은 우화, 동화,
민간전승을 생각해보자. 이는 인류가 탄생한 이래 하나의 종으로서 얼
마나 잠에 매료되어 있는지 보여준다. 하퍼의 사연에도 짝이 될 공주
를 찾는 왕자의 모험에 관한 동화가 등장한다. 왕자는 공주가 잠을 자
지 못하고 설친다면 자신이 올바른 선택을 했음을 알 수 있으리라 생
각했다. 하지만 이건 현대사회에서는 그리 낭만적인 이야기가 아니다.
다음 날 아침에 일어난 공주의 기분은 엉망진창일 테니까. 하지만 이
렇게 잠자리에 민감한 체질이 우월하고 긍정적인 특질로 묘사되어 있
다는 사실은 매우 흥미롭다. 이야기 속에서 잠자리에 까다로운 것은
왕족을 구분하는 척도지만 만성적인 수면장애에 시달리는 사람이라면
진절머리를 낼 것이다. 잠을 얕게 자는 사람이라면 수면장애가 결코
축복이 아니라고 증언하고 싶을지도 모른다. 다만 시대를 막론하고 예

술 작품이나 서사 문화 및 기타 사회적 묘사에는 유달리 예민해서 불면증에 시달리는 사람이—특히 여성—자주 등장하곤 했다. 보다시피 우리는 항상 잠에 집착해왔다. 그저 밤에 일어나는 모든 경련과 떨림을 이제야 추적할 수 있게 되었을 뿐이다.

◆ 불면증이란? ◆

실제 불면증 진단을 받는 사람은 평균적으로 10퍼센트 정도 되지만 실질적으로는 우리 중 3분의 1이 수면 부족으로 낮 동안에 어려움을 겪을 정도로 심각한 수면장애에 시달리고 있다.[63] 관련 증상으로는 집중력 부족, 건망증, 과민성, 낮은 스트레스 내성과 주간 졸음, 주간 피로 등을 꼽을 수 있다. 그러나 불면증 진단을 받으려면 다음 세 가지 조건을 모두 충족해야 한다.

불면증의 세 가지 지표
- 수면 시작의 문제
- 수면 유지의 문제
- 수면의 질의 문제

일반적으로 불면증 진단을 받으려면 위의 조건 중 하나 또는 모두가 1주일에 3일 이상, 적어도 3개월 동안 꾸준히 발생해야 한다.

또한 수면장애의 영향으로 낮 동안 기능이 저하되어 일상적인 업무와 역할, 책임 등을 수행할 수 없어야 한다. 불면증 진단을 받으려면 기본적으로 평상

AAA 1단계: 인식

수면장애라는 스몰 트라우마 여정을 시작하기 전에 나는 하퍼가 잠의 생리적 필요성에 대해 어떻게 생각하는지 알고 싶었다. 그래서 우리는 첫 번째 인식 단계를 수면학 개론 수업으로 시작했다.

수면학 개론

우리는 보통 잠들면 주변 세상을 인식하지 못한다. 그러나 우리가 인식하지 못하는 동안에도 몸과 뇌는 굉장히 바쁘게 움직이고 있다. 수면 생리학 및 심리학 분야에서는 뇌와 근육, 그리고 그 외 신체 시스템의 활동 수준에서 일어나는 수많은 변화에 대해 연구하고 기록하는데, 잠을 자는 동안 우리의 뇌 안에서는 새로운 기억이 구성되고 하루의 정신적 파편이 정리되는 일종의 가지치기 과정이 이뤄진다.

수면의 이점은 무수히 많다. 우리의 정신적 및 신체적 건강은 수면을 통해 유지된다. 연구에 따르면 지속적인 수면 부족은 인지기능 저하, 심혈관 문제, 불안, 우울증, 만성통증 등과 관련이 있으며, 수면 관련 연구를 진행한 거의 모든 질환과 관련이 있다. 수면은 음식 섭취처럼 생존에 필수 조건이므로 잠이 부족하면 어떤 상태든 악화될 수밖에 없다. 하지만 지나친 수면도 건강에 문제가 될 수 있다. 세 마리 곰과 골디록스 동화식으로 말하자면 누구나 '본인'에게 맞는 적절한 수면이 필요하다는 의미다. 어떤 사람은 하루에 대여섯 시간이면 충분한 반면 어떤 사람은 제대로 활동하려면 적어도 열 시간은 자야 한다고 말한다. 대부분의 경우 필요한 수면 시간은 연령에 따라 다르며, 일반적인 성인은 평균적으로 하루 약 일곱에서 아홉 시간, 노인의 경우에는 일고여덟 시간으로 나이가 들면 조금 줄어든다.[64]

수면의 양만 중요한 게 아니다. 수면의 질도 중요하다. 수면 중에 자주 깨게 되면 여덟아홉 시간을 자더라도 낮에 심한 피로를 느낄 수 있다. 실제로 많은 사람이 의사를 찾아가기 전까지는 밤에 자주 깬다는 것을 모른 채 그저 뚜렷한 이유 없이 항상 피곤하다고만(tired all the time syndrome, TATT증후군) 생각한다. 당신의 의료 기록에 'TATT'라고 표시되어 있다면 바로 그런 뜻이다. 이런 사람들은 질 낮은 수면 때문에 칼로리 소비가 증가해 체중이 늘거나 일상생활이 힘들게 느껴질 수 있다.

이는 수면이 통째로 하나의 과정이 아니라 주기적으로 작동하는 일련의 단계로 이뤄져 있기 때문이다. 우리는 일반적으로 하룻밤에 네다섯 번의 주기를 반복하며 각 주기마다 각 수면 단계의 양이 다르다(그림9.1참조). 이 책에서 했던 다른 많은 설명처럼 이는 진화론적 이유 때문이다. 우리는 애초에 여덟 시간 동안 깊이 잠들도록 설계되지 않았다. 그랬다간 포식자들의 목구멍 속으로 떨어지게 될 테니 말이다. 인간은 위협이 있을 경우에 대비해 수면 중에 얕은 잠과 심지어 각성 상태를 거치도록 진화했다. 우리의 스트레스 반응이 현대사회를 따라잡지 못한 것처럼, 수면 패턴 역시 아직 생리적으로 초기 인류와 유사하다. 따라서 밤새도록 '깨어나면 안 된다'고 굳게 믿으면 문제가 발생하게 된다. 또한 각성 상태에 있을 때 머릿속이 반추와 걱정으로 가득 차게 되면 다시 잠드는 데 방해가 된다.

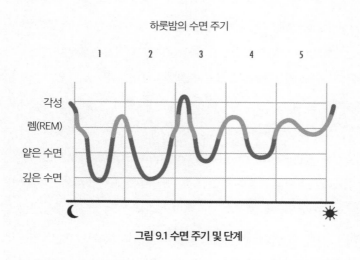

그림 9.1 수면 주기 및 단계

하퍼도 바로 그런 경우였다. 깨어 있는 동안 무슨 생각을 하는지 문자 하퍼는 보통 잠에 대해 생각한다고 털어놓았다. 나는 왜 이렇게 예민한지, 내일 아침에는 얼마나 피곤할지, 이렇게 피곤하면 이 일도 저일도 할 수 없을 텐데 등등. 이런 생각들은 날이 밝아오는 새벽까지 계속됐다. 그러다 보면 피곤함에 지쳐 눈이 가물거리기 시작하고, 눈 깜짝할 새 알람이 울리고, 밤새 걱정하던 바로 그 상황이 눈앞에 닥쳐왔다.

9장 왜 이토록 잠들기 어려운가

◆ 보복성 취침 미루기 ◆

드라마 딱 한 편만 더 보고, 아니면 SNS를 몇 분만 더 보고…… 이런 식으로 잠자는 것을 미루고 있다면 보복성 취침 미루기일 가능성이 매우 높다. 우리가 이런 행동을 하는 이유는—이건 아주 흔한 일이기도 한데—본질적으로 낮 동안에 중요한 욕구를 무시한 자기 자신에게 '복수'하기 위해서다.

삶은 바쁘고, 우리는 아침에 눈을 뜬 순간부터 잠들 때까지 쉴 틈 없이 바쁘게 일하고 움직인다. 놀라거나 기뻐하거나 심지어 잠시 멍하게 있을 여유나 배려가 전혀 없는 것이다. 그래서 긴 하루가 끝나면 내면에 있는 반항적인 자아는 다음 날 피곤하고 귀찮아질 것을 알면서도 고집스럽게 '나'를 위한 시간을 요구한다. 보복성 취침 미루기는 젊은 성인과 여성에게 더 흔하게 나타나며,[65] 낮 동안의 스트레스와 깨어 있는 동안 자유 시간이 부족한 데 대한 반응이다.

그러나 연구에 따르면 사실 우리는 낮 동안에 여유 시간이 많다.[66] 다만 옛날 사람들처럼 커다란 덩어리가 아니라 하루 전반에 잘게 흩어져 있는 '부스러기 시간'을 갖고 있을 뿐이다.[67] 문제는 우리가 이런 시간적 여유를 업무나 생활 관리, 또는 여러 즐겁지 않은 일로 채우는 경향이 있기 때문에 발생한다. 그러니 너무 늦게 잠자리에 들어 스스로를 괴롭히기보다는 낮 동안에 부스러기 시간을 사용해 반려견과 놀아주기, 짧은 마음챙김 명상하기, 자연 즐기기 등 얼굴에 미소가 떠오르는 일을 해라. 그러면 내면의 반항아를 만족시킬 수 있을 것이다.

스몰 트라우마

자기실현적 수면 예언

놀랍게도 많은 사람이 자신이 잠을 못 잘 거라고 예언한다. 스몰 트라우마가 작동하는 지점이 바로 여기다. 하퍼는 자신이 항상 예민했다고 말했다. 아주 어릴 적부터 과민하다는 말을 많이 들었다고 했다. 하퍼는 그의 예민함이 수면에 어떤 영향을 미쳤고 삶을 어떻게 소모시켰는지 설명했다.

"난 더 이상 카페인을 안 마셔요. 단 한 방울도요. 처음엔 양을 줄였고 나중에는 낮 12시 이후에는 입도 안 댔는데, 이젠 차도 안 마셔요. 암막 블라인드, 안대, 귀에 꼭 맞는 맞춤형 귀마개도 구입했어요. 백색소음과 자연음 플레이어도 있고, 수면 앱과 수면 추적기도 전부 다운로드해봤고, 성인용 동화책이 담긴 오디오북 라이브러리도 있어요. 멜라토닌, 발레리안, 잠자는 데 도움이 된다는 온갖 약초와 팅크제도 다 먹어봤지만 전혀 도움이 안 되더라고요. 단 하나도요. 저녁에는 간식을 안 먹고 매운 음식은 손도 안 대요. CBC 오일처럼 잠과 관련된 보충제란 보충제는 전부 다 먹어봤고 욕실엔 엡솜 솔트와 라벤더 아로마로 가득해요. 의사한테서 일주일 치 수면제를 받은 적도 있는데 도움이 되긴 했지만 낮에 너무 졸려서 아무것도 못 하겠더라고요. 숙취가 온 것만 같았어요. 수면제에 중독될까 봐 무섭기도 했고요. 처방약에 중독되는 것만큼은 피하고 싶었거든요."

수면민감도에 대한 걱정과 반추가 하퍼의 모든 일상을 지배했다. 잠과 관련해 매우 엄격한 계획을 따랐고 정해진 의식에서 벗어나면 스트레스를 너무 심하게 받아서 여행이나 휴가, 심지어 가족들과 함께 시간을 보내는 것조차 먼 추억이 되었을 정도였다.

그래서 하퍼는 나와 함께한 다음 여정을 다소 놀랍게 받아들였다. 나는 그에게 물었다.

"만약에 그런 예민함이 실은 당신이 지닌 초능력이라면요?"

AAA 2단계: 수용

인식에서 수용 단계로 발전하기 위해서는 수면과 그 생리에 대한 하퍼의 기존 지식을 뒤흔드는 것만으로는 충분하지 않았다. 수면장애는 하퍼의 스몰 트라우마 그 자체가 아니라 증상에 불과했기 때문이다. 모든 스몰 트라우마 주제와 마찬가지로, 하퍼의 수면장애는 처음에는 사소했지만 나중에는 삶 전체를 마비시킬 정도로 심각한 문제로 발전했다. 스몰 트라우마는 계속해서 눈덩이처럼 불어나지만 우리는 대개 아슬아슬하게 균형을 잡고 있던 카드의 집을 크게 흔드는 일이 일어난 뒤에야 스몰 트라우마의 신호와 징후를 감지한다. 하퍼의 계기는 수술이었으나 사실 스몰 트라우마의 넝쿨은 '공주와 완두콩'까지 이어져 있었다. 하퍼는 어린 시절부터 '너무 예민한 아이'로 낙인찍혀 있었던 것이다.

하퍼는 "넌 너무 예민해"라는 말을 셀 수 없이 많이 들었고, 너무 자주 들은 나머지 마음속 깊이 내면화했다고 털어놓았다. 그 말은 보통 비난처럼 들렸다. 개인적이고, 도저히 피할 수 없는 실패처럼 말이다.

그래서 내가 그것을 초능력으로 새롭게 정의하자 하퍼는 깊은 피로에 지쳐 눈물이 그렁거리는 눈으로 나를 쳐다보았다. 수용으로 향하는 길이 구체화되기 시작한 것이다.

◆ 스몰 트라우마 집중 탐구: 낙인 이론 ◆

낙인 이론은 주로 사회학 및 범죄학에서 범죄 행위와 범죄자의 행동을 설명할 때 사용되지만 정신 및 심리 건강 분야에도 적용된다. 간단히 말해 이 이론은 특정 유형의 행동이 어떻게 외부 판단에 의해 낙인의 형태로 발전하고, 그로 인해 또다시 행동을 형성하게 되는지 설명한다. 즉 아이들에게 나쁘다, 못됐다, 착하지 않다 등의 말을 자주 한다면 아이는 그 낙인에 걸맞게 행동함으로써 자신이 실제로 얼마나 못됐는지 보여줄 것이다.

수면 민감성과 같은 특성에도 이와 똑같은 과정이 적용될 수 있다. 어떤 이들은 실제로 다른 사람들보다 더 예민할지 모른다. 그러나 이들이 얼마나 잠을 얇게 자는지 강조하면 그들은 약간의 소음이나 움직임, 또는 기타 환경적 요인에 과도하게 반응할 것이고 그 결과 숙면을 취하지 못할 것이다. 특히 그러한 낙인이 개인에게 사회적으로 이득이 되는 경우에는 더욱 그렇다. 예를 들어 양육자의 관심을 바라는 어린아이는 이런 낙인을 받아들임으로써 취침 시간에 양육자와 더 많은 시간을 함께 보낼 수 있게 된다. 또한 범주에서 벗어나는 행동이 무시되거나 심지어 금지된다면 낙인 효과가 더욱 강화될 수 있다. 마지막으로 낙인이 공개적으로 부여된 경우 (특히 정체성을 형성하는 시기에) 이에 반하는 행동을 하는 것은 위험할 수 있는데, 부모나 가장 소중한 사

람들에게 수치심이나 당혹감과 같은 감정적 고통을 줄 수 있기 때문이다.[68]
낙인은 착한 아이를 쉽고 빠르게 비행 청소년으로 만들 수도 있지만 그 반대
의 효과를 낼 수도 있다. 따라서 낙인 이론을 긍정적인 방식으로 사용하면 문
제 행동을 해결할 수 있다.

타인보다 민감한 사람

1990년대에 학계의 바다에는 잔잔한 물결이 일고 있었다. 미국의
연구심리학자 일레인 아론(Elaine Aron) 박사는 본인의 경험을 반영한
연구를 시작했다. 그는 삶의 특정 영역에서 어려움을 겪고 있었는데,
상담치료사는 심리치료 중에 그를 '과민한 사람(Highly Sensitive Person,
HSP)'이라고 지칭했다.[69] 경멸적인 의미가 아니라 단순한 관찰 결과를
설명하는 것이었다. 이 중요한 순간을 계기로 아론 박사는 관련 데이
터를 수집했고, 이후 다른 사람들도 이런 특성을 갖고 있는지 확인하
는 척도를 개발했다. 아론 박사는 인구의 약 15~20퍼센트가 이런 과
민한 사람이라고 추정했는데[70] 그들의 특성은 다음과 같다.

- 사회적 맥락에서 타인의 기분과 분위기에 영향을 받는다.
- 소음, 빛, 거친 질감, 강한 냄새, 통증, 배고픔 및 각성제(예를 들어, 카페인)에
  민감하고 이러한 자극을 통제하기 위해 노력한다.
- 요구 수준이 높을 때, 자신의 수행이 관찰되고 있을 때, 또는 계획이 갑작스
  럽게 변경될 때 초조함이나 불안감을 느낀다.

스몰 트라우마

- 높은 수준의 성실성, 실수를 피하려는 강한 욕구, 오류를 인지했을 때 반추하는 사고 패턴을 보인다.
- 환경의 세부적 특성을 기민하게 인식하고 외부세계의 미묘함과 아름다움을 인지할 수 있다.
- 풍부하고 복잡한 내면세계를 보유하고 있어 예술, 음악 및 기타 창조적인 영역을 즐긴다.

오늘날에는 이 개념이 상당히 잘 알려져 있는 편이다. 아론 박사는 원래 HSP를 중립적인 성격 특성으로 개념화했으나 '과민하다'는 단어는 여전히 사람을 깎아내리는 일종의 모욕이나 미세공격으로 종종 사용된다. '과민하다'의 정의를 살펴보면 쉽게 화를 내거나 마음에 상처를 입는다는 의미지만 달리 생각하면 사소한 변화나 신호, 영향을 감지하고 반응하는 속도가 빠르다는 뜻이기도 하다. 이는 진화론적 관점에서 유리할 수 있다. 환경의 미묘한 변화를 알아차리는 능력은 개인뿐만 아니라 집단을 보호하는 데도 유용하고 따라서 초기 인류에게는 소중한 자산이었을 것이다. 반면에 시끄럽고 밝고 끊임없이 변화하는 오늘날의 세상에서는 약점처럼 되어버렸다. 하지만 내 생각은 다르다.

이 시점에서 하퍼와 나는 한 가지 연습활동을 해보았다. 우리는 다양한 슈퍼히어로와 그들의 초능력을 브레인스토밍해 종이에 적은 다음 내 사무실 벽에 붙였다. 이런 모습으로 말이다.

뒤로 물러서서 살펴보니, 우리에게 가장 사랑받는 슈퍼히어로들에게는 대부분 정교하게 조율된 장점이 있었고 이런 조화야말로 그들을 특별하게 한다는 사실을 알 수 있었다.

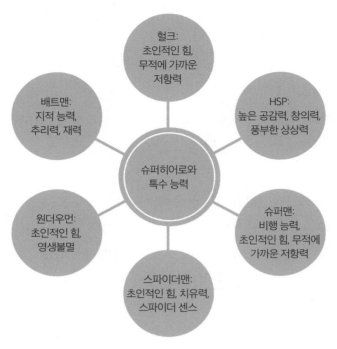

그림 9.2 슈퍼히어로 마인드맵

다음으로, 우리는 하퍼가 가진 긍정적 속성을 나열했다. 하퍼의 특성 중 상당수가 아론 박사가 말한 HSP에 해당했다. 다른 사람의 감정을 빨리 눈치채는 능력은 그를 좋은 친구이자 믿고 비밀을 털어놓을 수 있는 상대가 되게 해주었다. 그는 음악에 몰입하면 주변 세상을 까맣게 잊어버렸고, 동물들과 쉽게 친해지는 뛰어난 친화력을 지녔다.

마지막으로, 슈퍼히어로 마인드맵을 들여다보며 이런 가상의 캐릭터들이 '어떤' 상황에서든 능력을 사용할 수 있었는지 아니면 능력을 통제하고 억제해야 했는지 살펴보았다. 아마 당신도 이미 그 답을 알고 있을 것이다. 이는 여러 문화 및 사회 전반에 대한 관찰 결과로도 뒷받침된다. 많은 문화권에서 조용하고 사려 깊고 예민한 개인을 더 높게 평가한다. 뻔뻔스럽고 시끄럽고 지나치게 외향적인 성격을 다른 모든 것을 능가하는 강점으로 여기는 곳은 서구 사회뿐이다.

더불어 스몰 트라우마의 누적 효과도 빠뜨릴 수 없다. 예민한 것은 전혀 '잘못된' 것이 아니다. 하퍼는 그저 자신과 어울리지 않는 환경에서 자랐을 뿐이고, 그로 인해 자신의 개인적 특성이 문제라고 끊임없이 주입하는 신념체계를 구축했던 것이다.

◆ 꿈 치료법 ◆

인류는 역사적으로 늘 꿈에 매료되어 있었다. 하지만 꿈에 의미가 있을까? 만일 그렇다면 대체 무슨 의미일까? 꿈의 분석이나 해몽은 과학에 근거를 두고 있지는 않지만 꿈의 목적에 대한 단서를 제공해주는 연구는 많다. 정신분석학의 아버지라 불리는 지그문트 프로이트는 꿈이 잠재의식의 발로이며 우리의 가장 깊은 욕망과 욕구의 본질을 알리는 수단이라고 주장했다. 또 다른 저명한 정신분석가인 칼 융은 그 주장에 반박하며 꿈이란 원형이라고 부르는 보편적 이미지와 주제를 통해 현실 속 삶의 문제를 의식에 전달하는 것이라고 말했다. 정신분석학의 이 두 대가는 꿈에 실제로 목적이 있다고 믿었고, 최근의 연구에 따르면 감정과 스몰 트라우마에 관해서만큼은 사실일 가능성이 크다.

20세기 후반 연구들에 따르면 대다수의 꿈이 부정적인 모습을 띤다. 잠에서

깬 후 꿈에 대해 회고한 보고 중 약 4분의 1이 불쾌한 감정과 연관되어 있었고,[71] 그 결과 꿈은 사람들이 깨어 있을 때 표현하기 힘든 어려운 감정을 뇌가 처리하는 방법이라는 가설이 세워졌다. 다시 말해 우리가 잠을 자는 동안 뇌가 스몰 트라우마를 정신적으로 처리하고 있을지도 모른다는 얘기다. 실제로 신경과학자 로잘린드 카트라이트(Rosalind Cartwright)는 이혼 트라우마를 연구한 결과, 이런 불쾌한 꿈(심지어 악몽도)이 이별 후 우울증에 걸린 사람들이 정서적 트라우마로부터 회복하는 데 도움이 된다는 사실을 발견했다.[72] 그러니 다음번에 나쁜 꿈을 꾼다면 기분 나쁜 경험을 한 것이 아니라 공짜로 심리치료를 받았다고 생각해라! 어쩌면 미래를 향한 발걸음에 활기를 더해줄지 모른다.

AAA 3단계: 행동

'비활성화'와 '연합'을 활용한 취침 전략

수면장애나 불면증에 시달리는 모든 사람이 과민한 것은 아니다. 모든 스몰 트라우마가 그렇듯이 사람은 누구나 삶의 질을 떨어뜨리는 독특한 상처와 상흔을 갖고 있다. 하지만 수면 스몰 트라우마 주제를 다룰 수 있는 보편적인 해결책이 있다. '비활성화'와 '연합'을 이용하면 지금 우리가 살고 있는 쉴 새 없이 바쁜 세상에서 삶의 변화를 이끌어낼 수 있다. 밤에 쉽게 잠들 수 있게 하루를 보내는 방법을 소개한다.

수면제한으로 수면의 질 향상시키기

이제 더는 불면증을 해결할 수 없고 다시는 자연스러운 수면 패턴으로 돌아갈 수 없다고 절망하고 있다면 '수면제한' 기법이 생체 시계를 되돌리는 데 도움을 줄 수 있을 것이다. 꽤 어려운 방법이기에 평소에 정확한 생활 습관과 일정을 따르고 있을 때만 이 기법을 사용하는 것이 좋다. 그래야 아래 단계를 엄격하게 고수할 수 있기 때문이다. 최악의 수면 스몰 트라우마를 경험하던 내담자들도 이 기법을 활용해 삶에 획기적인 전환점을 맞이했다. 방법은 다음과 같다.

1단계: 수면 효율 측정

먼저 당신의 수면 효율(sleep efficiency)을 알아야 하므로 적어도 일주일 동안 침대 옆에 펜과 메모지를 놓아두고 다음 사항을 확인한다.

- 일주일 동안 평균적으로 잠자리에서 누운 채 보내는 시간(깨어 있든 잠들어 있든 상관없다).
- 실제로 잠을 잤다고 추정되는 수면 시간(중간에 깨더라도 상관없다).

수면추적기나 앱을 사용하는 것은 추천하지 않는다. 수면에 대한 부적응적인 집착을 증가시키는 경향이 있기 때문이다. 차라리 구식 펜과 종이가 더 효과가 좋다.

이제 위의 정보를 사용해 수면 효율 점수를 계산한다. 방법은 간단하다. 평균 수면 시간을 잠자리에서 보낸 시간으로 나누면 된다. 그런 다음 100을 곱하면 수면 효율 점수를 얻을 수 있다.

(수면 시간 ÷ 잠자리에서 보낸 시간) x 100 = 수면 효율

하퍼의 경우를 계산하면 다음과 같다.

(5.5시간 수면 ÷ 잠자리에서 보내는 10시간) x 100 = 55퍼센트 수면 효율

수면효율이 100퍼센트인 사람은 없지만 바람직한 수면 효율은 80~85퍼센트 정도이므로(장기적인 건강 문제가 없는 경우) 하퍼는 의심할 여지 없이 수면 부족 때문에 낮에 심각한 문제를 겪고 있었다.

2단계: 수면 제한

이제 수면 효율을 알았으니 수면제한 단계로 넘어갈 수 있다.

'수면 시간'은 침대에 누워 있는 시간이 아니라 잠들어 있는 평균 수면 시간을 뜻하며, 앞으로 이를 잠자리에 누워 있는 시간과 일치하게 할 것이다. 즉 하퍼의 경우에는 5.5시간이다.

다음으로 '문턱 시간'을 정한다. 이는 기본적으로 잠을 자기 위해 잠자리에 눕는 시각을 의미한다. 하퍼의 경우에는 꽤 일찍 잠자리에 들어도 침대에 누워 잠이 오지 않는 이유를 고민하는 시간이 길었기 때문에 문턱 시간을 기존보다 훨씬 늦은 자정 이후로 정했다.

마지막으로 아무리 피곤해도 반드시 침대에서 일어나야 하는 '고정 시간'을 정한다. 하퍼의 경우에는 오전 5시 30분이었다.

너무 가혹한 스케줄이라고? 하지만 여기서 가장 중요한 것은 수면 효율을 개선하고, 그동안 하퍼가 발전시킨 해로운 수면 패턴을 회복하는 것이다.

시간	
10 pm	**문턱 시간** 밤 12시 – 취침, 침대에 눕기
11 pm	
12 pm	
1 am	**수면 시간** 5.5시간 동안 침대에 머무름(평균 수면 시간)
2 am	
3 am	
4 am	
5 am	
6 am	**고정 시간** 오전 5시 30분 – 기상, 침대에서 나오기
7 am	

일주일 동안 이 일정에 따라 몸과 마음에 강력한 수면 욕구를 유도하는 것이 목표다. 아무리 힘들고 어려워도 이 일주일 동안은 다음의 세 가지 수면제한 규칙을 지켜야 한다.

- 문턱 시간이 지난 후에만 잠자리에 들 수 있다.
- 수면 시간에만 침대에 누워 있을 수 있다.
- 아무리 피곤하거나 졸려도 고정 시간에는 반드시 침대에서 일어나야 한다.

9장 왜 이토록 잠들기 어려운가

3단계: 수면 시간 조정

마지막 단계에서는 수면 시간을 다시 늘릴 수 있다. 그러나 먼저 수면 효율을 다시 계산한 후에 다음 기본 방침에 따라 수면 시간을 조정한다.

- 수면 효율이 85퍼센트 이상일 경우 수면 시간에 15분을 추가한다. 즉, 하퍼의 경우에는 5시간 45분이 된다.
- 수면 효율이 80~85퍼센트 사이라면 수면 시간을 한 주간 더 동일하게 유지한다.
- 수면 효율이 80퍼센트 미만일 경우 수면 시간을 15분 더 줄인다.

보다시피 이는 점진적인 과정이므로 인내심을 발휘해야 한다. 지금껏 모든 방법을 다 시도해봤다고 생각한다면 이 강력한 방법으로 수면 부족에서 벗어나보자.

몸과 마음을 비활성화하는 방법들

다음에 소개하는 팁들은 일반적인 '수면 위생' 원칙에 속한다. 수면 위생이란 간단히 말해 깔끔하게 잠들 수 있도록 도와주는 바람직한 수면 습관이다. 경험에 바탕을 둔 이런 일반 원칙은 심신의 생리적인 활성화를 낮춰 일단 잠자리에 눕고 나면 쉽게 잠들 수 있게 해준다. 초기 인류에게는 이런 방법이 필요하지 않았겠지만 가공 음식이 넘치는 첨단 기술 시대에 사는 우리 현대인들은 일상적으로 노출되는 자극 요인을 줄이는 것만으로도 효과를 볼 수 있다. 그러나 이런 규칙도 생활 방식과 여행, 함께 사는 가족들에 맞춰 유연하게 적용해야 한다는 점을 명심하자. 다음 항목 중 하나라도 불안한 느낌이 들거나 바꿀 수 없다면 자신의 사고 패턴을 점검해보는 것이 좋다(4장 참조).

· 스마트폰 침실 밖에 두고 잠자기

침실은 잠과 섹스를 위한 공간이라는 옛말이 있다. 스마트폰과 태블릿을 포함해 스크린이 달린 것이라면 전부 치워라! "하지만 난 휴대전화를 알람시계로 사용하는데!" 누군가 울부짖는 소리가 들리는 것 같다. 안타깝지만 이것만큼은 양보할 수 없다. 가게에 가면 평범한 알람시계나 일출 시뮬레이터를 저렴한 가격에 쉽게 구입할 수 있고, 이런 것들이 있으면 하루를 편안하게 시작할 수 있다. 휴대전화를 침실 밖에 두는 것에 대한 저항심은 보복성 수면 미루기 및 스몰 트라우마와 관련이 있다. 그러니 밤에 메시지, 소셜 미디어, 또는 이메일을 머릿속에서 지울 수 없다면 그 기저에 스몰 트라우마 주제가 있지는 않은지 살펴봐야 할 것이다.

· 자극적인 음식 피하기

카페인, 초콜릿, 그리고 맵거나 향이 강하거나 자극적인 음식은 각성 효과가 있기 때문에 오후부터는 자극이 덜한 음식과 음료로 대체한다. 카페인의 반감기는 유전적인 대사 능력에 따라 5~6시간 정도다. 따라서 오후에 카페인이 함유된 음료를 마시면 나른함을 달랠수는 있겠지만 잠들기 직전에 작은 잔에 커피 한 잔을 마시는 것과 같다.[73]

• 저녁에는 저탄수화물 식사

빵, 파스타 등 고탄수화물 음식은 소화기관이 처음에는 나른한 기분이 들 수 있지만, 위장이 이를 소화하기 위해 평소보다 더 열심히 일해야 하기 때문에 신체가 활성화되고 정신이 각성된다. 저녁식사로 색다른 카레를 먹는 것이 몸에 해롭다는 게 아니다. 다만 수면이 더이상 몸과 마음의 전쟁터가 되지 않도록 양질의, 그리고 회복력 있는 수면에 도움이 될 밑바탕을 제공하기 위한 권고 사항일 뿐이다.

• 알코올은 도움이 안 된다

잠자리에 들기 전 술 한잔이 취침에 도움이 된다는 것은 흔한 오해다. 술을 마시면 졸릴 수도 있지만 신체가 알코올을 대사하는 과정에서 오히려 수면에 방해가 된다. 간단히 비유하자면 설령 낮에라도 알코올을 한 잔 섭취하면 수면 손실이 한 시간 발생한다. 주량은 꾸준히 늘기 마련이고 와인과 맥주, 사과주의 도수도 높아졌기 때문에 우리가 정확히 얼마나 많이 마시고 있는지 파악하기 어려울 수도 있다. 가령 큰 와인 잔 하나는 와인 한 병의 3분의 1에 해당한다. 따라서 하루 동안 와인을 큰 잔으로 세 잔 마셨다면 한 병을 통째로 마신 것과 같다! 이는 약 9~10알코올 단위(우리 몸이 한 시간 동안 분해할 수 있는 알코올 함량을 1알코올 단위라고 한다.—옮긴이)에 해당하며, 이는 즉 당신이 밤새도록 양질의 수면을 취할 가능성이 거의 없다는 의미다.

• 복용 약물 체크하기

많은 처방약과 일반의약품도 수면을 방해할 수 있다. 베타차단제,

코르티코스테로이드 및 SSRO 항우울제처럼 흔히 사용되는 약물도 생리적 체계를 변화시키므로 수면을 방해할 수 있다. 예를 들어 코르티코스테로이드는 신경계의 일부인 부신에서 자연적으로 생성하는 호르몬의 효과를 모방해 심신을 활성화한다. 약을 복용해야 하는 경우에는 반드시 의사와 상의해서 이른 아침에 약을 복용해 몸이 비활성화될 시간을 확보할 수 있는지 알아보자.

· 적정 온도

일반적으로 침실의 최적 온도는 약 18도다. 방이 지나치게 덥거나 추우면 체온을 낮추거나 높이기 위해 신체가 더 많은 노력을 기울여야 하므로 수면에 방해가 될 수 있다. 우리의 몸은 저녁이 되면 자연적으로 체온을 낮춰 수면을 유도하는데, 약간의 속임수를 써서 이런 느낌을 이끌어내는 방법도 있다. 가령 취침 전에 따뜻한 물로 목욕을 하면 심부 체온이 상승했다가 몸이 식으면서 졸음을 느끼게 된다. 이러한 흐름을 수면을 위한 의식(아래 내용 참조)으로 활용해 자연스럽게 졸음 상태로 빠져보자.

· 움직여라

우리는 매일 몸을 움직이도록 진화해왔다. 따라서 주로 책상 앞에서 일하는 직업이라면—현대사회에서 대부분의 직업이 그렇듯이—어떻게든 계획적으로 시간을 내서 몸을 움직여라. 그러지 않으면 신체가 에너지를 물리적으로 소모할 기회를 얻을 수가 없다. 하지만 잠자리에 들기 3~4시간 전부터는 격렬한 운동을 피해야 한다. 신체

활동이 활성화되기 때문이다.

신경 쓰이는 생각 끄기

잠자리에 누워 '잠'에 대해 강박적으로 생각하는 것도 힘들지만, 많은 사람이 그날 하루 있었던 일을 머릿속에서 끊임없이 재생한다. 오늘 일어난 일상적인 일이 아니라 몇 주, 몇 달, 혹은 몇 년 전에 일어난 일일 때도 있다. 가벼운 실수나 사소한 과실, 잘못에 대한 인지와 생각은 내적 스트레스 반응을 두 가지 형태로 활성화한다. 반추와 또다시 실수할지도 모른다는 걱정이다. 어쩌면 10년 전 결혼식장에서 누군가의 이름을 잊어버려 얼굴에 피가 몰리고 주변의 동정 어린 눈빛에 손이 떨리던 기억을 떠올릴 수도 있다. 침대에 누워 이불을 덮자마자 우리 머릿속에서는 창피하거나 후회되는 일들이 끊임없이 펼쳐지고, 순식간에 시작된 내면의 목소리는 멈추지 않는다. 연구에 따르면 이런 쓸데없는 생각들은 수면의 적이다.[74] 잠은 결코 스트레스 반응을 이길 수 없기 때문이다.[75] 실제로 존재하든 그저 인지된 것이든 위협에 직면했을 때 생존하려는 우리의 욕구는 정말이지 너무도 강력하다.

이런 생각을 비활성화할 수 있는 간단한 기술이 있다. 취침 비결 중에서 내가 가장 좋아하는 것이다.

머릿속으로 'the'라는 단어를 2초마다 떠올린다. 이 단어에는 감정적인 의미가 없기 때문에 스트레스 반응을 유발하지 않지만, 단어를 정신적으로 발화하기 위해 집중하는 행위는 과거의 실수와 미래에 대한 두려움 때문에 잠을 설치는 암흑 구덩이에 빠지지 않게 도와준다.

취침 루틴 만들기

4장에서 우리는 연합작용이 어떻게 부정적 영향을 미쳐서 스몰 트라우마를 통해 활성화된 스트레스 반응과 회피 행동으로 이어질 수 있는지 살펴보았다. 하지만 연합의 힘은 긍정적인 쪽으로도 활용할 수 있다!

우리는 긴장을 풀고 진정하려면 일종의 루틴이 필요하다는 것을 본능적으로 알고 있지만 어른이 되고 나면 이를 잊어버린다. 하지만 우리는 인생에서 방황하는 커다란 아이들일 뿐이다. 그러므로 아이들의 잠자리 루틴에서 몇 가지 교훈을 얻어 취침 시간과 특정한 활동을 연결할 수 있다. 이를테면 일련의 신호를 설정해 잠들기 전에 마음을 가라앉히고 몸과 마음을 비활성화하는 것이다. 많은 사람이 우리의 뇌가 버튼을 누르면 끄고 켤 수 있는 전등 스위치처럼 작동하길 바라지만 뇌란 그런 식으로 프로그램되어 있지 않다. 하지만 잠자리 습관을 형성해 프로그래밍하면 머릿속에서 윙윙거리는 컴퓨터를 단계적으로 서서히 종료할 수 있다.

- 잠자리에 들기 60~90분 전에 TV와 태블릿, 컴퓨터 및 다른 자극적인 활동을 중단하고 취침 루틴을 시작한다.
- 독서와 잔잔한 음악 듣기, 명상 테이프 듣기나 예술 감상처럼 몸과 마음을 진정시키는 활동을 고른다.
- 목욕으로 몸을 식히는 것도 좋다. 은은한 조명이나 촛불, 아로마를 곁들여 미니 스파를 즐기는 건 어떨까?
- 가벼운 스트레칭과 호흡 운동으로 심신을 가라앉히는 것도 좋다.

- 내일 할 일 목록을 작성해두면 침대에 말똥말똥 누운 채로 다음 날 해야 할 일을 끊임없이 생각할 필요가 없다.
- 글쓰기도 도움이 될 수 있다. 잠자리에 들기 전에 일기를 쓰는 것도 낮 동안에 쌓인 긴장을 가라앉힐 수 있는 방법이다.

자신에게 무엇이 가장 효과적인지 여러 가지 방법을 시험해보기 바란다. 다양한 연합방식을 개발하되 뇌를 새로운 신경 경로로 재구성하려면 시간이 걸린다는 사실을 명심하도록. 하지만 이런 연관성이 강화되면 취침 루틴을 시작하는 것만으로도 졸리다는 것을 알게 될 것이다.

◆ 숙면을 위한 글쓰기 주제 ◆

1. 오늘을 나타내는 단어는? 왜 이 단어를 선택했는지 설명해보자.
2. 오늘에 남겨두고 싶은 것을 적어본다.
3. 내일로 가져가고 싶은 것을 적는다.
4. 내일의 '오늘의 단어'는 무엇이 될지 정해본다. 이 단어가 자신에게 어떤 의미인지 생각해보자.

스몰 트라우마

TINY TRAUMAS

10장

인생의 다음 단계로
넘어가는 방법

전환은 누구나 거쳐야 하는 삶의 일부지만 항상 쉬운 것은 아니다. 누구나 이런 전환을 겪는다는 것을 인식하고 그것이 정상임을 인지하는 것은 이 스몰 트라우마 주제를 탐색하는 좋은 출발점이다. 삶의 다음 단계로 넘어가기 위해 예전의 나를 내려놓는 과정이 필요하다는 사실을 받아들이는 것도 도움이 된다. 마지막으로 앞으로 겪을 전환에 대해 미리 계획을 세워두면 이 스몰 트라우마 주제와 관련한 심리적인 면역체계를 강화할 수 있다.

이 장에서 살펴볼 내용

- 생애 단계와 사회적 시계
- 도덕 손상
- 경계공간에서의 전환
- 폐경기와 샌드위치 세대
- 내려놓고 나아가기

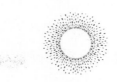

내가 대학을 다니던 학부 시절에 심리학은 주로 아동의 발달에 초점을 맞췄고, 전 생애 발달은 상대적으로 덜 중요하게 취급되었다. 발달심리학은 아동이 일정한 연령대에 따라 단계적으로 발달한다는 발달단계이론을 적용하는 경향이 있었다. 당시에도 그 이론은 정확할 수가 없었고, 설령 아동이 일반적인 범위 밖에 있다고 해도 문제가 있거나 발달이 '지연'되고 있다는 의미는 아니라고 생각했던 기억이 난다. 이제 학계에서는 대부분 발달단계이론이 엄격한 기준이라기보다는 일종의 지침에 가깝다는 데 동의하지만 이미 이론이 너무 널리 퍼진 나머지 때로는 불안감을 야기하기도 한다. 특히 부모들은 아동의 발달단계에 집착할 수 있는데, 다음을 명심하길 바란다. 그건 그저 아이들 자신이 원하는 때가 아직 오지 않은 것뿐이다!

하지만 이 단계적 발달이라는 개념은 어린 시절 이후까지 이어지며,

대부분의 문화권에서 성인이 되고 나면 삶의 특정 시기에 특정한 기준에 도달해야 '한다'는 믿음을 갖도록 했다. 이 보이지 않는 선을 넘지 못한다면 '기준에 못 미친다'는 느낌 자체가 스몰 트라우마가 될 수 있다. 주변 사람들을 둘러보면서 남들은 다 해냈는데 나만 못 했다고 생각하는 것이다. 자, 그럼 여기서 프레야를 소개한다. 서른 번째 생일을 맞이해 나를 찾아온 사랑스러운 젊은 여성이다.

"바보 같은 말인 거 알지만, 서른 살이 된다는 생각만 해도 끔찍해요. 이제까지 한 게 하나도 없는 것 같고, 앞으로 뭘 해야 할지도 모르겠어요. 일도 그렇고, 지금 사귀는 사람을 계속 사귀어야 할지도 모르겠고요. 아무리 일해도 평생 내 집을 마련할 수 있을 것 같지 않은데, 집이 없으면 당연히 아이를 갖는 건 꿈도 못 꿀 일이잖아요?
내 말은, 세상 모든 게 불가능해 보이는데 가족들한테 이런 얘기를 하려고 하면 그냥 다 잘될 거라면서 얼버무린다는 거예요. 하지만 뭐가 어떻게 잘된다는 거죠? 난 이제 내가 누구인지, 어떤 사람이 되어야 하는지도 모르겠어요. 나 혼자 거꾸로 가고 있는 것 같아요. 일을 시작했을 때는 알았는데, 아니 적어도 안다고 생각했는데 지금은 그냥 아무것도 모르겠어요. 내가 뭘 해야 할지, 내 인생에서 뭘 해야 할지 전혀요. 이제 난 어떻게 해야 하죠?"

물론 나는 프레야에게 대답을 해줄 수 없었다. 해답은 프레야에게 있었으니까. 다만 우리는 AAA 접근법을 통해 그 해답을 찾아낼 필요가 있었다.

지금 생애의 어느 단계에 있습니까?

가장 유명한 발달단계이론으로는 에릭 에릭슨(Erik Erikson)의 심리사회적 발달이론(Psychosocial Stages of Human Development)과 대니얼 레빈슨(Daniel Levinson)의 인생사계절론(Seasons of a Man's Life)이 있다(280페이지 표 참조).[76] 두 이론 모두 18세부터 성인기로 보았으며 초기, 중기, 후기로 구분한다. 오늘날 인간에 대한 사회적 및 심리학적 이해의 상당 부분이 발달이론에 기반을 두고 있으나 이 개념이 형성된 맥락을 고려해야만 한다. 에릭슨의 이론은 1950년, 레빈슨의 이론은 1978년에 발표되었다. 그 당시 사람들의 삶을—예를 들면 성 역할의 수행 방식이라든가—생각해보면 현재 널리 받아들여지는 발달단계를 곧이곧대로 받아들이면 안 되는 이유를 알 수 있다. 레빈슨의 이론은 그 이름부터 편향적이다. 직역하자면 '남자(Man)의 삶'이 아닌가. 게다가 그를 비롯해 대부분의 심리학자와 연구자, 과학자가 주로 시스 남성(시스젠더는 사회에서 지정받은 성별과 본인이 정체화한 성별 정체성이 일치한다고 느끼는 사람을 뜻한다.—옮긴이)을 대상으로 한 연구를 바탕으로 결론을 도출했다는 점을 감안하면 더욱 그렇다. 실제로 레빈슨은 나중에 여성들과도 면담을 진행했으며 당연하게도 몇 가지 차이점을 발견했다. 다만 발달단계 모델의 목적은 성인의 생애에서 공통된 주제를 파악하는 것이기에 모든 사람을 틀에 가두고 인간 경험의 복잡성과 다양성은 물론 개인적인 맥락의 영향을 배제하게 된다.

10장 인생의 다음 단계로 넘어가는 방법

◆ 과학 연구에 나타나는 성 편견 ◆

레빈슨이 이론을 발표했을 때만 해도 그 제목에 눈살을 찌푸린 사람이 아무
도 없었을 것이다. 심지어 비교적 최근까지도 여성의 몸은(그리고 정신도) 연
구 대상으로 삼기에는 너무 복잡하다는 믿음이 과학 및 의학 연구 분야에 널
리 퍼져 있었다. 지금 들으면 놀랍겠지만 획기적인 연구의 대다수가 인간과
동물, 심지어 세포까지도 남성 생물학에 기반을 두고 있다.[77 78] 물론, 심리학
연구 및 이론 분야도 마찬가지다. 우리는 1970년대에야 이 문제를 인식하기
시작했는데[79] 아직도 많은 성인 생애 전환 및 발달에 관한 모델이 그러한 사
고방식에 바탕을 두고 있다. 그러므로 이를 비롯한 인구통계학적 편견을 항
상 염두에 둘 필요가 있다.

성인의 심리사회적 발달

발달 기간	에릭슨의 심리사회적 갈등	레빈슨의 전환기/위기	사회적 및 생물학적 시계 스트레스
성인 초기 (20~40세)	친밀감 대 고립감	성인 초기 전환기(17~22세)	학업 종료, 취직과 사회 진출, 파트너 찾기
		30세 전환기 (28~33세)	파트너 및 커리어에 대한 고민, 부모가 됨

성인 중기 (40~65세)	생산성 대 침체성	성인 중기 전환기 (40~45세)	가족과 커리어 양쪽 모두에서 실현되지 않은 꿈에 집중, 폐경전후증후군
		50세 전환기 (50~55세)	빈둥지증후군, 폐경, 샌드위치 세대의 부담
성인 후기 (65세~사망)	자아통합 대 절망감	성인 후기 전환기 (60~65세)	지나온 삶의 수용, 은퇴(정년퇴직 또는 명예퇴직), 건강 악화, 조부모가 됨

다만 그러한 편견에도 관련 연구와 이론을 통해 많은 귀중한 발견을 얻었음을 간과해서는 안 된다. 즉, 우리가 일생동안 다양한 발달단계를 거치며, 그 과정에는 흔히 '위기'라고 불리는 수많은 전환점이 있다는 사실이다. 에릭슨과 레빈슨의 이론, 특히 전자의 사회심리학적 갈등과 후자의 전환기를 나란히 비교해보면 전환이 스몰 트라우마와 어떤 관련이 있는지 그려볼 수 있다. 일반적으로 스몰 트라우마를 유발하는 것은 전환기 그 자체가 아니다. 다만 스몰 트라우마는 사람들이 삶의 전환적 위기나 심리사회적 갈등을 극복하는 것을 훨씬 어렵게 할 수 있다. 프레야는 전환적 위기에 처해 있는 것이 확실해 보였다. 그래서 우리는 인식 단계를 통해 어떤 스몰 트라우마가 그의 여정을 더 어렵게 만들고 있는지 알아보고자 했다.

10장 인생의 다음 단계로 넘어가는 방법

누구나 겪는 삶의 전환적 위기

레빈슨의 이론에는 '30세 전환기'가 포함되어 있는데, 때로는 '청년기 위기(quater-life crisis)'라고도 한다. 서른 살에 접어드는 모든 사람이 위기를 겪는 것은 아니지만 우리 모두는 인생의 다양한 시점에서 삶의 전환을 경험한다. 그러나 전환적 위기에 대한 연구는 주로 '중년기 위기'에 초점이 맞춰져 있는 게 사실이다. 이 용어는 1957년 캐나다의 정신분석학자이자 사회과학자인 엘리엇 자크(Elliot Jaques) 박사가 제시한 것으로, 상담 중 그는 중년층(그러나 대부분 남성)이 피할 수 없는 신체적 쇠퇴와 죽음을 피하기 위해 젊어 보이려고 애쓰고 스포츠카를 사고 문란한 성생활을 하는 등 전형적인 중년기 위기 행동을 하는 것을 발견했다.[80]

그러나 자크 박사의 보고서에서 가장 흥미로운 점은 삶의 이정표에 대한 사회와 본인 자신의 기대를 충족시키지 못한 이들이 사회문화적 기준을 충족시킨 이들보다도 이런 위기를 더 심각하게 경험하고 전환기에 더 큰 어려움을 겪는다는 점이다. 다시 말해 그들은 친구와 사랑하는 사람, SNS를 살피며 '나는 이 나이에 뭘 하고 있지?'라고 끊임없이 자문한다. 이는 30세 전후의 성인기 초기에도 자주 발생한다.

사회적 시계가 주는 압박

우리는 인생의 이정표에 대해 이야기할 때 생물학적 시계에 대해 자주 이야기하지만—적어도 출산과 관련된 문제에서는 그렇다—사회적 시계에 대해 이야기하는 경우는 드물다.[81] 생물학적 시계와 마찬가지로 사회적 시계는 시간과의 경주이며 첫 취직과 연애, 결혼, 내 집 마련, 경력 사다리 이동 및 은퇴와 같은 주요 생애사건에 대해 연령대별로 갖는 사회적·문화적 기대를 의미한다. 사회적 시계가 얼마나 보편적인 현상인지 이에 대한 보드게임도 있을 정도다! 나는 지난 크리스마스에 조카가 말을 꺼냈을 때까지 하스브로(Hasbro)의 '인생게임'에 대해 까맣게 잊고 있었다! 옛날에 비해 빨간색 말과 파란색 말 말고도 다른 많은 게 추가되긴 했지만 어쨌든 기본적으로는 내가 어릴 적에 알던 것과 거의 변한 게 없었다. 이는 사회적 시계가 많은 문화권에 얼마나 널리 퍼져 있는가를 보여주는 단적인 예다. 하지만 이 어린이용 보드게임을 통해서는 사회적 시계가 사람들에게 어떤 방식으로 영향을 미치며, 얼마나 폭넓게 다양할 수 있는지 배우기 어렵다.[82] 심리학에서 많은 것이 그렇듯, 당신이 뭔가 중요하다고 믿는다면 정말로 그렇게 될 것이다. 하지만 종종 커튼 뒤를 들여다보면 모든 게 겉으로 보이는 것과 똑같지는 않다.

프레야의 이야기를 되돌아보면 '해야 한다'와 '해야 했다', '당연히'라는 말이 자주 등장하는데, 이는 모두 흑백 사고의 형태다(4장 참조). 그러나 프레야가 이런 식으로 삶의 경로를 개념화하는 것은 그의 사고방식이 잘못되었기 때문이 아니라, 사회적 시계라는 개념을 뒷받침하는 환경에서 자람으로써 스몰 트라우마를 갖게 되었기 때문이다. 프레야가 사회문화적 스몰 트라우마의 커튼 뒤를 들여다볼 수 있도록 우리는 그의 인생 여정을 한눈에 살펴볼 수 있는 연습활동으로 여정을 시작하기로 했다.

AAA 1단계: 인식

연습활동: 인생지도 그리기   ◇◇◇◇◇◇◇◇◇◇◇◇◇◇◇◇◇◇◇◇◇◇◇◇◇◇◇

프레야처럼 삶의 기로에 서 있는 내담자에게는 '인생지도 그리기' 기법을
자주 활용한다. 넓은 시야로 바라보면 현실을 적확히 인식하는 데 도움이
되기 때문이다. 우리는 종이를 꺼내 왼쪽에 프레야의 생년월일을 적은 다
음 오른쪽으로 직선과 화살표를 그렸다.

생일 ─────────────────────────────────▶

그런 다음 프레야에게 이제껏 살면서 경험한 일들을 돌아보며 인생지도를
그려보라고 했다. 다음 그림을 보면 어떤 방식인지 이해할 수 있을 것이다.
당신도 한번 해보기 바란다.

- 자신에게 의미 있었던 사건이나 중요했던 순간을 적는다. 특정 기한까지
  달성해야 한다는 사회적 관습에 대해서는 신경 쓰지 말 것.
- 자부심을 느끼거나 혹은 중요한 방식으로 자신을 변화시킨 성취나 깨달
  음을 기록한다.
- 긍정적 사건은 선 위쪽에, 부정적 사건은 아래쪽에 표시한다. 그 사건이
  자신에게 얼마나 큰 영향을 끼쳤는지 선의 높이에 반영해 인생에 가장 큰
  변화를 가져온 사건(좋은 쪽과 나쁜 쪽 모두)을 한눈에 알아볼 수 있게 한다.
  사건이 발생한 나이를 추가하면 시간에 따른 흐름이 더 명확해진다.

각 사건에 대해 간단한 설명을 덧붙이면 더욱 좋다.

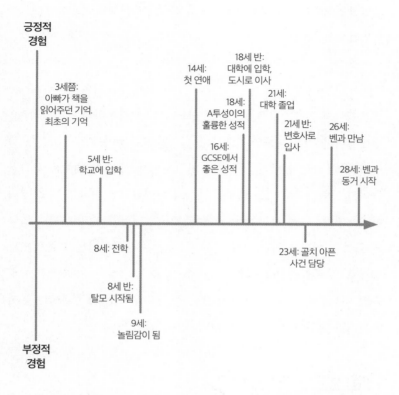

보다 깊고 세부적인 내용을 파악하는 데 도움이 될 질문들을 생각해본다.

· 이 여정에서 어떤 장애물을 극복했는가? 어떻게 극복했는가?

· 가장 좋았던 시점과 가장 나빴던 시점에서 자신에 대해 무엇을 알게 되었
  는가?

· 인생지도에서 흔히 또는 자주 나타나는 가치가 있는가?

이제 한 걸음 뒤로 물러나 인생지도를 전체적으로 살펴보자. 마치 다른 사람의 인생을 보는 것처럼 말이다. 인생지도를 멀리서 보면 이 사람에 대해 어떤 느낌이 드는가?

◇◇

프레야의 인생지도를 살펴보니 그의 스몰 트라우마와 몇 가지 주요 생애사건이 눈에 들어왔다. 1장에서 스몰 트라우마와 생애사건의 차이에 대해 간단하게 언급한 것을 기억하는가? 후자는 대부분의 사람들이 힘들었다거나 또는 변화의 계기가 되었다고 인식하는, 더욱 명확하고 기억에 남는 경험이다. 프레야는 이미 전학과 학교/대학의 입학과 졸업, 뛰어난 개인적 성취, 이사 등 꽤 많은 생애사건을 겪었고 이는 실제로 그에게 영향을 끼쳤다. 그러나 우리의 관심을 잡아끈 것은 몇 가지 미묘한 흠집과 상처를 남긴 스몰 트라우마로, 그중에서도 특히 프레야가 직장에서 겪었던 일 하나가 인상적이었다.

어른 세계에 던져진 어린아이

프레야는 가족법을 전문으로 하는 사무변호사였다. 어느 날 그는 두 자녀가 관련된 골치 아픈 이혼사건을 도와달라는 의뢰를 받았다. 프레야는 이혼과 재산분할은 언제든 추악해질 수 있다는 것을 잘 알고 있었지만 이 사건이 얼마나 잔인하게 흘러갈지는 전혀 예상 못 했다고 말했다. 프레야의 의뢰인은 원하는 합의 결과를 이끌어내기 위해 가능한 '모든 수단'을 동원했고, 이 시점에서 프레야는 자신의 삶에 대해 심

스몰 트라우마

각한 의구심이 들기 시작했다. 그는 열심히 공부했고, 상당한 학자금 대출금을 빚지고 있었다. 나이에 비해 수입이 꽤 좋은 편이었지만 이 제는 그게 도덕적 기준을 낮추는 데 따른 대가라는 생각이 들기 시작 했다. 프레야는 그 당시에 마치 어린애가 된 것 같은 기분이었다고 말 했다. 나이로는 성인이지만 그 상황에서 완전히 무력한 기분이 들었기 때문이다. 하지만 변호사로서 사건을 처리하지 않으면 직장을 잃거나 경력에 흠이 가거나 어쩌면 가정을 꾸리는 데 필요한 재정적 안정을 얻을 수 없을지도 몰랐다.

◆ 스몰 트라우마 집중 탐구: 도덕 손상 ◆

도덕적 손상은 전투나 응급의료 사건과 같은 상황에서 중요한 도덕적 가치와 신념에 반하는 행동을 목격하거나, 그에 대항하는 행동을 하지 못하거나, 심 지어 스스로 그런 행동을 수행해야 할 때 초래된다.[83] 코로나19 팬데믹 때에 도 치료 자원이 제한된 상황에서 환자에게 '해를 끼치지 않는다'는 서약을 어 기고 일부 중증 환자의 생존 여부에 영향을 미치는 치료를 해야 했던 의료종 사자들이 도덕 손상을 경험했다는 보고가 쏟아졌다. 하지만 도덕 손상은 이 를 넘어 부당함과 잔인한 처우, 지위의 저하, 또는 중요한 비도덕적 행위가 있는 곳이라면 어떤 상황에서든, 누구에게든 발생할 수 있다. 이때 형성되는 스몰 트라우마는 당혹감에서 시작해 타인에 대한 분노와 자신에 대한 죄책감 및 수치심으로 변모하는 경우가 많다. 전쟁터에서 이런 일이 발생하면 비교 적 쉽게 알아차릴 수 있으나 모든 스몰 트라우마가 그렇듯 프레야의 경우처

10장 인생의 다음 단계로 넘어가는 방법

내 동료인 코칭 심리학자 실라 팬철(Sheila Panchal)이 '30세 전환기', 즉 '청년기 전환'에 대해 수행한 연구에 따르면 삶의 이 시기에 프레야처럼 커리어 고민을 하는 것은 그리 드물지 않은 일이다.[84][85] 삶의 특정한 경로에 상당한 시간과 돈을 투자했는데 그 길이 생각한 것과 다르다는 것을 깨닫는 것은 무척 괴롭다. 더불어 지위와 급여를 더 높이고자 하는 욕구도 있는데, 이는 지금처럼 생활비가 많이 드는 시대에 더 강하게 나타난다. 10대 후반 및 20대의 열정적인 쾌락주의도 30대에 접어들면 사라지는 경향이 있다. 밤낮없이 무리해도 신체적으로 끄떡없다는 전제가 사라지기 때문이다. 개인적으로 오늘날엔 30대 위기가 특히 더 어렵고 힘든 경험이라고 말하고 싶다.

프레야는 도덕적 손상 때문에 자신이 선택한 직업과 나아가 인간관계에도 의문을 품게 되었다. 280페이지의 표를 다시 보면 이 두 가지 내적 갈등은 친밀감과 고립감 사이의 갈등으로 이해할 수 있다. 삶의 어느 시점이 되면—서른 살일 수도 있고 이보다 빠르거나 늦을 수도 있는—친밀감에 대한 욕구와 독립하고자 하는 욕구 사이에 정서적·심리적 긴장감이 쌓이게 된다. 프레야는 직장에서의 경험 때문에 도움이 필요할 때 고립감을 느꼈지만, 동시에 자신이 독립적으로 대처할 수 있음을 보여주고 싶었다. 이런 긴장감이 들 때마다 그는 의지할 데 없이 붕 떠 있는 느낌을 받았고 세상과 연결되어 있다는 기분을 느끼지

스몰 트라우마

못해 혼란스러웠다.

AAA 2단계: 수용

수용 단계로 넘어가기 전에 잠시 멈춰 서서 프레야가 발견한 이 공간
에 대해 생각해보자.

경계공간과 '전환의 양파'

'경계공간(liminal space)' 또는 '경계성(liminality)'은 이도 저도 못 하
고 갇혀 있는 중간, 또는 단계들 사이에 있는 틈새나 경계를 뜻한다.[86]
이렇게 '정체'되어 갇힌 기분은 불편하고, 프레야가 우리의 첫 만남에
서 밝혔듯이 혼란과 모호함, 이해할 수 없다는 느낌을 준다. 마치 발밑
의 땅이 무너져 내리고 있는데 꼼짝도 못 하고 그 모습을 바라보는 것
과 비슷하다. 예전에는 나 자신과 사회적 역할 및 구조에 대해 알고 있
다고 생각했지만 이제는 의문을 품은 채 종종 한 발은 과거(경계공간 이
전)에, 그리고 한 발은 경계공간 이후의 미래에 걸치고 머뭇거리고 있
는 것이다. 문화적으로 볼 때 인류는 이런 경계공간에 갇힐 수 있다는
걸 알았기에 한 상태에서 다른 상태로 최대한 원활하게 이동할 수 있
게 돕는 의식과 의례—흔히 '통과의례'라고 불리는—를 발전시켰다.
그러나 그런 도움이 있더라도 '나이에 맞는 적절한 단계'라는 낡은 개
념에 묶인 채 앞이 잘 보이지 않는 경계공간을 헤치고 나만의 길을 찾

는 것은 무척 어려운 일일 수 있다.

연습활동: 전환의 양파 ◇◇◇◇◇◇◇◇◇◇◇◇◇◇◇◇◇◇◇◇◇◇◇◇◇◇◇◇◇◇◇◇◇◇◇◇◇

전환이라는 까다로운 시련을 겪을 때 경계공간을 지나 AAA 접근법의 수용 단계로 넘어가는 데 도움이 될 '전환의 양파'라는 기법이 있다. 양파의 중앙에 지금 겪고 있는 전환의 경험을 적은 다음, 양파 껍질을 그리듯 중앙을 중심으로 그것과 관련해 중요하다고 생각하는 것들을 겹겹이 추가한다. 그 안에는 여러 경험과 스몰 트라우마가 섞여 있을 것이다. 다음 각각의 범주를 염두에 두고 양파 중앙에 있는 전환의 경험에 어떤 것들이 영향을 끼쳤는지 생각해보자.

그림 10.1 전환의 양파

문화적 맥락

삶의 경험

인간관계

전환

애착과 유대감

스몰 트라우마

내가 속한 사회

스몰 트라우마

- **관계, 애착, 유대감:** 당신의 전환에 영향을 끼쳤다고 느끼는 어린 시절, 또는 현재의 관계.
- **스몰 트라우마를 포함한 삶의 경험:** 이 책에서 다양한 스몰 트라우마에 대해 배웠으니 당신의 삶을 가로막고 있는 스몰 트라우마에 대해서도 생각해봤을 것이다.
- **문화적 맥락과 속한 사회:** 어떤 전환을 경험하고 있는지에 따라 직장(예를 들어, 직업을 바꾸거나 퇴직하는 경우)이나 종교적 및 영적 신념을 비롯한 여러 공동체(대개 파트너 선택과 부모 되기, 사랑하는 사람의 죽음과 관련된 경우가 많다)일 수도 있고, 전환에 대한 감정에 영향을 미치는 보다 넓은 사회적 관점까지 포함될 수 있다.

◇◇

여기서 핵심은 전환을 경험하는 방식에 삶의 다양한 요소가 영향을 끼친다는 사실을 깨닫는 것이다. 정체되어 갇혀 있다고 느끼는 원인이 '나'에게만 있는 경우는 거의 없다. 우리에게 사회적 시계에 대한 기대를 부여하는 것은 훨씬 넓은 맥락에서의 우리다.

그리고 바로 여기서 수용이 필요해진다. 이 책에서 다룬 많은 스몰 트라우마처럼 여기서도 삶의 경험과 그 경험에 영향을 미치는 요인들 사이의 점을 연결해야 한다. 이런 연결고리를 만들면 고립감을 진정시키고 AAA 접근법의 세 번째 단계인 행동에 착수할 수 있다. 연습활동을 하고 나면 이런 개인적 요인과 사회적 기대, 연합이 존재함을 명백히 알 수 있지만 우리는 삶에서 이런 수용 단계를 자주 놓쳐 손해를 보곤 한다.

　　　　　　　10장 인생의 다음 단계로 넘어가는 방법

부모가 되거나 또는 되지 않기로 하는 전환의 경우를 예로 들어보자. 자녀를 갖지 않기로 결심했으나 그 결정 때문에 경계공간에서 어려움을 겪는 이를 많이 만났다. 우리는 사회적 기대와 각 상황의 층위(전환의 양파의 경우)가 어떻게 경계 이전의 상태에서 경계 후 수용 상태로 이동하는 것을 어렵게 하는지를 함께 고찰했다. 아이를 낳아야 한다는 문화적·사회적 압력은 누구에게나 견디기 어려운 일이다. 다른 한편으로, 아이를 가졌지만 사회적 시계와 관련해 너무 일찍/너무 늦게/잘못된 시기에 낳은 것 같다고 여기는 내담자를 만난 경험도 많다. 이는 우리의 믿음, 기대, 환경이 전환의 경험에 어떤 영향을 끼치는지에 대해 중요한 사실을 말해준다. '올바른' 시기란 존재하지 않으며, 그저 '당신'에게 알맞은 시기가 있을 뿐이다.

다시 프레야의 이야기로 돌아와보자. 인생지도에는 없었지만 전환의 양파 그리기에서 드러난 30세 위기의 또 다른 핵심 요소는 그의 가족과 관련이 있었다. 사회문화적 관계와 애착의 층위에 대해 이야기할 때, 프레야는 어머니가 갱년기를 겪고 있어 자신에 대한 생각을 하기가 어렵다고 말했다. 즉, 그는 다른 많은 스몰 트라우마처럼 어머니가 '진짜' 전환을 겪고 있기 때문에 자신의 감정은 중요하지 않다고 느꼈다. 더구나 프레야의 어머니는 폐경기를 극복하기 위한 호르몬 대체요법인 HRT를 확보하는 데 어려움을 겪고 있었으며 불안과 짜증을 비롯한 다양한 증상과 싸우고 있었다. 또 프레야의 어머니는 부모님(프레야의 조부모)도 돌봐야 했고, 일을 하면서 프레야의 남동생도 부양해야 했다. 어머니는 정말 힘들게 삶을 버텨나가고 있는 듯 보였다. 그래서 프레야는 어머니가 겪고 있는 전환이 자신의 경험을 훨씬 능가한다고 생각했다. 어머니에게 부담을 주고 싶지 않아 감정을 공유하지 않았고, 그 때문에 압도적인 고립감을 느꼈다.

폐경기와 샌드위치 세대

인간의 생애에는 중요한 생리적 변화로 인한 몇 가지 전환점이 있다. 그중 폐경은 성인기에 나타나는 가장 명백한 예시 중 하나다. 인간의 수명은 크게 늘어났다. 1940년대 이후 부유한 국가들의 기대 수명은 10년에 거의 2.5년씩 선형적으로 증가해왔다.[87] 그러나 폐경이 시작되는 평균 연령은 51세로 거의 변하지 않았으며, 갱년기(폐경주변기증후군)는 그보다 10년 앞선 40대 초중반부터 시작되기도 한다. 현재 우리의 수명이 80세 이상이라는 점을 고려하면 생물학적 여성은 이제 인생의 절반을—평균 수명이 짧았던 시절처럼 인생의 4분의 1이 아니라—폐경주변기, 폐경기, 폐경후기로 소요할 수도 있는 셈이다. 자녀를 갖는 시기 또한 전 세계 많은 지역에서 점점 늦춰지고 있고 따라서 갱년기 여성과 집으로 돌아온 부메랑 자녀, 보살핌이 필요한 노부모가 한 지붕 아래 살게 되었다.

이 생리적 전환기를 겪는 이들은 3분의 1가량이 일상생활에 지장이 생길만큼 극심한 증상을 경험하며, 이는 많은 경우 10년 이상 지속된다. 폐경주변기의 초기 증상 중에는 높은 수준의 불안과 불능감이 있다. 나를 찾아온 많은 내담자가 주치의로부터 항우울제 처방을 받은 경험이 있을 정도다. 물론 약물도 효과가 있지만 소위 샌드위치 세대가 되는 것과 폐경주변기증후군 증상이 동시에 발생하는 것이 엄청나

10장 인생의 다음 단계로 넘어가는 방법

게 힘들다는 사실을 인식하면 보다 지속가능한 대처 방법을 찾는 데 큰 도움이 된다.

여기서 '샌드위치 세대'란 프레야가 설명한 것처럼 위아래 세대를 모두 돌봐야 하는 이중적인 책임을 지닌 사람들이다. 이들은 종종 에릭슨 이론에서 말하는 생산성과 침체성 사이에서 갈등을 겪게 된다. 생산성은 세상에 족적을 남기고 다음 세대에 기여하는 것을 뜻하는데, 많은 이가 목표로 삼는 것이기도 하다. 또한 우리는 침체 가능성을 줄이기 위해 스스로를 돌볼 필요가 있다. 그러나 많은 도움이 필요한 부모와 아직 보살핌이 필요한 자녀들 사이에 끼어 있으면 이것이 어려워질 수 있다. 프레야는 이 사실을 직감적으로 알고 있었기 때문에 어머니에게 걱정거리를 더 안겨주고 싶지 않았다.

그러나 프레야는 폐경기가 나쁘기만 한 것은 아니라는 사실을 고려하지 않았다. 케임브리지대학교의 한 연구에 따르면 폐경기와 폐경후기를 맞은 여성은 전보다 더 솔직하고 개방적으로 마음을 털어놓을 수 있다고 느낀다.[88] 또한 폐경기는 자신감과 의지가 급증하는 계기가 될 수 있으며, 많은 사람이 감정에 더 충실하고 억압에 덜 얽매이게 되었다고 보고했다.[89] 물론 갱년기 증상에 적절하게 대처할 수만 있다면 말이다. 폐경기의 신체 및 심리 증상이 얼마나 지독하고 사람을 약하게 만들 수 있는지, 그리고 적절한 치료가 얼마나 건강한 삶을 되찾아줄 수 있는지에 대해서는 더 강조할 수 없을 정도다. 그러므로 프레야의 어머니가 겪고 있을 갈등 유형과 관련한 주제에 대해 탐구하면 어머니와의 열린 대화를 통해 친밀감의 문을 다시 열 수 있다는 점에서 프레야에게 큰 도움이 될 것으로 보였다.

AAA 3단계: 행동

밧줄에서 손을 놔라

전환 스몰 트라우마의 행동 단계는 경계공간을 지나 과거의 전환에서 배운 것을 새로운 전환에 적용하는 것에 중점을 둔다. 이 연습활동은 어떤 전환적 위기에도 사용할 수 있으니, 지금 당신이 겪고 있는 상황에 집중하라.

연습활동: 전환적 위기 줄다리기 ◇◇◇◇◇◇◇◇◇◇◇◇◇◇◇◇◇◇◇◇◇◇◇◇◇◇◇◇◇◇◇◇◇◇

이 연습활동은 경계공간에 있을 때 심오한 변화를 가져오며, AAA 접근법의 수용 단계를 지나 행동 단계로 이동하는 데 도움이 된다.[90] 먼저 지금 어려움을 겪고 있는 문제에 대해 생각해보고 다음 설명에 따른다.

· 당면한 문제를 슈퍼히어로가 악당과 싸우는 대결이라고 상상해본다. 괴물, 악마, 뭐가 됐든 강력하고 사악한 존재면 된다. 다만 당신을 파괴할 수 있는 능력을 갖고 있어야 한다.
· 당신과 슈퍼 악당이 화산 꼭대기에서 마주보고 서 있다. 둘 사이엔 깊고 검고 불타는 붉은 구덩이가 있다. 얼굴에 화산의 뜨거운 열기가 느껴진다. 용암이 넘실대는 저 구덩이로 떨어진다면 지구의 내핵까지 추락할 것이다.
· 당신과 슈퍼 악당은 화산 꼭대기에서 손에 두꺼운 밧줄을 잡고 서로 잡아당기며 세기의 줄다리기 대결을 벌이고 있다.

· 당신은 악당을 저 거대한 분화구 속으로 집어넣고 싶다. 이 대결에는 당신의 목숨이 걸려 있다. 젖 먹던 힘까지 다해 죽어라 당기고 있지만 당신의 천적인 악당은 힘과 능력 면에서 결코 당신에게 뒤지지 않는다. 진정 모든 것을 쏟아부어야 하는 대결이다.

· 이제 손에서 밧줄을 놔라.

· 기분이 어떤가?

나는 이 연습활동을 정말 좋아한다. 거의 즉각적으로 정신적인 변화가 이뤄지는 것을 느낄 수 있기 때문이다. 설명을 읽었을 때 어떤 기분이 들었는가? 적절한 표현이 생각나지 않는다면 104페이지로 돌아가 감정 바퀴를 들여다보고 정확히 어떤 기분을 느꼈는지 자필로 써본다.

이 연습활동은 우리의 생각과 기대가 종종 마음속에서 서로 싸우고 있다는 사실을 깨닫게 도와준다. 이는 전환적 위기를 극복하는 데 핵심 작용을 할 수 있다. 전투(줄다리기)에만 신경을 쏟으면 전환기를 헤쳐나가는 데 도움이 되는 해결책을 발견할 수 없다. 이것이 바로 AAA 접근법 순서대로 전진하는 것이 중요한 이유다. 인식과 수용, 행동으로 이어지지 않으면 전투에서 길을 잃고 모든 에너지와 자원을 같은 자리에 머무는 데만 소모할 수 있기 때문이다. 제자리 뛰기를 하거나 반대편 끝에 내가 있는 밧줄을 잡아당기는 것은 누구에게도 즐거운 일이 아니다. 나 자신뿐만 아니라 나를 사랑하는 사람들에게도 피곤하고 지치는 일이다.

미래에서 보내는 편지

행동 단계로 나아가는 '방법'을 알고 싶다면 경계공간을 지나 모든 것이 다 잘 해결된 미래의 어느 날을 상상해보자. 사소한 것부터 중요한 부분에 이르기까지 삶의 크고 작은 다양한 측면을 떠올려보고 타임머신을 타고 미래로 갔을 때 이 모든 것이 어떤 모습일지 상상해보자.

이제 펜과 종이를 가져와(직접 손으로 쓰는 것이 중요하다) 미래의 내가 현재의 나에게 보내는 편지를 쓴다. 2장을 다시 읽고 인생 평가의 각 영역에 대해 이야기해볼 수도 있다. 성취의 관점에서 이 각각의 영역은 어떤 모습일까? 어떤 요인은 다른 것들보다 더 중요할 수 있다는 점을 명심해라. 가족과 개인의 자유가 재정적 안정과 커리어보다 더 중요할 수 있고, 그 반대일 수도 있다. 이는 전적으로 당신의 가치관에 달려 있다.

미래 시점에 있는 내가 어떤 모습인지 현재의 나에게 자신만의 언어로 자세히 표현한다. 기분이 어떤지, 주변 환경과 맥락은 어떤지, 일상적으로 어떤 생각을 하고 어떤 행동을 하는지. 다음은 편지 쓰기에 도움이 될 코칭 심리학의 몇 가지 실마리 문장이다.

- 가장 중요하게 여기는 삶의 영역과 관련된 꿈에 대해 생각해보자. 미래에는 어떻게 되었을까?
- 금전뿐만 아니라 시간, 지원, 격려 등 무한한 자원이 있다면 어떤 일을 하고 싶은가?
- 꿈과 야망을 현재의 능력치 안에서 생각하지 말고 잠재력의 측면에서 생각

해라.
- 그것이 당신의 인간관계와 일, 건강의 질을 어떻게 변화시킬 수 있을까?

나는 이 연습활동을 자주 활용하는데, '그때'와 '지금' 사이의 간극을 좁히고 경계공간을 통과하는 데 도움이 되기 때문이다.

프레야의 경우 이 연습활동은 그가 일을 사랑하지만 가족(어머니 포함)과 직장에서 더 많은 정서적 지원을 필요로 한다는 사실을 보여주었다. 하지만 모든 이야기가 동화 같은 결말을 맺는 것은 아니기에— 어쨌든 현실에서는 그렇다—상담 기간 동안 프레야가 파트너와 헤어졌다는 사실을 언급해야겠다. 그는 자신이 느끼는 사회적 압박의 상당 부분이 인생이 '어떻게 진행되어야 하는가'에 대한 파트너의 기대와 관련이 있다고 고백했고, 친밀감 대 고립감 갈등을 다루던 중 자신에게 기대되는 낭만적이고 에로스적인 관계에서 벗어나야 할 필요를 느꼈다고 말했다. 실제로 프레야는 전환기 위기에서 고립성 쪽으로 기울어 독립성을 키우게 되었으며, 이는 다시 사람들과 더 가깝고 의미 있는 관계를 맺는 데 도움이 되었다. 그는 더 이상 사회적 시계의 초침 소리에 그다지 신경 쓰지 않는다. 그래서 덕분에 '정체'되지도 않았다.

노후의 전환 위기 대비하기

전환에서 가장 어려운 점 중 하나는 그것이 예기치 못한 일로 느껴질 수 있다는 것이다. 프레야가 경험한 도덕적 손상처럼 경계성을 촉발할 수 있기 때문에 스몰 트라우마도 이와 관련이 깊다. 그러나 개인적인 문화적·사회적 차이를 염두에 두더라도 대부분의 사람이 겪는 공통적인 전환이 있다. 이를테면 성인 후기의 경우 에릭슨이 제시한 성인 발달 과정의 마지막 갈등, 즉 자아통합 대 절망감 사이에서 발생하는 은퇴를 예시로 들 수 있을 것이다. 자아통합은 자신의 삶을 되돌아보고 이제껏 이룬 성취에 만족감을 느끼는 반면 절망감은 후회나 삶을 낭비했다고 느낄 때 찾아온다.

돈을 받든 자발적인 것이든 가정이나 외부 조직에서의 노동은 목적의식을 제공하고 일상에 구조와 규칙을 부여하며 자아정체성의 중요한 측면을 구성한다. 또 대부분의 직업은 우리의 안녕에 기본이 되는 사회적 네트워크와 우정을 제공한다. 이런 이유로 은퇴는 힘든 일일 수 있는데, 실제로 많은 사람이 은퇴 후에 우울증을 경험하며 특히 건강 악화나 간병 책임 때문에 은퇴를 강요받거나 다른 일자리를 찾을 수 없을 경우에는 더욱 그렇다.[91] 직업 세계가 '평생직장'에서 보다 유동적인 형태로 변화했음에도 결국 대부분의 사람은 언젠가 직장 생활에 종지부를 찍게 될 것이다. 봉사활동과 취미, 새로운 인간관계 맺기 등 노동이 제공하던 심리사회적 요소와 구조를 회복할 방법이 많이 존재하긴 해도, 정신적 장벽이 은퇴 생활을 진정으로 즐기지 못하게 가로막는다.

연구에 따르면 나이 듦에 부정적 견해를 가진 사람일수록 은퇴 후 어려움을 더 심하게 겪는 경향이 있다.[92] 은퇴와 나이 듦, 또는 다른 삶의 전환이 걱정스럽다면 그 과정을 보다 순조롭게 거칠 수 있는 몇 가지 방법을 소개한다.

- **조언 구하기:** 은퇴를 앞두고 있거나 이직을 고려하고 있다면 '무직' 이 된 다른 사람에게 은퇴 후 가장 좋은 점 세 가지와 미리 대비 하면 좋을 세 가지에 대해 조언을 구한다. 이는 다른 모든 전환 사 건에도 적용할 수 있는 방법이다. 어둠 속에 앉아 미지의 세계를 두려워하지 말고 다른 사람의 경험과 지혜를 구해 행동에 옮겨라.

- **역할모델 찾기:** 다양한 문화 및 미디어에서 긍정적인 역할모델을 찾 는다. 우리는 역할모델이 젊은이들의 전유물이라고 생각하는 경 향이 있지만 역할모델은 연령대에 상관없이 도움이 된다. 당신이 존경하는 사람들의 특징과 그들이 전환 단계에서 어떤 가치관을 보여줬는지 관찰하고 이를 당신의 삶에 어떻게 적용할 수 있을지 생각해본다. 예를 들어 은퇴 후에 스탠드업 코미디언이 된 동료를 본받을 수도 있다. 30분짜리 무대 공연을 하라는 게 아니라 가족 들을 앞에 두고 유머감각을 한번 시험해보라는 얘기다.

- **과거의 전환 경험 돌이켜보기:** 마지막으로 과거에 성공적이었던 전환 경험을 돌이켜보고 험난한 길을 거칠 때 도움이 되었던 내적 자 원과 자질을 파악해본다. 어쩌면 당신의 겸손함, 충실함, 성실성 등이 전환기를 이겨내는 데 도움이 되었을지 모른다. 아니면 유머 감각이 도움이 되었을 수도 있다. 깊이 파고들어라. 과거와 똑같 은 전환을 다시 경험하지는 않아도 핵심 가치를 바탕으로 인생의 다음 디딤돌로 인도해줄 경험을 얻게 될 것이다.

◆ 인생의 전환기를 준비하는 글쓰기 과제 ◆

1. 이제껏 살면서 인생에서 가장 놀라웠던 측면은 무엇인가? 어떤 점에서 그
   랬는가?

2. 10대 시절을 떠올려보자. 현재의 나에게 세 가지 질문을 할 수 있다면 무
   엇을 물어보겠는가?

3. 1년 전에는 몰랐지만 지금은 알고 있는 사실이 있다면?

10장 인생의 다음 단계로 넘어가는 방법

TINY TRAUMAS

11장

응시하기보다 뛰어들라
− 삶을 위한 처방전

함께한 시간이 거의 끝나가는 지금, 이제까지 배운 것을 활용해 미지의 심연 속으로 뛰어들기를 진심으로 응원한다. 심연은 당신이 두려워하는 것만큼 무섭지 않다. 혹시 스몰 트라우마가 다시 발생하더라도 이제 당신은 삶의 고난에 대처할 도구와 감정적 항체와 기술을 갖추고 있을 것이다. 내가 이 책을 쓴 이유 중 하나는 더 많은 사람이 누군가 자신을 알아준다고 느끼도록 돕고 싶어서였다. 당신도 할수 있다.

이 장에서 살펴볼 내용

– 삶에 대한 AAA 접근법
– 화살표 따라가기
– 선택 과부하 막기
– 너그러운 태도가 중요한 이유
– 더 나은 삶을 위한 처방전

삶에 대한 AAA 접근법

드디어 여정의 마지막 장에 도달했다. 부디 이 책에서 소개한 스몰 트라우마 연습활동을 일부만이라도 현재와 미래에 활용할 수 있길 바란다. 스몰 트라우마를 실질적이고 타당하며 실체적인 개념으로 인식하는 것만으로도 큰 도움이 될 것이다. 이 책에서 다루기에는 너무도 많은 스몰 트라우마가 존재하기 때문에 왠지 불편하거나 껄끄럽지만 굳이 이야기할 가치가 없다는 생각이 들거나 자기 자신에 대한 이해에 의문을 갖게 하는 무언가를 경험했다면 그것이 스몰 트라우마일 가능성이 매우 높다는 사실을 말해두고 싶다.

하지만 심연을 응시하기보다는 뛰어들어야 할 때가 있다. 독일의 철학자 프리드리히 니체는 "심연을 오랫동안 들여다보면 심연 또한 나를 들여다볼 것이다"라고 말했다. 위대한 철학적 명언이라면 다 그렇듯이 여기에도 다양한 해석이 있는데, 그중 하나는 인간 내면의 어두운 면을 너무 오래 깊이 탐구하면 자신을 잃어버린다는 것이다. 이 개념을 스몰 트라우마와 관련지어 보면 인생의 가혹한 현실과 우리가 경험한 수많은 어려운 상황을 곱씹는 데 너무 많은 시간을 보내는 것이 위험하다는 사실을 알 수 있다. 수용과 행동으로 이어지지 않고 인식 단계에서 그칠 경우에 발생하는 위험이 이것이다. 그러므로 지금까지 배운 내용을 이 장의 마지막 가르침과 결합해 과거를 통제하고, 현재를 온전히 살며, 번영하는 미래로 뛰어들 수 있길 바란다.

이 책에서 함께한 모든 시간 동안 우리는 인식, 수용, 행동 단계로 구성된 AAA 접근법을 활용했다. 이 기법은 어떤 어려움에도 적용할 수 있고, 더 자주 많이 사용할수록 중요한 심리학적 기술을 연마할 수 있다. AAA 접근법은 다른 모든 기술처럼 연습을 거듭할수록 쉬워지며, 일상에서든 보다 복잡한 삶에서든 까다롭고 골치 아픈 문제를 더욱 열린 마음으로 '수용'하고 삶을 최대한 충만하게 살 수 있는 '행동'을 취하는 데 도움이 된다.

AAA 1단계: 인식

삶의 목적

어떤 사람들은 삶의 목적을 찾기 위해 평생을 바친다. 삶의 목적을 추구하는 여정에는 의미가 있다. 사람들은 종종 자녀를 낳은 뒤에야 마침내 다른 사람을 돌보고 양육하는 것이 삶의 목적이었음을 깨달았다고 말한다. 어떤 이들은 일과 공동체 활동, 또는 그 모든 것의 조합 속에서 목적을 발견하기도 한다. 하지만 문제가 있다. 이토록 선택지가 많은 상황에서 어떻게 하면 삶의 목적을 찾을 수가 있을까?

연습활동: 화살표 따라가기 ◇◇◇◇◇◇◇◇◇◇◇◇◇◇◇◇◇◇◇◇◇◇◇◇◇◇◇◇

'화살표 따라가기' 게임으로 선택의 폭을 좁혀보자. 아래의 각 항목은 당신이 중요하게 생각하거나 또는 별로 신경 쓰지 않는 핵심 가치들이다. 중요하고 가치 있게 여기는 항목일수록 화살표를 오른쪽으로 길게 그리고, 덜 중요하게 생각할수록 짧게 그린다.

예술성

운동 능력/스포츠

사업/경제력

창의성

독립성

음악성/심미안

정치/커뮤니티

친구 또는 가족과의 관계

종교적 가치

유머감각

자유의지/현재에 충실한 삶

물론 위에 나열한 영역이 전부는 아니다. 원한다면 마음껏 추가해도 좋다. 이제 어떤 화살표가 미래를 가리키는가? 당신에게 이것이 왜 중요한가? 이것이 바로 인생에서 의미 있는 목적을 찾고 길을 잃었을 때 집으로 돌아갈 길을 밝혀줄 나만의 별자리, 나만의 핵심 가치다. 이런 가치가 하나만 있어야 할 필요는 없다. 세상은 흔히 인생에 단 하나뿐인 진정한 목적을 찾아야 한다고 말하지만—마치 진정한 사랑은 하나뿐이라는 생각처럼—그건 너무 쩨쩨하지 않은가. 삶은 관대하다. 적어도 우리가 그렇게 인식한다면 그렇다.

그다음에는 자신에게 이렇게 물어보자.

'내 삶은 이 방향을 향해 어떤 방식으로 움직이고 있는가?'

◇◇

화살표를 따라간다는 얘기를 들었을 때, 일본의 이키가이(生き甲斐)라는 개념이 떠오른 사람이 있을지도 모르겠다. 그렇다면 아래에 있는 그림도 친숙하게 느껴질 것이다. 이키가이 이론은 좋아하는 것, 잘하는 것, 세상이 필요로 하는 것, 돈을 벌 수 있는 것이 한곳에서 만나는 벤다이어그램의 중앙에서 삶의 목적을 찾을 수 있다고 말한다.

인생의 많은 시간을 일본에서 보낸 어머니에게 이키가이에 대해 물었더니, 개인적으로 너무 어려워 보이고, 모든 조건을 충실하게 충족

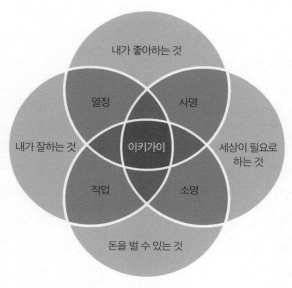

그림 11.1 이키가이 벤다이어그램

시킬 수 있다면 놀라운 일일 것이라고 말했다. 전문가적인 관점에서 나도 이 네 가지 조건을 모두 충족시키는 것이 대부분의 사람에게는 비현실적으로 높은 기준이라는 데 동의한다. 적응성 심리적 면역체계의 핵심인 심리적 유연성이라는 측면에서 더 깊이 들여다보면, 당신의 삶의 목적은 당신이 좋아하고 잘할 수 있지만 돈을 받지는 않는 일('열정')일 수도 있다. 그런 경우에는 세상이 필요로 하고 수입을 얻을 수 있는 일('소명')에 쓸 시간을 따로 마련해야 할 것이다.

많은 사회적 스몰 트라우마와 마찬가지로 행복한 삶을 살려면 모든 조건을 충족해야 한다는 주장은 우리에게 큰 압박감을 주어 역효과를 낳는다. 이는 서구적 관점에서의 이키가이다. 반면에 전통적인 관점에서는 삶의 목적이 평생에 걸쳐 계속 변화하고 발전한다고 간주한다. 그러므로 삶의 영역에 더 많은 화살표를 추가하면 이 땅에서 보내는 시간을 더 풍요롭게 만들 수 있을 것이다.

너무 많은 가능성

갈팡질팡하는 인생 속에서 내가 배운 게 하나 있다면 인간이 굉장히 매혹적이라는 것이다. 우리는 끝없는 선택을 원하지만 선택의 폭이 넓다고 해서 실제로 도움이 되는 것은 아니다. 선택 과부하란 심리학에서 사용하는 용어로 선택지가 너무 많으면 의사결정이 마비되는 현상을 말한다.[93] 하지만 여기 선택의 폭을 줄일 수 있는 간단한 방법이 하나 있다. 내가 집에서 자주 사용하는 방법이기도 하다. 파트너와 나는 가끔 음식을 사 오거나 배달해 먹을 때가 있는데 선택지가 너무 많아서 저녁 시간의 절반을 무엇을 먹을지 토론하는 데 보낸다. 그러던 어느 크리스마스에 우리는 서로에게 메뉴 선택 주사위를 선물했다! 이 사소한 문제를 해결하기 위해 도움이 필요하다는 사실을 둘 다 깨달은 셈이다. 흥미로운 점은 무작위적으로 답을 내놓는 선택 도구를 사용했을 때 오히려 진심을 알게 된다는 것이다. 때때로 주사위가 '커리'를 가리켜도 우리는 얼굴을 마주 보며 "아냐, 오늘은 피자를 먹자"라고 말한다. 즉, 선택지를 제한하면 진정으로 원하는 것이 뭔지 더 잘 알 수 있다. 그러므로 삶에서 무엇을 선택할지 고민될 때면 세 가지만 남기고 나머지를 전부 '집어치워!' 양동이에 처박은 다음, 진심으로 중요하게 생각하는 삶의 영역을 선택해라.

무작정 뛰어들기는 금물

혹시 빌드어베어 매장을 기억하시는 분? 각자 원하는 모양의 곰 인형을 만들 수 있는 곳이다. 어쨌든 아이들은 좋아했고, 부모들의 생각은 좀 달랐을 수도 있다. 꽤나 비쌌으니까. 그곳에서는 곰 인형을 구입하기 전에 종류와 옷, 액세서리 및 기타 추가 옵션을 선택할 수 있었다. 이키가이에서도 그렇게 할 수 있다면 어떨까? 삶에서도 '구매 전 체험'을 할 수 있다면?

스탠퍼드 디자인 프로그램의 대표이자 겸임교수인 빌 버넷(Bill Burnet)은 이렇게 제안한다.[94] 인생을 한꺼번에 내거는 대신—그의 연구에 따르면 이는 주로 좋은 결과를 내지 못했다—기존의 삶에 화살표 요소를 더해 어떤지 살펴보는 것이다.

예를 들어, 당신의 화살표 중 하나가 '예술성'이지만 미술 공부를 하려고 성인 학습 센터에 등록하는 건 부담스럽다고 하자. 그렇다면 그 대신 예술적 욕구를 생활의 일부로 만들 수 있는 방법을 생각해볼 수 있다. 집 안 인테리어로 예술적 감각을 발휘하거나 핀터레스트에 직접 만든 작품을 올리는 건 어떨까. 그러면 내 맘대로 복슬복슬한 곰 인형을 만들 때처럼 무엇이 '자신'에게 맞는지, 이게 올바르게 느껴지는지, 또는 정말로 실행이 가능한지 확인할 수 있다.

어떤 일에서 성취감을 느낄 수 있을지는 실제로 시도해봐야만 알 수 있는 법이다. 교외에 있는 주택을 팔고 한적한 시골로 이사하는 것이 환상적으로 느껴질지 몰라도, 막상 현실이 되면 당신이 얼마나 거미를 싫어하는지 먹거리를 직접 재배하는 게 얼마나 어려운지 깨닫게 된다.

그러니 무작정 가진 것을 몽땅 버리지 말고 그 전에 얼마간 자연 속에서의 목가적 삶을 경험해보는 건 어떨까. 당신이 상상한 것과 같을 수도 있고 다를 수도 있지만, 새로운 삶을 시작하기 전에 맛보기를 시도해본다면 너무 큰 위험을 감수하지 않아도 된다.

AAA 2단계: 수용

다시 한번 말하지만 수용은 AAA 접근법에서 가장 어려운 단계이며 자주 간과되는 단계이기도 하다. 이는 우리가 삶에서 나쁜 일이 일어나는 것과 '나쁜 사람이 되는 것'을 혼동하기 때문이다. 하지만 그건 사실이 아니다. 우리는 사랑받지 못하고, 가치 없고, 스스로 손상됐다고 느낄 수 있고, 이는 무척 견디기 힘든 경험이다. 그 와중에 스스로 이런 취급을 받을 만큼 끔찍한 짓을 저질렀을지 모른다며 스몰 트라우마를 합리화한다. 하지만 체념이 아니라 수용의 단계로 나아가면 강력한 심리적 면역체계를 구축하고 스스로에게 조금 더 너그러워질 수 있다. 앞에서 봤던 체념과 수용의 차이를 다시금 상기해보자.

체념	수용
심리적 경직	심리적 유연
무력감, 억압감	자율적으로 행동할 수 있는 자신감
자기비판, 자책	깊은 자기연민
결핍의 사고방식	풍요의 사고방식

포기/단념	긍정적으로 행동하기 위한 심리적 재조정
어려움 견디기	어려움에서 배우기
버티기	자기 향상
변화를 회피	변화에 개방적
저항	인정
판단 중심	가치 중심

1장에서 심리적 면역체계를 바이러스나 박테리아 같은 다양한 해로운 병원체로부터 보호하는 신체적 면역체계에 비유했다. 사람은 날 때부터 약간의 면역력을 갖고 태어나지만 면역체계의 대부분은 평생에 걸쳐 미세한 침입자와의 접촉을 거듭하며—특히 유아기에—발달한다. 병원체가 침투하면 우리의 몸은 반응을 일으키는데, 가령 감기의 경우 기침과 콧물, 피로 등의 증상이 나타난다. 심리적 면역체계가 작용하는 방식도 이와 비슷하다. 스몰 트라우마를 경험하게 되면 스트레스 반응과 원하지 않는 감정의 형태로 불쾌한 기분을 느낀다. 그러나 신체적 증상과 심리적 증상은 양쪽 모두 중요하다. 이를 통해 면역체계를 발달시키고 환경에 적응해가기 때문이다. 이 과정을 거치지 않는다면 우리는 날 때부터 갖고 있던 기본 면역력으로만 평생을 살아야 한다. 살면서 겪는 생애사건들이 얼마나 힘든지를 고려하면 그것만으로는 심리적 건강을 유지하는 데 충분하지 않다.

따라서 스몰 트라우마를 인식하고, 삶에 이러한 상흔이 생길 수 있다는 사실을 수용하며, 경험에 대처하기 위한 긍정적인 행동을 취하면 스몰 트라우마를 '감정적 항체', 즉 대처 기술로 바꿀 수 있다.

다시 말해 스몰 트라우마라는 개념은 수동적 또는 체념적인 마음가짐이 아니라 과거를 통제함으로써 현재를 온전히 수용하고, 단순한 생존을 넘어 번영하는 미래를 개척하는 방법을 제시하는 것이다.

스몰 트라우마에 갇히지 않는 말하기 연습

이런 의미에서 스몰 트라우마는 문제가 있을 때 내세울 수 있는 핑곗거리가 아니다. 스몰 트라우마가 삶을 부정적으로 지배하지 않도록 막는 한 가지 방법은 내면의 대화를 나눌 때, 그리고 다른 사람들과 소통할 때 '하지만'과 '왜냐하면'을 주의 깊게 사용하는 것이다.

예를 들어 이런 말이 튀어나올 때에는 '하지만'에 주의해라.

"친구랑 얘기하고 싶긴 하지만, 걔 때문에 마음이 상했었거든요. 너무 화가 나서 걔랑은 말을 못 할 것 같아요."

이 말을 이렇게 바꿔라.

"친구랑 얘기하고 싶어요. 그리고 걔 때문에 마음이 상했었거든요. 화가 나긴 했어도 걔랑 이야기해보려고요."

'하지만'을 '그리고'로 바꾸면 미래에 대한 다양한 가능성이 열린다. 또한 더욱 현실적이고 복잡한 감정과 삶을 마주할 수 있다. 우리는 친구에게 화가 나는 동시에 그들을 아끼고 소중하게 여길 수 있다. 그러나 '하지만'을 사용하면 벽에 가로막혀 앞으로 나아가지 못하는 반면 '그리고'로 바꾸면 벽을 허물고 전진할 수 있게 된다.

'왜냐하면'을 사용할 때도 마찬가지로 주의해야 한다.

"이번 승진에 지원하고 싶지 않습니다. 왜냐하면 예전에 직장에서 안 좋은 경험을 했거든요."

이것을 이렇게 바꿔보라.

"예전에 직장에서 안 좋은 경험을 했지만 그래도 이번 승진에 지원하고 싶습니다."

물론 언어를 순화한다고 해서 과거가 바뀌는 것은 아니다. 하지만 언어 표현을 바꾸면 스몰 트라우마가 현재에 미치는 영향력을 약화시킬 수 있다. 또한 내면의 목소리와 타인과의 대화를 의도적으로 바꿔나가면 저 나은 방향으로 나아갈 수 있는 문이 열릴 것이다. '할 수 없다', '하지 않겠다', '하지 않는다' 같은 말을 당신에게 보다 강력한 힘을 부여하는 표현으로 바꿔보라.

이 연습을 통해 당신에게 힘이 있다는 사실을 깨달을 수 있길 바란다. 미래를 만들 수 있을 뿐만 아니라 과거를 해석하고 오늘을 살아가는 방식을 바꿀 수 있음을 깨닫길 바란다.

AAA 3단계: 행동

스몰 트라우마 여정의 마지막, 행동 단계에서는 몸과 마음, 신체적 면역체계와 심리적 면역체계에 모두 도움이 되는 일상적인 행동을 몇 가지 알려주고자 한다. 만성피로에서 감정적 먹기, 불안과 비탄에 이르기까지 내가 연구한 어떤 상태, 증상, 주제에서도 이 기본 사항만큼은 언제나 효과를 보는 핵심 처방이다.

정신 건강 분야에서 20년 동안 연구하고 일하며 얻은 한 가지 통찰력이 있다면 자연과 더불어 살수록 안정감과 평온함을 더 많이 느낀다는 것이다. 너무 히피처럼 들릴지도 모르겠지만 과학적으로도 일리가 있다. 첨단 기술이 우리의 몸과 마음을 아무리 자연과 멀리 떨어뜨려놓아도 우리는 자연계의 일부다. 우리의 내적 작용과 생리적 과정은 태양의 24시간 주기와 일치한다.

단순히 수면에만 국한된 게 아니다. 물론 수면은 실제로 생사를 좌우하는 문제긴 하지만, 우리는 분자 수준에서 환경에 반응하는 생물학적 리듬을 지니고 있다. 생리주기의 경우에는 유난히 더 긴 리듬에 따르기도 한다. 이런 리듬을 거스르기보다 순응해 조화를 이루면 스스로를 자극하거나 진정시키기 위해 합성물질을 사용할 일이 줄어 신체 및 정신 건강에 도움이 된다.

햇볕은 친구다

빛은 24시간 주기의 생체 리듬과 관련해 가장 중요한 환경적 요소다. 우리의 몸과 마음은 어두울 때 자고 밝은 낮에 활동할 때 최상으로 작동한다. 그러나 인공조명이 발명되면서 이제 우리는 하루 중 어느 때라도 환히 볼 수 있게 되었다. 쉼 없이 돌아가는 현대사회에서 우리는 문자 그대로나 비유적으로나 스위치를 끄기가 매우 어렵다. 낮 시간의 대부분을 인공조명이 설치된 실내에서 보내는데, 이 조명은 자연광과 질적으로 다를 뿐만 아니라 뇌에도 동일한 신호를 보내지 않는다. 연구에 따르면 인공조명은 우리의 환경과 건강에 개인적으로 영향을 미친다.[95] 심리학에서는 오랫동안 수면장애와 계절성 정동장애(Seasonal Affective Disorder, SAD)에 주로 초점을 맞췄지만 요즘에는 일조량 부족이 다양한 정신 건강 및 신체적 웰빙 상태의 저해 요인이 될 수 있음이 점점 드러나고 있다.

조만간 몸에 자연광 센서를 부착해 스마트폰에 데이터를 전송하고 제발 밖에 나가 자연광을 쬐라고 경고하는 제품이 나오더라도 별로 놀라지 않을 거다. 하지만 이런 기술이 나올 때까지 기다릴 필요는 없다. 당장 오늘부터 하루 20분이라도 좋으니 매일 밖에 나가 기분을 좋게 만드는 비타민 D를 흡수해라![96]

◆ SAD 스몰 트라우마 ◆

계절성 정동장애는 해가 짧아지기 시작하면 자주 언급되는 질환이다. 그러나 이것이 '진짜'인지에 대한 논의는 아직도 만연하다. 계절성 정동장애, 즉 SAD는 재발성 주요 우울장애의 하위 범주로, 특정 계절과 연관되어 있다는 차이가 있다. 계절성 우울증을 호소하는 대부분의 사람은 겨울에 증상을 보이나 약 10퍼센트는 여름과 관련이 있는 것으로 나타난다. SAD 진단을 받으려면 계절의 변화를 추적할 수 있는 명확한 시작점과 끝점이 있어야 하며, 적어도 2년 동안 연중 다른 시기에는 증상이 없고, 생애에서 증상이 없을 때보다 있는 기간이 더 많아야 한다.

일부 연구를 통해 자연광과 기분 사이의 연관성이 밝혀지긴 했지만 이와 관련된 생리적 메커니즘은 아직도 규명해야 할 것이 많다. 일광이 멜라토닌과 세로토닌 생성에 영향을 끼친다는 사실은 꽤 잘 알려져 있다. 이는 수면/각성 주기에 영향을 미치는데 수면 부족은 대개 우울하고 불편한 기분으로 이어진다. 실제로 미국의 한 연구에 따르면 플로리다에 거주하는 사람의 오직 1퍼센트만이 SAD를 경험하는 반면 알래스카에서는 주민의 9퍼센트가 SAD를 경험한다고 한다. 그러나 겨울에 해가 거의 비치지 않는 노르웨이와 아이슬란드 같은 국가에서는 오히려 SAD를 경험하는 사례가 거의 발견되지 않는다. 이건 어떤 이유에서일까?

이는 우리의 기대 및 사회적 믿음과 관련이 있다. 미국에서 덥고 화창한 날씨는 대개 행복처럼 '좋은' 감정과 연관되어 있지만 전국적으로 일관된 날씨를 경험하는 스칸디나비아 국가에서는 어두운 계절도 아름답다는 인식이 더 일반적일지 모른다. 세계 각지에서 추운 날에 대처하는 서로 다른 방식도 SAD의 요인이 될 수 있다. 가령 노르웨이어로 프리루프트슬리브(friluftsliv)는 '야외 생활'로 직역할 수 있는데, 날씨에 상관없이 자연을 즐기는 야외활동을 의미한다. 다시 말해 SAD는 우리의 믿음과 관련이 있는 것인지도 모른다. 평생 동안 쌓아온 믿음이 일종의 작은 스몰 트라우마를 형성한 것이다.

휴식의 기술

오늘날의 바쁜 일상 속에서 휴식은 수면에 비해 열악하게 취급되고 있다. 더럼대학교 연구진은 134개국에서 1만 8000명 이상을 대상으로 하루에 휴식을 얼마나 취하며 어떤 종류의 휴식을 취하는지 조사했다. 전체 응답자의 3분의 2가 넘는 사람이 더 많은 휴식을 바란다고 대답했으며, 휴식을 덜 취하는 사람들은 전반적으로 웰빙 수준이 낮다고 대답했다.[97]

고된 업무와 여러 가지 돌봄의 책임, 거기다 친구도 만나고 약간의 재미도 즐기고 일반적으로 삶을 살아가려는 모든 노력이 우리 사회를 쉴 새 없이 돌아가게 하고 있다. 우리는 양초의 양쪽 끝을 태우며 밤낮없이 일하고 있는 게 아니다. 모든 것을 활활 타오르는 모닥불 속에 던져 넣어 주변을 엉망진창으로 만들고 있다! 아니면 적어도 주말에 현대인의 삶은 그렇다.

사회적 규범, 기대, 꼬리표라는 스몰 트라우마가 우리를 쉬지 못하게 하는 경우도 많다. 눈에 띄게 피곤해 보이던 한 내담자는 아무리 피곤해도 낮에 쉬면 '게으른 사람'이 된 것 같다고 말했다. 하지만 자연계로 시선을 돌려보자. 자연은 휴식을 취하는 법을 아주 잘 알고 있다. 계절이 바뀌고 밤낮이 바뀌는 동안 자연은 아무런 저항 없이 끊임없이 재생하고, 복원하고, 재건한다.

일상생활에서 휴식을 취하는 것도 마찬가지로 매우 중요하다. 잠을 자거나 낮잠을 자라는 얘기가 아니다. 그저 스트레스 요인으로부터 '스위치를 끌 수' 있는 활동을 해라. 책을 읽거나 음악을 듣거나 자연

속에서 시간을 보내는 것도 좋다.

◆ REST, 공간과 시간을 할애해 에너지 회복하기 ◆

나는 휴식을 위해 REST(Restore Energy with Space and Time) 기법을 자주 활용한다. 일이나 객관적인 목표에 중요한 자원을 할애하는 것처럼 회복을 위해서도 시간과 공간을 할애해 적극적으로 휴식을 취해야 한다는 것을 새삼알려주기 때문이다. 일상 속에서 시간을 내는 게 어렵게 느껴질 수도 있지만몇 분이면 충분할뿐더러 무의미한 스크롤과 클릭으로 채워지기 십상인 '부스러기 시간'을 활용하면 된다. 또한 이는 회복과 활력을 되찾는 데 필요한 다양한 유형의 휴식을 명확히 정의하는 데도 유용하다.[98]

- **신체적 휴식**: 휴식이 필요한 가장 확실한 범주지만 단순히 잠을 자거나 수동적으로 앉아 있는 것을 뜻하는 게 아니다. 숨쉬기운동(1장과 4장 참조)은 부교감신경계를 활성화해 신체를 '휴식과 소화' 상태로 전환하는 데 도움이 된다. 또 앉아서 일하는 직업의 경우 신체적 휴식이란 통증과 불편을 유발하는 고정된 자세에서 벗어나 책상 앞에서 가벼운 스트레칭을 하거나한 시간에 한 번씩 의자에서 일어나 몸을 움직여 쉬는 것이다. 하지만 하루종일 신체 활동을 하는 사람이라면 반대로 고요하고 정적인 상태를 만끽하는 것이 휴식으로 작용할 것이다.

- **정신적 휴식**: '뇌 흐림(brain fog, 뇌에 안개가 낀 것처럼 멍한 느낌이 지속돼 인지

기능과 집중력, 주의력 등이 저하되는 상태.—옮긴이)'은 요즘 만연한 문제다. 정신적 휴식이란 멀티태스킹에 대한 충동을 억제하고 하나의 일에 집중하는 것이다. 앱과 휴대전화 알림을 끄고, 이메일을 로그오프하고, 문을 닫아 한 가지 일에 집중할 수 있는 시간을 만들어라. 많은 사람이 멀티태스킹의 신화에 빠져 있기 때문에 약간의 연습이 필요할 테지만 그만한 가치가 있다.

- **사회적 휴식**: 사회적 휴식이 반드시 고독을 의미하지는 않는다. 물론 필요하다면 고독을 즐길 수도 있지만 그보다 사회적 휴식은 뽐내거나 점잔을 뺄 필요가없는 사람들과 함께 시간을 보내며 온전한 나 자신이 되는 것이다. 이들은 당신의 배터리 충전기와도 같은 존재니 항상 소중히 여기도록 해라! 중요한 것은 때때로 이들이 우리가 가장 사랑하는 사람이 아니라 그저 지인일 수 있다는 점이다. 가끔씩 만나는 사람들과 있을 때는 오히려 더 쉽게 나 자신이 될 수 있다.

- **감각적 휴식**: 사람마다 필요한 감각 자극의 양은 다른 법이고, 과민한 사람(9장)은 특히 다른 사람보다 조용한 시간이 더 필요할 수 있다. 가끔은 낮 동안에 잠시 눈을 감고 시각에 휴식을 주는 것만으로도 도움이 된다. 다시 말하지만 혼자 동굴 속에 틀어박히라는 소리가 아니다. 인공적인 감각 자극이 적은 자연 속에 있을수록 마음이 편안해진다는 얘기다.

- **감정적 휴식**: 주변에 당신의 감정 에너지를 고갈시키는 감정 뱀파이어가 있는지 살펴보고 이런 이들과 보내는 시간을 줄이거나 완전히 없애라. 2장

11장 응시하기보다 뛰어들라 — 삶을 위한 처방전

의 연습활동을 활용하면 감정생태계에 영양을 공급하고 불안한 감정으로부터 벗어나 휴식을 취하는 데 도움이 된다.

• 창의적 휴식: 요즘에는 분석적인 일에 너무 많은 시간을 할애하다 보니 창의력을 키울 기회가 거의 없다. 개인적으로 나는 화랑이나 전시회에 다녀오면 굉장히 창의적이 된다고 느껴 될 수 있으면 정기적으로 가려고 노력한다. 이런 것이 불가능하거나 이에 관심이 없다면 하루에 세 번 5분만이라도 자유롭게 낙서할 시간과 공간을 마련해라. 성인용 컬러링북도 좋고, 특히 복잡한 만다라 패턴은 마음을 편안하게 해줄 것이다.

• 영적 휴식: 영적 편안함을 얻기 위해 종교를 가질 필요는 없다. 비결은 우리가 사는 세계에 속해 있다고 느끼는 것이며, 이는 다른 사람을 도와줌으로써 실현할 수 있다. 실제로 남을 도우면 나 자신의 웰빙이 증진된다. 자기집중은 사실 굉장히 힘들고 진이 빠지는 일인데[99] 거기서 벗어나 휴식을 취할 수 있기 때문이다. 영적 근원을 통해 회복된 느낌은 삶의 목적(위에서 다룬 내용)에 대한 안정감과도 관련이 있다. 화살표와 일치하는 삶을 사는 것이 유익한 또 다른 이유다.

여기서 가장 중요한 비결은 자신의 삶과 생활 방식에 맞춰 휴식을 취하는 것이다. 파트너, 친구, 가족마다 필요한 휴식의 유형이 다를 수 있기 때문에 각자의 개인적인 방식을 존중하는 것이 진정한 휴식의 핵심이라 할 수 있다.

몸에 좋은 음식과 운동

물론 이 책은 운동이나 음식에 관한 책이 아니지만 우리가 입에 넣는 음식과 에너지 소모 방식이 심리적 면역체계에 얼마나 큰 영향을 끼치는지 언급하지 않는 것은 무책임한 행동일 것이다. 그러니 여기서 제안한다.

'땅에서 나는 음식을 먹고 몸을 움직여라.'

세상에는 정말 무수한, 상상조차 하기 힘든 수많은 다이어트가 존재한다. 체중감량 산업은 코로나19 팬데믹 기간 동안 성장한 유일한 웰빙 부문 중 하나이며, 우리의 허리둘레처럼 지금도 계속해서 확장 중이다.[100] 그러니 우리가 무엇을 먹거나 먹지 말아야 하는지 혼란스럽게 만들 아주 현실적인 이유—바로 '돈'—가 있는 셈이다. 온갖 다이어트의 효과에 대한 수많은 연구 결과가 있지만 내 생각엔 전부 하나로 요약된다. 최대한 자연 그대로의 형태에 가까운 음식을 먹을 것. 정말로 이게 다다. 다시 말해 방금 수확했거나, 땄거나, 뽑은 것처럼 보이는 과일과 채소, 견과류와 씨앗, 약간의 생선과 흰 육류(고기를 먹을 경우)[101]가 안전하다. 의료적인 이유가 있다면 또 몰라도 지금껏 이 문제에 소비된 막대한 시간과 지적 능력이 아까울 정도다! 당신의 증조할머니가 재료가 뭔지 알아볼 수 있다면 그 음식은 괜찮다. 하지만 극도로 가공된 형태의 유전자 변형 식품이라면 멀리하거나 소량만 먹어라.

이 외에도 인간은 24시간 내내 먹도록 진화하지 않았다는 사실을 명심하기 바란다. 선사시대에는 앱을 이용한 배달 서비스 같은 게 없었기 때문에 우리는 24시간 주기 중 상당히 긴 시간 동안 음식을 먹지 않았고, 식량이 부족했던 시기에는 더 길었다. 수조 개에 달하는 장내 미생물도 제 역할을 하려면 시간이 필요하다. 이들이 맡은 임무를 다 하려면 적당한 환경이 조성되어야 하기 때문이다. 최소한 열한 시간에서 열두 시간의 간헐적 단식이 권장되는 이유 중 하나다. 실제로 '아침식사(breakfast)'라는 단어 자체가 밤 동안의 단식(fast)을 깨트린다(break)는 의미다.

문장의 뒷부분은 운동을 뜻한다. '움직인다'라는 단어를 사용한 것은 의도적이다. '운동'에는 온갖 종류의 함축된 의미가 담겨 있고 특히 스몰 트라우마도 포함될 수 있기 때문이다! 바로 앞에서 말했듯이 우리의 몸은 하루 종일 책상 앞에 앉아 있도록 진화하지 않았다. 건강한 몸과 마음을 유지하려면 움직여야 하지만 그렇다고 매일 두 시간씩 체육관에 가서 격렬하게 움직이라는 얘기는 아니다(물론 그걸 좋아한다면 말리진 않겠지만!). 간단한 방법을 몇 가지 소개한다.

- 뭔가를 앉아서 할 수 있다면 서서도 할 수 있는가? 예를 들어 컴퓨터로 일을 한다고 치자. 스탠딩 책상을 사용할 수 있는가? 대답이 "아니요"라도 괜찮다. 어쨌든 물어보는 것만으로도 가치가 있으니까.
- 뭔가를 서서 할 수 있다면 걸어 다니면서도 할 수 있는가? 예를 들어, 전화 통화는 어떨까. 걸어 다니면서 통화를 할 수 있는가?

걷기의 놀라운 점은 신체 건강과 정신 건강을 '둘 다' 유지하는 데 도움이 되며 특별한 효과를 기대할 필요조차 없다는 것이다. 아이오와 주립대학교 연구진은 왜, 어디서 걷는지와는 상관없이 그저 일어나서 한 발을 다른 발 앞으로 내딛는 것만으로도 정신적, 육체적으로 기분이 좋아진다는 사실을 발견했다.[102]

걷기는 일상 활동을 늘리는 가장 쉬운 방법 중 하나이며, 실제로 변화를 가져온다. 사람들은 숫자에 얽매이는 경향이 있지만 하루 1만보는 그냥 이상적인 수치일 뿐 지금은 그 숫자가 7000보에 가깝다는 사실이 알려져 있다. 하지만 어쨌든 중요한 것은 그냥 움직이는 것이다. 몸을 움직여 심박수를 높이고 규칙적으로 숨을 몰아쉬는 것만으로도 체력 수준이 향상되고 전반적인 건강이 개선된다.

인간적인 교류는 필수

우리에게는 인간적인 교류와 연결이 필요하다. 1장에서 외로움의 유행과 이것이 정신적, 육체적 건강에 얼마나 해로운지 강조한 바 있다. 사회적 동물인 인간은 집단생활을 하도록 진화해왔고, 비록 오늘날에는 식량과 쉼터를 구하고 포식자로부터 안전을 지키기 위해 반드시 다른 사람이 필요하지는 않지만 여전히 사회적 지지와 삶의 목적을 달성하기 위한 수단으로서 소속감을 더해줄 다른 사람이 필요하다. 따라서 연결감은 '단순히' 정서적 웰빙뿐만 아니라 우리의 전반적인 건강을 위한 것이다. 심오하고 뜻깊은 긴 대화를 나눌 필요도 없다. 그저 버스를 기다릴 때나 기차에서 옆 사람과 잡담을 나누는 소소한 상호작용도 연결감을 느끼는 데 도움이 된다. 처음에는 어색하게 느껴질 수 있지만, 우리는 잡담을 나눈 뒤 낯선 사람이 우리에게 얼마나 호감을 느끼는지에 대해 다소 과소평가하는 경향이 있다. 이런 현상을 '호감도 격차'라고 한다.[103]

사람들과 얼굴을 직접 맞대고 볼 수 있으면 가장 좋으나 때로는 불가능한 경우가 있다. 그럴 때에는 전화 통화를 하거나 날씨 같은 사소한 화제에 대해 대화를 나누는 것만으로도 이 험하고 넓은 세상에서 동지가 생긴 듯한 느낌을 받을 수 있다. 사람들에게 다가갈 방법은 많으나 소셜 미디어의 경우는 신중하길 바란다. 연구에 따르면 수동적으로 게시물에 '좋아요'를 누르거나 아무 상호작용도 없이 스크롤만 하면 오히려 우울감이나 자기부족감을 느낄 수 있다. 이 놀라운 기술을 올바르게 사용해 친구와 가족, 또는 공통의 관심사를 가진 이들과 진정으로 연결되고 소통해라. 당신이 무엇을 좋아하든, 아무리 추상적인 것이라도 분명 그것에 대해 이야기를 나눌 수 있는 웹페이지가 있을 것이다. 내가 장담한다.

인간 아닌 생명과의 교류도 좋다. 내가 동물 애호가로서 좀 치우쳐 있다는 건 인정한다. 하지만 동물과 함께 시간을 보내면 다른 살아 있는 것들과 연결되어 있다고 느낀다는 데이터가 있다. 연구에 따르면 고양이를 사랑하는 이들의 경우, 고양이가 골골거리는 소리는 휴식과 소화를 담당하는 부교감신경계를 활성화해 스트레스 수준을 낮추는 데 도움이 된다.[104] 좀 이상하게 들릴 수도 있지만 고양이 동영상을 보는 것만으로도 효과를 볼 수 있다. 실제로 요즘에는 사람들끼리 모여 고양이 동영상을 함께 시청하는 페스티벌도 있다! 이는 여가 시간에 고양이 영상을 보는 사람들이 전반적으로 더 긍정적이고 에너지 상태가 높다는 연구 결과로 뒷받침된다.[105] 하지만 무엇보다 동물은 우리에게 유대감을 느끼게 한다. 그러니 사람들과 소통할 수 없다면 대신에 고양이나 개, 파충류 등 다른 생물들과 시간을 보내는 것을 고려해보자. 동물뿐만 아니라 식물을 돌보고 보살피는 것만으로도 마음이 차분해지고 안정감을 느낄 수 있으며, 실내 식물과 상호작용하면 스트레스가 줄어든다는 연구 결과도 있다.[106]

오늘의 감사한 일 찾기

나는 매일 저녁 감사하는 마음을 갖는다. 물론 하루 중 어느 때라도 할 수 있지만 매일 같은 시간에 감사 연습을 하면 습관처럼 몸에 배게 할 수 있다. 긍정심리학 분야에는 감사하는 마음을 키우면 웰빙을 개선하고 삶에 대해 폭넓은 관점을 가질 수 있다는 수많은 연구 결과가 있다.[107] 다음 기법은 너무 쉬워 보여서 그다지 효과가 있을 것 같지 않지만 나는 내담자들에게 자주 이 방법을 권유하며, 몇 달 뒤 결과를 확인해보면 실제로 많은 사람의 생각이 바뀌어 있음을 발견한다.

전통적으로 심리학자나 상담치료사들은 감사한 일 세 가지를 떠올려보라고 말한다. 아이를 갖거나 새 직장을 구하는 등 반드시 인생에서 크고 중요한 긍정적 사건일 필요는 없고, 아주 사소한 것이라도 좋다. 나와 내 파트너는 보통 다섯 가지를 떠올리는데 처음 두 가지가 서로와 가족이라 항상 똑같기 때문이다. 그다음에는 즐거운 공원 산책이나 오늘 직장에서 받은 칭찬처럼 자그마한 것들에 감사한다.

이 책을 읽는 당신도 똑같이 할 수 있다. 이것은 인생의 좋은 점을 찾도록 뇌를 재훈련하는 방법이다. 4장에서 봤듯이 인간은 생존에 위협이 되는 환경을 탐색하도록 프로그램되어 있기 때문에 삶에 비치는 한 줄기 햇살을 찾아내려면 좀 더 많은 노력이 필요하다. 하지만 아무리 작더라도 밝은 희망은 항상 존재할 것이다.

연습활동: '하마터면 놓칠 뻔!' 일기 쓰기 ◇◇◇◇◇◇◇◇◇◇◇◇◇◇◇

지난주에 무슨 일이 있었는지 돌이켜봤는데 딱히 기억에 남는 게 하나도 없었던 적이 있는가? 자신의 머릿속에만 틀어박혀 있으면 삶에서 일어나는 많은 것을 놓칠 수 있다. 그러니 세상과의 연결 고리를 유지하기 위해 머릿속 블랙홀에 빠져 있느라 놓칠 뻔한 것들에 대한 '하마터면 놓칠 뻔!' 일기를 써보라고 제안하고 싶다.

흐린 날의 한 줄기 눈부신 햇살, 카페에서 살짝 엿들은 엄마와 꼬마아이의 사랑스러운 대화, 삶을 흥미롭게 만드는 사소한 일 등 작고 평범하지만 동시에 아주 매혹적인 것들 말이다.

스몰 트라우마든 일상에서의 소소한 마법 같은 순간이든, 우리네 인생은 이렇게 작고 소소한 것들로 이뤄져 있다. 무엇을 붙잡고 무엇을 놓을지는 순전히 우리의 선택이다.

◇◇

자신을 사랑하지 않아도 괜찮다

나는 '자기 자신을 먼저 사랑하기' 전에는 아무것도 실천할 수 없다고 생각하는 사람을 많이 만났다. 처음에는 선의로 퍼뜨린 말이겠지만, 사실 그런 사고방식은 사람들을 고립시키고 외롭게 만들며 자기애를 느끼는 마법의 순간이 올 때까지 하염없이 기다리게 만든다. 다만 어릴 적에 무조건적인 사랑을 받지 못했다면 본보기로 삼을 사랑이 없기 때문에 나 자신을 사랑하기가 무척 어려울 수 있다(8장 참조). 그러니 연민과 경험을 밑바탕 삼아 감히 말하건대, 자신을 '먼저' 사랑하는 것은 세상에서 가장 위대한 사랑이 아니라 그저 아주 크고 널리 퍼진 신화일 뿐이다. 상담이나 치료, 또는 누군가에게서 사랑받는 것 모두 도움이 될 수 있다. 그러니 기다리지 말고 지금 시작해라. 그러면 스스로 깨닫기도 전에 자신에게 사랑을 표현하고 있을 것이다.

하지만 스스로에게 너그럽게 굴 것

자신에게 친절하고 너그럽게 구는 데는 아무 비용도 들지 않는다. 어쨌든 현금은 들지 않는다. 하지만 많은 사람이 다른 사람보다 자기 자신에게 관대함과 연민을 보여주는 것을 더 어렵게 느낀다. 아직도 자기애가 부족하다고 느낀다면 스스로에게 너그럽게 구는 것으로 시작하면 도움이 될 수 있다. 일부 흥미로운 연구에 따르면 자기 자신에게 너그럽게 굴면 시간을 되돌려 젊음을 유지할 수 있다고 한다. 한 연구는 자애 명상을 한 사람들과 그러지 않은 집단을 대상으로 생물학적 노화의 지표인 텔로미어의 길이를 조사했는데, 그 결과 너그러움을 연습한 사람들의 텔로미어가 대조군에 비해 상대적으로 더 길다는 사실을 발견했다. 텔로미어는 나이가 들수록 짧아지며 조기 사망과 관련이 있는 DAN 조각이다.[108] 따라서 자신을 사랑하지 않더라도 최소한 너 그러움을 기르라는 것이 내가 내리는 처방이다.

◆ 건강한 삶을 가꾸기 위한 글쓰기 과제 ◆

1. 무엇을 할 때 가장 살아 있다고 느끼는가?

2. 삶에서 뭔가를 바꿀 수 없다면 그것을 어떤 방식으로 받아들이겠는가?

3. 지금이 아니라면, 언제?

스몰 트라우마

✝

함께한 시간이 끝나가는 지금, 이제까지 배운 것을 활용해
미지의 심연 속으로 뛰어들기를 진심으로 응원한다.
심연은 당신이 두려워하는 것만큼 무섭지 않다.
혹시 스몰 트라우마가 다시 발생하더라도
이제 당신은 삶의 고난에 대처할 도구와 감정적 항체,
그리고 기술을 갖추고 있을 것이다.

감사의 말

내가 정말 끝내주는 에이전트인 도리에게 처음 스몰 트라우마에 대한 아이디어를 털어놓았을 때, 그는 피카딜리 광장에 있는 울슬리에서 내게 애프터눈 티를 사주고 있었다(탄산이 들어간 걸로!) 울슬리는 〈해리 포터〉에도 나올 법한 아주 고풍스러운 레스토랑인데, 내가 어렸을 적 상상하던 런던의 모습 그 자체였다. 내가 이런 이야기를 하는 이유는, 너무도 자주 무시되고 관심을 기울일 만큼 '나쁘지 않다'는 이유로 간과되는 누적된 트라우마에 대해 언급했을 때 내 사랑하는 에이전트의 눈이 반짝이는 것을 보고 팔딱거리던 심장이 한 순간 완전히 멎을 것만 같았기 때문이다. 우리는 이제 막 함께 일하기 시작한 참이었고, 영화와도 같은 분위기 속에서 나는 내 직감이 맞았다는 사실을 알 수 있었다. 세상은 스몰 트라우마에 대해 알아야 했다. 그러므로 나와 스몰 트라우마에 대한 신뢰를 보여주어 드넓은 애리조나의 새파란 하늘과도 같은 내 마음속 가득 반짝이는 폭죽을 터트려준 도리 시몬스에게 진심으로 감사의 말을 전하고 싶다. '쉼표 전쟁'에서는 비록 내가 승리했으나, 우리는 정신 건강 문제라는 전 세계적인 전염병에 함께 대항할 것이다.

도리에 못지않은 지지와 격려라는 든든한 발판을 마련해준 두 빨간 털북숭이 사내 닐 모디와 부바도 있다. 그들은 '나 자신을 먼저 사랑할 필요가 없다'는 내 가설을 실시간으로 증명하고 수많은 포옹과 '진짜 사랑'이 있다면 메마른 영혼에 다시 생명을 불어넣을 수 있음을 입증해주었다. 절친 테사 레이지를 빠뜨리면 섭섭하겠지. 테사는 내게 매일같이 영감을 선사해주며 닐과 진지처럼 거친 바다에서 나를 집으로 인도해주는 등대와도 같은 존재다. 그리고 꼭 해야만 한다면, 1980년대의 향수에 끊임없이 젖게 해주는 여동생 에이미 로이에게도 감사 인사를 전한다. 그래, 네가 복고풍 밈을 하루에 스무 개씩이나 보내주지 않았다면 내가 어떻게 살았겠니?

리디아 굿과 소슨스 및 하퍼콜린스 팀원들, 운 좋게 내가 친구라고 부를 수 있는 훌륭한 건강 저널리스트들, 디테일에 집착하는 악마를 죽이는 법을 가르쳐준 전 공동저자 루이스 앳킨슨, 스몰 트라우마라는 단어를 퍼뜨리는 데 일조해준 커뮤니케이션 전문가 마스 웹과 줄리아 챔피언까지, 감사해야 할 사람이 정말 너무나 많다. 내 상사인 시오반 오리어던 박사님께도, 코칭심리학에 대한 무한한 지식에 경의를 표합니다! 무엇보다 늘 따뜻하고 격려를 아끼지 않는 그분의 지도 스타일은 일을 넘어 삶의 여러 영역에 큰 도움이 되었다. 그런 의미에서 개인 심리치료사인 데이비드 스미스 씨도 이 여정 내내 나를 이끌며 활기를 불어넣어주었다. 감사합니다.

동기부여에 대해 말하자면, 제니퍼 케네디, 어떻게 내가 듣고 싶은 말을 항상 정확히 알고 있는지 모르겠지만 당신은 정말 최고의 치어리더예요! 또 애리조나에 살 때에도 엉뚱하고 다소 수줍었던 나를 여러 가지 방법으로(보통은 케이크로) 응원해준 오랜 가족 친구인 샬럿 스미스에게도 고맙다는 말을 전하고 싶다. 당신은 진짜 내 '후천적 가족'이랍니다!

그러나 무엇보다 코로나19 사태 초기에 우리 곁을 떠난 아버지, 그레이엄 킹혼 애롤에 대해 다시 한번 세상에 알리고 싶다. 힘든 세월을 보내고 드디어 좋은 시절이 왔건만 얼마 되지 않아 그분이 그렇게 세상을 떠나셨다는 사실이 내 모든 것을 갉아먹었다. 이 책은 아버지를 위한, 당신께서 내게 주신 무조건적이고 변함없는 사랑을 기리기 위한 것이다. 그리도 많은 고통을 겪으셨지만 아빠의 전투를 통해 제가 정신 건강 문제 전체에 빛을 비출 수 있길 바랍니다. 사랑해요, 아빠.

마지막으로 정신 건강 문제와 관련해 무시당하고 낙인찍히고 소외되고 가스라이팅을 당한 모든 이에게. 여러분의 생생한 경험과 스몰 트라우마는 여러분 각자만큼이나 모두 다르고 독특하다. 하지만 여러분은 혼자가 아니다. 스몰 트라우마에 대해 소리 높여 이야기하자. 안 보이고 없는 양 더는 의자 밑으로 쓸어 넣을 수 없을 정도로 더 많이, 자주 이야기하자. 정신 건강이라는 광범위한 스펙트럼을 더 잘 이해하고 치료할 수 있는 길을 열어보자.

스몰 트라우마

1 Holmes, T. H. and Rahe, R. H. 'The social readjustment rating scale', Journal of Psychosomatic Research, 11(2) (1967), pp. 213-18.

2 Lackner, J. M., Gudleski, G. D. and Blanchard, E. B. 'Beyond abuse: The association among parenting style, abdominal pain, and somatization in IBS patients', Behaviour Research and Therapy, 42(1) (2004), pp. 41-56.

3 Bretherton, I. 'The origins of attachment theory: John Bowlby and Mary Ainsworth', Developmental Psychology, 28(5) (1992), p. 759.

4 De Schipper, J. C., Oosterman, M. and Schuengel, C. 'Temperament, disordered attachment, and parental sensitivity in foster care: Diff erential fi ndings on attachment security for shy children', Attachment & Human Development, 14(4) (2012), pp. 349-65.

5 혹시 "〈페리스의 하루〉나 존 휴즈의 다른 영화를 본 적이 없다면 즉시 책을 내려놓고 스트리밍 서비스를 켜도록! 1980년대 영화에는 스몰 트라우마의 예시가 넘쳐난다.

6 Passmore, H. A., Lutz, P. K. and Howell, A. J. 'Eco-anxiety: A cascade of fundamental existential anxieties', Journal of Constructivist Psychology (2022), pp. 1-16, DOI: 10.1080/10720537.2022.2068706.

7 Seligman, M. E. The Hope Circuit: A Psychologist's Journey from Helplessness to Optimism, Hachette UK, 2018.

8 Layard, P. R. G. and Layard, R. Happiness: Lessons from a New Science, Penguin UK, 2011. 리처드 레이어드 지음, 정은아 옮김, 『행복의 함정』, 북하이브, 2011.

9 Agarwal, S. K., Chapron, C., Giudice, L. C., Laufer, M. R., Leyland, N., Missmer, S. A., Singh, S. S. and Taylor, H. S. 'Clinical diagnosis of endometriosis: A call to action', American Journal of Obstetrics and Gynecology, 220(4) (2019), pp. 354-364.

10 Chen, E. H., Shofer, F. S., Dean, A. J., Hollander, J. E., Baxt, W. G., Robey, J. L., Sease, K. L. and Mills, A. M. 'Gender disparity in analgesic treatment of emergency department patients with acute abdominal pain', Academic Emergency Medicine, 15(5) (2008), pp. 414-18.

11 Diener, E., Seligman, M. E., Choi, H. and Oishi, S. 'Happiest people revisited', Perspectives on Psychological Science, 13(2) (2018), pp. 176-84.

12 Brickman, P., Coates, D. and Janoff-Bulman, R. 'Lottery winners and accident victims: Is happiness relative?', Journal of Personality and Social Psychology, 36(8)

(1978), p. 917.

13 Kraft, T. L. and Pressman, S. D. 'Grin and bear it: The infl uence of manipulated facial expression on the stress response', Psychological Science, 23(11) (2012), pp. 1372-8.

14 Wilkes, C., Kydd, R., Sagar, M. and Broadbent, E. 'Upright posture improves aff ect and fatigue in people with depressive symptoms', Journal of Behavior Therapy and Experimental Psychiatry, 54 (2017), pp. 143-9.

15 Keyes, C. L. 'The mental health continuum: From languishing to fl ourishing in life', Journal of Health and Social Behavior (2002), pp. 207-22.

16 Aff leck, W., Carmichael, V. and Whitley, R. 'Men's mental health: Social determinants and implications for services', The Canadian Journal of Psychiatry, 63(9) (2018), pp. 581-9.

17 Lomas, T. 'Towards a positive crosscultural lexicography: Enriching our emotional landscape through 216 "untranslatable" words pertaining to well-being', The Journal of Positive Psychology (2016), pp. 1-13. doi: 10.1080/17439760.2015.1127993.에 서 Permission 대목을 찾아보라.

18 Jiang, T., Cheung, W. Y., Wildschut, T. and Sedikides, C. 'Nostalgia, refl ection, brooding: Psychological benefi ts and autobiographical memory functions', Consciousness and Cognition, 90 (2021). doi: 10.1016/j.concog.2021.103107.

19 Cheung, W. Y., Wildschut, T., Sedikides, C., Hepper, E. G., Arndt, J. and Vingerhoets, A. J. 'Back to the future: Nostalgia increases optimism', Personality and Social Psychology Bulletin, 39(11) (2013), pp. 1484-96.

20 Sedikides, C., Leunissen, J. and Wildschut, T. 'The psychological benefi ts of music-evoked nostalgia', Psychology of Music (2021). doi: 10.1177/03057356211064641.

21 Cheung, W. Y., Hepper, E. G., Reid, C. A., Green, J. D., Wildschut, T. and Sedikides C. 'Anticipated nostalgia: Looking forward to looking back', Cognition and Emotion, 34(3) (2020), pp. 511-25, doi: 10.1080/02699931.2019.1649247.

22 Vervliet, B. and Boddez, Y. 'Memories of 100 years of human fear conditioning research and expectations for its future', Behaviour Research and Therapy, 135 (2020), pp. 1-9.

23 Pittman, C. M. and Karle, E. M. Rewire Your Anxious Brain: How to Use the Neuroscience of Fear to End Anxiety, Panic, and Worry, New Harbinger Publications, 2015.

24 Rozlog, L. A., Kiecolt Glaser, J. K., Marucha, P. T., Sheridan, J. F. and Glaser, R. 'Stress and immunity: Implications for viral disease and wound healing', Journal of Periodontology, 70(7) (1999), pp. 786-92.

25 Scholey, A., Haskell, C., Robertson, B., Kennedy, D., Milne, A. and Wetherell, M. 'Chewing gum alleviates negative mood and reduces cortisol during acute laboratory psychological stress', Physiology & Behavior, 97(3-4) (2009), pp. 304-12.

26 Gallup, A. C. and Eldakar, O. T. 'The thermoregulatory theory of yawning: What we know from over 5 years of research', Frontiers in Neuroscience, 6 (2013), p. 188.

27 DeBoer, L. B., Powers, M. B., Utschig, A. C., Otto, M. W. and Smits, J. A. 'Exploring exercise as an avenue for the treatment of anxiety disorders', Expert Review of Neurotherapeutics, 12(8) (2012), pp. 1011–22.

28 Powers, M. B., Asmundson, G. J. and Smits, J. A. 'Exercise for mood and anxiety disorders: The state-of-the science', Cognitive Behaviour Therapy, 44(4) (2015), pp. 237–9.

29 Stonerock, G. L., Hoff man, B. M., Smith, P. J., and Blumenthal, J. A. 'Exercise as Treatment for Anxiety: Systematic Review and Analysis.' Annals of behavioral medicine: a publication of the Society of Behavioral Medicine vol. 49,4 (2015): 542–56. DOI: 10.1007/s12160-014-9685-9.

30 Abramowitz, J. S., Deacon, B. J. and Whiteside, S. P., Exposure Therapy for Anxiety: Principles and Practice, Guilford Publications, 2019.

31 BurcaĐ, S. and CreĐu, R. Z. 'Perfectionism and neuroticism: Evidence for a common genetic and environmental etiology', Journal of Personality, 89(4) (2021), pp. 819–30.

32 Lopes, B. and Yu, H. 'Who do you troll and why: An investigation into the relationship between the Dark Triad Personalities and online trolling behaviours towards popular and less popular Facebook profi les', Computers in Human Behavior, 77 (2017), pp. 69–76.

33 Avast, 2021. 'Avast Foundation survey reveals trolling becoming an accepted behaviour for younger generations'. Available at: https://press.avast.com/en-gb/avast-foundation-survey–revealstrolling– becoming-an-accepted-behaviour-for–younger–generations?_ga=2.256764171.1422491308.1638966148-989583476.1638875314 (Accessed: 29/05/2022).

34 Cheng, J., Bernstein, M., Danescu-Niculescu-Mizil, C. and Leskovec, J. 'Anyone can become a troll: Causes of trolling behavior in online discussions', in Proceedings of the 2017 ACM Conference on Computer Supported Cooperative Work and Social Computing (February 2017), pp. 1217–30.

35 Suler, J. 'The online disinhibition eff ect', International Journal of Applied Psychoanalytic Studies, 2(2) (2005), pp. 184–8.

36 Rosenbaum, D. A., Fournier, L. R., Levy-Tzedek S., et al. 'Sooner rather than later: Precrastination rather than procrastination. Current Directions in Psychological Science, 28(3) (2019), pp. 229–33, doi:10.1177/0963721419833652.

37 Wiehler, A., Branzoli, F., Adanyeguh, I., Mochel, F. and Pessiglione, M. 'A neuro-metabolic account of why daylong cognitive work alters the control of economic decisions', Current Biology, 32(16) (2022) pp. 3564–75,e5. doi: 10.1016/j.cub.2022.07.010.

38 STEM은 과학(Science), 기술(Technology), 공학(engineering), 수학(mathematics)에서 각각 머리글자를 따서 만든 단어다.

39 Sakulku, J. 'The impostor phenomenon', The Journal of Behavioral Science, 6(1) (2011), pp. 75 –97.

40 Gravois, J. 'You're not fooling anyone', Chronicle of Higher Education, 54(11) (2007).

41 Bernard, D. L., Hoggard, L. S. and Neblett, E. W. Jr. 'Racial discrimination, racial identity, and impostor phenomenon: A profi le approach', Cultural Diversity and Ethnic Minority Psychology, 24(1), (2018), pp. 51 –61.

42 Cokley, K., Awad, G., Smith, L. et al. 'The roles of gender stigma consciousness, impostor phenomenon and academic self-concept in the academic outcomes of women and men', Sex Roles, 73 (2015), pp. 414 –26; https://doi.org/10.1007 /s11199-015-0516-7.

43 Bravata, D. M., Watts, S. A., Keefer, A. L., Madhusudhan, D. K., Taylor, K. T., Clark, D. M. and Hagg, H. K. 'Prevalence, predictors, and treatment of impostor syndrome: A systematic review', Journal of General Internal Medicine, 35(4) (2020), pp. 1252 –75.

44 Sue, D. W. Microaggressions in Everyday Life: Race, Gender, and Sexual Orientation, John Wiley & Sons, 2010.

45 Feiler, D. and Müller-Trede, J. 'The one that got away: Overestimation of forgone alternatives as a hidden source of regret', Psychological Science, 33(2) (2022), pp. 314 –24.

46 Carney, D. R., Cuddy, A. J. and Yap, A. J. 'Power posing: Brief nonverbal displays aff ect neuroendocrine levels and risk tolerance', Psychological Science, 21(10) (2010), pp. 1363 –8.

47 Kerr, M. and Charles, N. 'Servers and providers: The distribution of food within the family', The Sociological Review, 34(1) (1986), pp. 115 –57.

48 Evers, C., Marijn Stok, F. and de Ridder, D. T. 'Feeding your feelings: Emotion regulation strategies and emotional eating', Personality and Social Psychology Bulletin, 36(6) (2010), pp. 792 –804.

49 10=굶주림(힘이 없음, 어지러움), 9=허기짐(짜증, 에너지 부족), 8=매우 배고픔(배에서 소리가 남, 음식 생각에 몰두), 7=약간 배고픔(먹을 것이 생각남), 6=중립(배가 고프지도 않고 부르지도 않음), 5=약간 배부름(기분 좋게 만족), 4=배부름(다소 불편함), 3=아주 배부름(배가 약간 불룩하고 바지가 꽉 조임), 2=지나치게 배부름(배가 매우 불룩하고 약간 메슥거림), 1=고통스러울 정도로 배부름(배가 터질 듯하고 토할 것 같음).

50 Parker, G., Parker, I. and Brotchie, H. 'Mood state eff ects of chocolate', Journal of Aff ective Disorders, 92(2) (2006), pp. 149 –59.

51 Cota, D., Tschöp, M. H., Horvath, T. L. and Levine, A. S. 'Cannabinoids, opioids and eating behavior: The molecular face of hedonism?', Brain Research Reviews, 51(1) (2006), pp. 85 –107.

52 Brouwer, Amanda M. and Mosack, Katie E. 'Motivating healthy diet behaviors: The self-as-doer identity', Self and Identity, 14(6) (2015), p. 638.

53 Skorka-Brown, J., Andrade, J., Whalley, B. and May, J. 'Playing Tetris decreases drug and other cravings in real world settings', Addictive Behaviors, 51 (2015), pp. 165-70.

54 Hung, I. W. and Labroo, A. A. 'From fi rm muscles to fi rm willpower: Understanding the role of embodied cognition in self-regulation', Journal of Consumer Research, 37(6) (2011), pp. 1046-64.

55 굉장히 난해하고 복잡한 이야기를 최대한 단순화했으니 양해해주길!

56 Stein, H., Koontz, A. D., Allen, J. G., Fultz, J., Brethour, J. R., Allen, D., Evans, R. B. and Fonagy, P. 'Adult attachment questionnaires: Disagreement rates, construct and criterion validity', Topeka, Kansas, The Menninger Clinic Research Dept, 2000.

57 Cohen, S., Janicki-Deverts, D., Turner, R. B. and Doyle, W. J. 'Does hugging provide stress-buff ering social support? A study of susceptibility to upper respiratory infection and illness', Psychological Science, 26(2) (2015), pp. 135-47.

58 Hodgson, K., Barton, L., Darling, M., Antao, V., Kim, F. A. and Monavvari, A. 'Pets' impact on your patients' health: Leveraging benefits and mitigating risk', The Journal of the American Board of Family Medicine, 28(4) (2015), pp. 526-34.

59 Parrott, W. G. and Smith, R. H. 'Distinguishing the experiences of envy and jealousy', Journal of Personality and Social Psychology, 64(6) (1993), p. 906.

60 Dunbar, R. How Many Friends Does One Person Need? Dunbar's Number and Other Evolutionary Quirks, Faber & Faber, 2010. 로빈 던바 지음, 김정희 옮김, 『던바의 수(개정판)』, 아르테, 2018.

61 Grusec, J. E. 'Social learning theory and developmental psychology: The legacies of Robert R. Sears and Albert Bandura', in R. D. Parke, P. A. Ornstein, J. J. Rieser and C. Zahn-Waxler (eds), A Century of Developmental Psychology, American Psychological Association, 1994, pp. 473-97.

62 McGill, J. M., Burke, L. K. and Adler-Baeder, F. 'The dyadic infl uences of mindfulness on relationship functioning', Journal of Social and Personal Relationships, 37(12) (2020), pp. 2941-51.

63 Cunnington, D., Junge, M. F. and Fernando, A. T. 'Insomnia: Prevalence, consequences and eff ective treatment', The Medical Journal of Australia, 199(8) (2013), S36-40. doi: 10.5694/ mja13.10718.

64 Hirshkowitz, M., Whiton, K., Albert, S. M., Alessi, C., Bruni, O., DonCarlos, L., Hazen, N., Herman, J., Katz, E. S., Kheirandish-Gozal, L. and Neubauer, D. N. 'National Sleep Foundation's sleep time duration recommendations: Methodology and results summary', Sleep Health, 1(1) (2015), pp. 40-3.

65 Herzog-Krzywoszanska, R. and Krzywoszanski, L. 'Bedtime procrastination, sleep-related behaviors, and demographic factors in an online survey on a Polish

sample', Frontiers in Neuroscience (2019), p. 963.

66 Sturm, R. and Cohen, D. A. 'Free time and physical activity among Americans 15 years or older: Cross-sectional analysis of the American Time Use Survey', Preventing Chronic Disease (2019), p. 16.

67 Schulte, B. Overwhelmed: How to Work, Love, and Play When No One Has the Time, Macmillan, 2015. 브리짓 슐트 지음, 안진이 옮김, 『타임 푸어』, 더퀘스트, 2015.

68 Sjöström, S. 'Labelling theory', in Routledge International Handbook of Critical Mental Health, Routledge, 2017, pp. 15-23.

69 Aron, E. N. The Highly Sensitive Person: How to Thrive When the World Overwhelms You, New York, Harmony Books, 1997. 일레인 아론 지음, 노혜숙 옮김, 『타인보다 더 민감한 사람(개정판)』, 웅진지식하우스, 2017.

70 Lionetti, F., Aron, A., Aron, E. N., Burns, G. L., Jagiellowicz, J. and Pluess, M. 'Dandelions, tulips and orchids: Evidence for the existence of low-sensitive, medium-sensitive and high-sensitive individuals', Translational Psychiatry, 8(1) (2018), pp. 1-11.

71 Domhoff , G. W. 'The content of dreams: Methodologic and theoretical implications', Principles and Practices of Sleep Medicine, 4 (2005), pp. 522-34.

72 Cartwright, R. D. The Twenty-four Hour Mind: The Role of Sleep and Dreaming in Our Emotional Lives, Oxford University Press, 2010.

73 https://sleepeducation.org/sleep-caff eine/.

74 Schmidt, R. E., Courvoisier, D. S., Cullati, S., Kraehenmann, R. and Linden, M. V. D. 'Too imperfect to fall asleep: Perfectionism, pre-sleep counterfactual processing, and insomnia', Frontiers in Psychology, 9 (2018), p. 1288.

75 Akram, U., Ellis, J. G. and Barclay, N. L. 'Anxiety mediates the relationship between perfectionism and insomnia symptoms: A longitudinal study', PloS one, 10(10) (2015), p. e0138865.

76 Erikson, E. H. Insight and Responsibility, Norton, Levinson, D. J. The Seasons of a Man's Life, Knopf, 1994. 대니얼 레빈슨 외 지음, 김애순 옮김, 『남자가 겪는 인생의 사계절(개정판)』, 이화여자대학교출판문화원, 2023.

77 Kim, A. M., Tingen, C. M. and Woodruff , T. K. 'Sex bias in trials and treatment must end', Nature, 465(7299) (2010), pp. 688-9.

78 Beery, A. K. and Zucker, I. 'Sex bias in neuroscience and biomedical research', Neuroscience & Biobehavioral Reviews, 35(3) (2011), pp. 565-72.

79 Doherty, M. A. 'Sexual bias in personality theory', The Counseling Psychologist, 4(1) (1973), pp. 67-75.

80 Jackson, M. Broken Dreams: An Intimate History of the Midlife Crisis, Reaktion Books, 2021.

81 Neugarten, B. L. 'Time, age, and the life cycle', The American Journal of Psychiatry, 136 (1979), pp. 887-94.

82 Rook, K. S., Catalano, R. and Dooley, D. 'The timing of major life events: Eff ects of departing from the social clock', American Journal of Community Psychology, 17(2) (1989), pp. 233 – 58.

83 Shale, S. 'Moral injury and the COVID-19 pandemic: Reframing what it is, who it aff ects and how care leaders can manage it', BMJ Leader, 4(4) (2020) pp. 224 – 7.

84 Panchal, S. and Jackson, E. ""Turning 30" transitions: Generation Y hits quarter-life', The Coaching Psychologist, 3(2) (2007), pp. 46 – 51.

85 O'Riordan, S., Palmer, S. and Panchal, S. 'The bigger picture: Building upon the "Developmental Coaching: Transitions Continuum"', European Journal of Applied Positive Psychology, 1(6) (2017), pp. 1 – 4.

86 Wels, H., Van der Waal, K., Spiegel, A. and Kamsteeg, F. 'Victor Turner and liminality: An introduction', Anthropology Southern Africa, 34(1 – 2) (2011), pp. 1 – 4.

87 Oeppen, J. and Vaupel, J. W. 'Broken limits to life expectancy', Science, 296(5570) (2002), pp. 1029 – 31.

88 Rubinstein, H. R. and Foster, J. L. ""I don't know whether it is to do with age or to do with hormones and whether it is do with a stage in your life": Making sense of menopause and the body', Journal of Health Psychology, 18(2) (2013), pp. 292 – 307.

89 Hvas, L. 'Menopausal women's positive experience of growing older', Maturitas, 54(3) (2006), pp. 245 – 51.

90 Hayes, S. C., Strosahl, K. D. and Wilson, K. G. (2011). Acceptance and Commitment Therapy: The Process and Practice of Mindful Change (2nd edn), Guilford Press, 2006. 스티븐 헤이즈 외 지음, 문성원 옮김, 『수용과 참여의 심리치료(제2판)』, 시그마프레스, 2018.

91 Lee, J. and Smith, J. P. 'Work, retirement, and depression', Journal of Population Ageing, 2(1) (2009), pp. 57 – 71.

92 James, J. B., Besen, E., Matz-Costa, C. and Pitt-Catsouphes, M. 'Engaged as we age: The end of retirement as we know it', The Sloan Center on Aging and Work, Issue Brief, 24 (2010), pp. 1 – 20.

93 Chernev, A., Böckenholt, U. and Goodman, J. 'Choice overload: A conceptual review and meta analysis', Journal of Consumer Psychology, 25(2) (2015), pp. 333 – 58.

94 Burnett, B. and Evans, D. Designing Your Life: Build a Life that Works For You, Random House, 2016. 빌 버넷 외 지음, 이미숙 옮김, 『일의 철학』, 갤리온, 2021.

95 Chepesiuk R. 'Missing the dark: Health eff ects of light pollution', Environmental Health Perspectives, 117(1) (2009), A20 – A27. https://doi.org/10.1289/ehp.117-a20.

96 Anglin, R. E., Samaan, Z., Walter, S. D. and McDonald, S. D. 'Vitamin D defi ciency and depression in adults: Systematic review and meta-analysis', The British Journal of Psychiatry, 202(2) (2013), pp. 100 – 7.

97 Callard, F. 'Hubbub: Troubling rest through experimental entanglements', The Lan-

cet, 384(9957) (2014), p. 1839.

98 Dalton-Smith, S. Sacred Rest: Recover Your Life, Renew Your Energy, Restore Your Sanity, FaithWords, 2017.

99 Piliavin, J. A. and Siegl, E. 'Health benefits of volunteering in the Wisconsin longitudinal study', Journal of Health and Social Behavior, 48(4) (2007), pp. 450-64.

100 Global Wellness Institute (no date). Wellness Industry Statistics & Facts. Available at: https://globalwellnessinstitute.org/press-room/statistics-and-facts/#:~:text=The%20healthy%20Tiny Traumas_eating%2C%20nutrition%2C%20%26,during%20the%20COVID%2D19%20pandemic (Accessed: 29 May 2022).

101 Longo, V. D. and Anderson, R. M. 'Nutrition, longevity anddisease: From molecular mechanisms to interventions', Cell,185(9) (2022), pp. 1455-70.

102 Miller, J. C. and Krizan, Z. 'Walking facilitates positive affect (even when expecting the opposite)', Emotion, 16(5) (2016), p. 775.

103 Boothby, E. J., Cooney, G., Sandstrom, G. M. and Clark, M. S. 'The liking gap in conversations: Do people like us more than we think?' Psychological Science, 29(11) (2018), pp. 1742-56.

104 Aganov, S., Nayshtetik, E., Nagibin, V. and Lebed, Y. 'Pure purr virtual reality technology: Measuring heart rate variability and anxiety levels in healthy volunteers affected by moderate stress', Archives of Medical Science, 18(2) (2022), p. 336.

105 'Emotion regulation, procrastination, and watching cat videos online: Who watches Internet cats, why, and to what effect?' Computers in Human Behavior, 52 (2015), pp. 168-76.

106 Lee, M. S., Lee, J., Park, B. J. and Miyazaki, Y. 'Interaction with indoor plants may reduce psychological and physiological stress by suppressing autonomic nervous system activity in young adults: A randomized crossover study', Journal of Physiological Anthropology, 34(1) (2015), pp. 1-6.

107 Wood, A. M., Froh, J. J. and Geraghty, A. W. 'Gratitude and well-being: A review and theoretical integration', Clinical Psychology Review, 30(7) (2010), pp. 890-905.

108 Hoge, E. A., Chen, M. M., Orr, E., Metcalf, C. A., Fischer, L. E., Pollack, M. H., DeVivo, I. and Simon, N. M. 'Loving-kindness meditation practice associated with longer telomeres in women', Brain, Behavior, and Immunity, 32 (2013), pp. 159-63.

스몰 트라우마

TINY
TRAUMAS

감수 김현수

명지병원 정신건강의학과 임상교수. 정신보건, 자살 예방, 지역사회 트라우마 회복 등의 분야에서 20년 넘게 일해왔다. 서울 강서구 정신건강복지센터 센터장, 경기도 광역 정신건강복지센터 센터장, 보건복지부 중앙심리부검센터 센터장을 지냈다. 2002년 청소년 치유형 대안학교 '프레네스쿨(성장학교) 별'을 설립해 교장을 맡고 있으며, 이 활동으로 2004년 청소년보호위원회 청소년보호대상과 2021년 교보재단에서 주는 참교육대상을 수상했다. 현재 안산정신건강트라우마센터 센터장, 서울시 자살예방센터 센터장, 서울시 코비드19 심리지원단 단장을 맡아 자살 예방과 심리방역 작업에 힘쓰고 있다. 지은 책으로는 『코로나로 아이들이 잃은 것들』 『가장 외로운 선택』 『요즘 아이들 마음고생의 비밀』 『무기력의 비밀』 『중2병의 비밀』 『교사 상처』 『공부 상처』 등이 있다.

스몰 트라우마

초판 1쇄 발행 2023년 7월 14일
초판 2쇄 발행 2023년 9월 25일

지은이 멕 애럴
옮긴이 박슬라
감수자 김현수

발행인 이재진 **단행본사업본부장** 신동해
책임편집 김경림 **디자인** 김은정 **교정교열** 김정현
마케팅 최혜진 신예은 **홍보** 반여진 허지호 정지연 송임선
국제업무 김은정 김지민 **제작** 정석훈

브랜드 갤리온 **주소** 경기도 파주시 회동길 20
문의전화 031-956-7429(편집) 031-956-7087(마케팅)
홈페이지 www.wjbooks.co.kr
인스타그램 www.instagram.com/woongjin_readers
페이스북 www.facebook.com/woongjinreaders
블로그 blog.naver.com/wj_booking

발행처 ㈜웅진씽크빅
출판신고 1980년 3월 29일 제406-2007-000046호

한국어판 출판권 ©웅진씽크빅, 2023
ISBN 978-89-01-27344-0 (03180)